**权威·前沿·原创**

皮书系列为
"十二五""十三五"国家重点图书出版规划项目

街道蓝皮书

BLUE BOOK OF
SUB-DISTRICT OFFICE

# 北京街道发展报告 No.2
## 白纸坊篇

THE DEVELOPMENT OF BEIJING'S SUB-DISTRICT OFFICES No.2:
BAIZHIFANG CHAPTER

主　　编／连玉明
执行主编／朱颖慧　邢旭东　张俊立

社会科学文献出版社
SOCIAL SCIENCES ACADEMIC PRESS (CHINA)

图书在版编目(CIP)数据

北京街道发展报告. No. 2. 白纸坊篇 / 连玉明主编
. -- 北京：社会科学文献出版社，2018.7
（街道蓝皮书）
ISBN 978 - 7 - 5201 - 2713 - 4

Ⅰ.①北… Ⅱ.①连… Ⅲ.①社区建设 - 研究报告 - 西城区 Ⅳ.①D669.3

中国版本图书馆 CIP 数据核字（2018）第 091326 号

---

**街道蓝皮书**
## 北京街道发展报告 No.2　白纸坊篇

主　　编 / 连玉明
执行主编 / 朱颖慧　邢旭东　张俊立

出 版 人 / 谢寿光
项目统筹 / 邓泳红　郑庆寰
责任编辑 / 郑庆寰　李惠惠

出　　版 / 社会科学文献出版社·皮书出版分社（010）59367127
　　　　　 地址：北京市北三环中路甲29号院华龙大厦　邮编：100029
　　　　　 网址：www.ssap.com.cn
发　　行 / 市场营销中心（010）59367081　59367018
印　　装 / 三河市龙林印务有限公司
规　　格 / 开本：787mm×1092mm　1/16
　　　　　 印张：16.75　字数：249千字
版　　次 / 2018年7月第1版　2018年7月第1次印刷
书　　号 / ISBN 978 - 7 - 5201 - 2713 - 4
定　　价 / 128.00元

皮书序列号 / PSN B - 2016 - 543 - 7/15

本书如有印装质量问题，请与读者服务中心（010 - 59367028）联系

版权所有 翻印必究

北京国际城市发展研究院社会建设研究重点项目
北京市社会发展研究中心西城区街道发展研究重点项目
北京国际城市文化交流基金会智库工程出版基金资助项目

# 街道蓝皮书编委会

**编委会主任**　卢映川　王少峰

**编委会副主任**　王　飞　郁　治

**编　　　委**　（按姓氏笔画排序）

马光明　王　毅　王中峰　王书广　王乐斌
王其志　尹一新　史　锋　白　杨　毕军东
刘　倩　许晓红　许德彬　孙广俊　孙晓临
苏　昊　李　婕　李　薇　李丽京　李健希
吴立军　何焕平　陈　新　陈振海　周　沫
庞成立　宫　浩　贾冬梅　高　翔　高兴春
海　峰　桑硼飞　彭秀颖　彭启宝　谢　静
魏建明

# 《北京街道发展报告 No.2 白纸坊篇》编写组

**总 策 划** 李 薇 连玉明 朱颖慧

**主 编** 连玉明

**执 行 主 编** 朱颖慧 邢旭东 张俊立

**副 主 编** 姜思宇

**核心研究人员** （按姓氏笔画排序）

王 琨 王苏阳 王彬彬 邢旭东 朱永明
朱盼盼 朱颖慧 刘 征 米雅钊 李 帅
连玉明 吴 佳 张 南 张 涛 张俊立
陈 慧 陈盈瑾 陈惠阳 郎慧慧 孟芳芳
赵 昆 姜思宇 贾冬梅 高桂芳 唐 平
康晓彤 翟萌萌

# 主编简介

**连玉明** 著名城市专家，教授、工学博士，北京国际城市发展研究院院长，全国政协委员，北京市朝阳区政协副主席。兼任北京市人民政府专家咨询委员会委员，北京市社会科学界联合会副主席，北京市哲学社会科学京津冀协同发展研究基地首席专家，基于大数据的城市科学研究北京市重点实验室主任，北京市社会发展研究中心理事长，北京奥运功能区首席规划师，北京新机场临空经济区发展规划首席战略顾问。2013～2017年，在贵阳市挂职市长助理，兼任贵州大学贵阳创新驱动发展战略研究院院长、大数据战略重点实验室主任。

研究领域为城市学、决策学和社会学，近年来致力于大数据战略研究。著有《城市的觉醒》《首都战略定位》《重新认识世界城市》《块数据：大数据时代真正到来的标志》《块数据2.0：大数据时代的范式革命》《块数据3.0：秩序互联网与主权区块链》《块数据4.0：人工智能时代的激活数据学》《块数据5.0：数据社会学的理论和方法》等，主编《大数据蓝皮书：中国大数据发展报告》《社会管理蓝皮书：中国社会管理创新报告》《街道蓝皮书：北京街道发展报告》《贵阳蓝皮书：贵阳城市创新发展报告》《临空经济蓝皮书：中国临空经济发展报告》等。主持编制了北京市西城区、朝阳区、门头沟区和贵州省贵阳市"十三五"社会治理专项规划。

# 摘 要

构建超大城市有效治理体系是首都发展的要务。作为首都功能核心区，西城区带头以"四个意识"做好首都工作，坚持深入推进科学治理，全面提升发展品质的主线，不断加强"四个中心"功能建设，努力提高"四个服务"水平，城市治理能力和城市发展品质取得重要突破。街道作为基层治理的排头兵和主力军，发挥着不可替代的作用。西城区15个街道立足自身发展实际，统筹区域各类资源，构建区域化党建格局，加强城市精细化管理，提升公共服务水平，完善综合执法体系，精准指导社区建设，探索基层治理创新实践，积极为超大城市基层治理创新"过险滩""闯路子"，不断为基层治理增加新的内涵和提供可复制、易操作的鲜活经验，对国内大城市基层治理创新具有极强的理念提升价值和路径借鉴意义。

《北京街道发展报告 No.2 白纸坊篇》立足白纸坊街道老城区发展特点，以提升老旧小区城市功能和居民生活品质为主线，紧紧围绕棚户区改造、社区社会组织建设、社区居民自治路径等内容开展理论研究；立足白纸坊区域的发展实际，对创新党员管理模式、发展残疾人事业、整治街巷环境、疏解非首都功能背景下辖区内流动人口服务与管理等进行深入调查与研究；总结了推进老旧小区物业管理工作、推进群众性精神文明建设、构建城市社区邻里互助新模式、构建区域化团建新格局、加强地区空中作业安全等先进经验和做法。

白纸坊街道以建设国际一流的和谐宜居之都为目标，通过加强党的建设、强化疏解整治、创新社区治理、持续改善民生和打造坊间文化，提高领导基层治理、综合治理环境、动员社会参与、服务保障居民和品牌带动发展等能力，推进区域科学治理水平，全面提升街区发展品质。

# 目 录

代前言　以棚改为契机提升城市发展品质………………………………001

## Ⅰ 总报告

**B.1** 白纸坊：提高五大能力　提升科学治理水平…………………001
　　一　科学治理是首都功能核心区治理面临的必然选择…………002
　　二　白纸坊街道科学把握核心区治理规律统筹区域治理…………006
　　三　白纸坊街道强化五大能力推进区域治理科学化水平…………011
　　四　提高核心区治理科学化水平的路径……………………………024

## Ⅱ 数据报告

**B.2** 白纸坊街道基于常住人口地区公共服务调查报告……………032
**B.3** 白纸坊街道基于工作人口地区公共服务调查报告……………048

## Ⅲ 理论报告

**B.4** 棚户区改造创新模式研究
　　　——以西城区白纸坊街道"一委一会四站"推进棚改
　　　工作为例……………………………………………………067

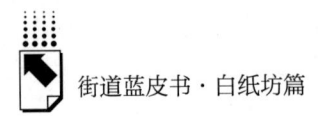

B.5 关于社区社会组织培育发展的若干思考
　　——以西城区白纸坊街道为例 …………………………… 090
B.6 城市社区居民自治路径探析
　　——以西城区白纸坊街道居民参与群防群治为例 ………… 106

## Ⅳ 调研报告

B.7 白纸坊街道创新党员管理模式的调研与思考 ……………… 121
B.8 白纸坊街道残疾人事业发展情况调查研究 ………………… 137
B.9 白纸坊街道推进街巷环境整治的调研报告 ………………… 150
B.10 疏解非首都功能背景下白纸坊地区流动人口服务与
　　　管理的调研报告 ……………………………………………… 161

## Ⅴ 案例报告

B.11 白纸坊街道创建老旧小区"四有"准物业管理模式 …… 173
B.12 白纸坊街道群众性精神文明创建的实践与思考 ………… 184
B.13 白纸坊街道构建城市社区邻里互助新模式
　　　——以"窗帘约定"志愿服务为例 ……………………… 195
B.14 白纸坊街道构建区域化团建新格局 ……………………… 206
B.15 白纸坊街道加强地区空中作业安全的实践与探索 ……… 218

Abstract ………………………………………………………………… 229
Contents ………………………………………………………………… 231

# 代前言
## 以棚改为契机提升城市发展品质[*]

马光明[**]

居民住房水平反映一个国家或地区经济社会发展水平和居民生活水平。推进棚户区改造,是改善居民住房条件,特别是低收入居民住房条件的民心工程、民生工程,更是实现全面建成小康社会的重要基础。

白纸坊街道光源里和菜园街及枣林南里两大棚改项目于2015年正式列入北京市棚改实施计划,占地面积约29.2万平方米,涉及居民5548户,其规模和体量均创下西城区历年棚改之最。白纸坊街道紧抓棚改契机,妥善处理历史遗留的产权问题,衔接好各项住房政策,安置被拆迁居民。在发展中保障和改善民生,完善公共服务功能,增进民生福祉,促进社会公平正义,提升城市品质服务,在住有所居方面取得新进展,不断满足地区居民群众对未来发展的期待。

### 一 因地制宜取长补短,推进城市更新和功能再造

在发展转型新时期,白纸坊街道必须紧紧围绕首都"四个中心"战略定位,使工作重心和主线聚焦辖区城市品质提升,更好地履行首都职能,更好地服务居民生活宜居,更好地展现城市文化风采,为打造国际一流和谐宜居之都添砖加瓦。棚改项目在一定程度上能够改善辖区整体环境和生活品质,但由于历史原因,地区基础薄弱,在城市品质提升方面存在两大突出

---

[*] 根据白纸坊街道提供的有关资料整理。
[**] 马光明,中共北京市西城区委白纸坊街道工作委员会书记(2016年4月至今)。

短板。

一是辖区内老旧小区和平房区比较多，环境问题较为突出。辖区内有大型回迁老旧小区，如平原里、双槐里等；有"城中村"（现棚改区域），如光源里、菜园街平房区等；还有72栋大屋脊建筑，这些建筑建于20世纪五六十年代。辖区内老旧开放式小区、平房、简易楼较多，导致管理难，没有产权单位进行管理和维修，历史遗留问题很多；违法建筑也比较多，背街小巷环境卫生死角多，影响市容环境，给辖区居民群众生活带来许多不便，城市管理困难。

二是辖区内外来人口和不符合首都核心区定位的业态比较多，各类安全隐患突出。白纸坊街道位于西城区和丰台区交界地带，常住人口密度大，外来人口多，"七小门店"、农商市场、出租地下空间、无照游商、店外经营、乱堆物料、私搭乱建等现象突出，不符合首都核心区定位的业态呈线状集中，流动人口集聚，引发一系列环境、交通、治安、秩序问题，给环境整治带来不小压力。

对于棚改这一重大惠民工程，作为一方管理者，在感受到当地群众喜悦和憧憬时，也倍感压力和责任。希望将这一工程做实做好做出水平，切实改善地区中低收入者住房条件、提升辖区整体环境质量，让百姓真正享受改革发展和城市建设的成果。因此，对于棚改的功能规划和空间利用主要有三点期待。

第一，保障安居，配套完备，提高生活品质。未来回迁社区建设方面，在保证充足安置房源的基础上，将配建廉租房、公租房、小学、幼儿园、菜站、老年活动站、养老照料中心、文化体育活动室、停车场等满足基本生活需求的全方位配套设施，打造成熟宜居社区。同时，计划通过对区域内"白纸坊""崇效寺"等历史文化脉络进行充分挖掘梳理，将区域历史文化特色充分融入项目的规划设计理念，未来项目将建成内城区"居家养老社区""绿色宜居社区"的典范，将大幅提高项目周边居民的生活质量，方便居民的日常生活、学习，切实改善居民的居住环境。

第二，改善民生，改造空间，改变区域面貌。棚户区改造项目作为市、区两级重点，一定要坚持实施"民生工程""发展工程""环境工程""安全工程"，在区委、区政府的领导下，通过该项目棚户区改造实施，充分改变区域内城市空间面貌。不仅要改善居民的住房条件和生活环境，提升城市的形象和品位，而且要从根本上调整棚改区域经济结构形式，淘汰低产能、高能耗、重污染的产业形式，疏解不符合首都功能核心区定位的经济类型，消除不适宜业态滋生的土壤。大量建设需求将有力拉动区域建筑业和服务业等相关产业的发展，对调整产业结构、促进社会就业具有积极意义。同时，通过经济结构调整，该区域的社会意识形态也将得到进一步统一，有利于形成共同的社会价值观，推动社会和经济发展。

第三，疏解人口，减轻压力，提升分配效能。在西城区政府和项目总指挥部的直接领导下，项目征收补偿方案紧扣中央及北京市政府关于首都功能定位及中心城区人口疏解方针，对货币补偿外迁安置进行倾斜性的政策鼓励引导。截至2017年11月底，已有约43.08%、总计2413户居民选择货币补偿进行外迁安置，影响人口9234人，有效地推动了中心城区人口疏解工作的进行，减轻了中心城区人口及资源负担压力。因此，居民将大量向人口密度较小、公共资源潜能较丰富的城市功能拓展区和城市发展新区迁移。城市中心区的人口密度得到有效的控制，各类城市资源分配进一步趋于合理，能够在一定程度上推进地区的科学可持续发展。土地利用率也将得到大幅提高，用于建设低密度住宅、公共建筑和城市绿化等符合首都发展规划的项目，增强城市空间的弹性和张力。

## 二 多措并举，破局共赢，建设美丽幸福宜居新家园

棚户区改造顺利推进，对本地区既是难得机遇，更是巨大挑战。为切实做好这项重大民生和民心工程，在西城区委、区政府关心和支持下，白纸坊街道压实责任，下大力落实，尽全力攻坚，于2016年5月实现签约5432户，签约率达98%，创下西城区历年棚改之最。

一是抽调干部，保障充足人员力量。在克服街道人员紧张的情况下，抽

调100名干部全脱产参与棚改一线工作，其中包含处级、科级、一般干部及社工等各层面中坚力量。多次召开动员会和誓师大会，要求按照指挥部的统一部署，积极协助、配合开发主体及相关部门开展工作。特别是在具体工作中，能够发挥对驻街情况了解、居民日常熟悉、做群众工作熟练等天然优势，有效促进了该项目的快速推进。

二是党员发挥表率、旗帜和引领作用。配合棚改项目开展"党员先锋行动——棚改工程见行动"活动。将支部建在工程上，充分发挥党支部战斗堡垒和党员干部先锋模范作用。以团结协助和敢于奉献形成合力，用奋勇拼搏和锐意进取做好榜样，带头践行"四个意识"，积极落实"五带头五不做"[①]"五个比一比"[②]的活动倡议，自觉实行"5+2"、朝九晚九的作息制度。在重大工程的一线，用党员的依法、有情和公允真正解决居民住房困难问题，维护群众切身利益，赢得百姓真心满意。

三是扩大宣传，形成良好舆论氛围。使用"服务居民·适度创新"方法进行居民宣传工作，通过1300余平方米展示中心、3个样板间、5个宣传视频、16块户外LED显示屏幕、51块签约比例公示牌、2000余幅宣传漫画、3000余条宣传横幅、10000本房源宣传手册、50000张宣传标语等向征收范围内的居民进行全方位、不间断的宣传，营造正面舆论声势，把政策和声音及时传达给居民，让群众在第一时间通过官方渠道知晓征收事宜，最大限度挤压错误消息和不良谣言的传播空间，从思想上、情绪上、心理上赢得居民的理解和信任，争取群众更多的支持和拥护。

四是细致沟通，创新群众工作理念。棚改征收工作首次明确"一委一会四站"工作理念，即临时党委和党支部、居民代表委员会、居民接待站、

---

① "五带头五不做"倡议党员带头做好正面宣传，不做造谣传谣之人；带头配合棚改工作，不做党性不强之人；带头帮助周围群众，不做损人利己之人；带头化解身边矛盾，不做激化矛盾之人；带头进行预签约，不做"钉子户"。

② "五个比一比"要求党员比一比党性，看谁更能做到坚持原则，心系群众；比一比团结，看谁更能做到团结协调，互帮互促；比一比奉献，看谁更能做到不怕困难，敢于吃苦；比一比能力，看谁更能做到攻坚克难，协调各方；比一比担当，看谁更能做到不辱使命，冲锋在前。

法律服务站、公证服务站、人民调解工作站，进一步尊重民意、听取民意，为群众提供涉及棚户区改造政策等方面的法律咨询和个性化方案指导，协助提供外迁房源参观等服务，引导群众正常、合理诉求表达，促进矛盾化解，努力营造和谐有序的良好环境，和居民勠力同心绘制安居蓝图。

五是依法依规，确保公平有序推进。严格按照国家法律法规和现有相关政策，搞好棚户区改造工程。围绕关键环节把各种可能发生的情况、可能出现的问题想在前面、做在前头，细化工作措施和操作规程，确保把好事办好。始终贯彻"公开、公平、公正"的征收实施工作原则，遵循"依法、有情、阳光、和谐"的工作理念，严格按照"九步五公开"的征收程序进行征收实施工作，确保"三个公开"，即居民入户调查结果、预分方案、补偿结果全部公开，实现征收补偿工作信息化、精细化、透明化管理，让居民明明白白、踏踏实实、主动积极配合棚户区改造。

六是加强研判，维护地区安全稳定。征收工作涉及群众的切身利益，敏感度高、牵扯面广、不稳定因素多，对地区维稳提出了较高要求。街道在主动了解每个居民的具体情况和利益诉求，释疑解惑、排除隐患的基础上，畅通信访渠道，建立专门矛盾纠纷排查化解机制，妥善考虑特殊群体的合理诉求，有效控制重点人的不当言行，理顺情绪、化解矛盾。同时，制订预签约期和签约期安全保障方案，确保了地区167个签约点的安全稳定，未出现一起影响正常签约的群体性事件，安全平稳地保障了棚改项目的顺利进行。

## 三 以民为本，尽职工作，实现百姓安居乐业宜居梦

"民以居为本，居以安为先"，无危则安，无损则全。在中华民族五千多年的历史进程中，人民安居乐业从来都是政通人和、民族昌兴的一个重要表征。住有所居、人人安居，毫无疑问是内涵丰富的中国梦中不可或缺的构成要件，承载着太多的民意诉求和民生期待，不仅关乎有尊严的生活，更关乎每个人自由而全面的发展。在经济高速发展的今天，城中心连片的棚户区显然与周边高楼大厦极不相称，其恶劣生活条件和先进文明档次也极不协

调。棚户区的改造是政府自上而下改善困难群众居住条件的民生福祉，在为了群众的同时，更要始终尊重民意、紧贴民意、体现民意，将民本思想贯穿棚改项目始终，让好花结好果。

一是做好居民"代言人"，促进沟通参与的主动性。为保障社区居民的知情权、参与权和监督权，街道组织成立了居民代表委员会，由棚改居民代表、人大代表、政协委员、社区代表、街道代表构成，做好政策宣传引导工作，帮助协调困难户认定，监督项目按程序进行，先后召开20次代表会议、30余次居民座谈会。在倾听群众声音、解答群众疑惑、接受群众建议的基础上，结合棚改政策，替其发声，将合理诉求及时反映给棚改指挥部，将处理结果和最新进展及时反馈给居民，形成了正面互动和良性循环，塑造了亲密的党群、干群关系及和谐征收氛围，保证了渠道上的畅通，打消了思想上的顾虑，消除了政策上的不解，解决了诉求上的矛盾，确保了程序上的透明，使居民安心、放心、舒心、省心。群众参与棚改的热情大大提高，共商共建共享的格局逐步成型。

二是做好居民"咨询人"，扎实做好基础性服务。在征收过程中，针对居民对政策法律不熟悉、矛盾纠纷较多等情况，特抽调和聘请专业人员成立包括公证服务站、法律服务站、信访接待站、人民调解工作站在内的"四站"，面向居民，开放办公，以专业角度和积极态度主动解决居民在实际操作中遇到的问题和困难，最大限度提供便利性、保障知情权、促进高效化，为"依法、有情、阳光、和谐"的棚改品牌奠定了坚实基础，形成依法咨询、细致化解的良好局面，搭建了居民与征收工作人员交流沟通的平台，深受征收区域内居民的支持、信任和欢迎。特别是人民调解工作在征收过程中至关重要。为此，街道工作人员经常主动深入居民家中，核实并解决居民反映的各类问题，不厌其烦为居民解释征收政策，处理家庭矛盾，开导居民们的旧观念、老思想，及时反馈居民对征收工作的意见建议，使绝大多数居民能够保持相对平和的心态，于内于外积极沟通协商，在签约期内顺利签约，并且得到满意的补偿。

三是做好居民"贴心人"，切实解决群众实际困难。棚改是利民工程，要解决人的问题就必须通盘考虑，由住房问题衍生出的其他各类民生问题都是街道关心的范畴，都是应去尽力协调的领域，归根结底就是要依靠群众、服务群众、为了群众。要解决实际问题，一方面发挥工程的住房改善、补偿安置作用，在政策允许范围内予以周全考虑，让百姓最大限度享受到政策惠泽；另一方面主动开展温情工程，以百姓心为心，以实际利益为切入点，帮助其解决居住困境、家人就医、子女上学等眼下的实际问题和困难，让政策不再冷冰冰，让做人的工作有温度、有厚度，优先安排棚改居民户口的迁入迁出及其子女就近入学等事宜。街道先后解决了公共下水管道堵塞、棚改区道路坑洼积水、非法占地经营、雨棚排水管堵塞、化粪池外溢、居民雨季房屋漏雨等问题，有效地缓解了棚改居民的实际困难。同时，帮助居民算效益账、对比账，引导居民正确认识项目建设带来的长远利益，变"对抗"为对话等。

# 总 报 告

General Report

## B.1
## 白纸坊：提高五大能力 提升科学治理水平

摘　要： 科学治理是首都治理和国家治理体系下对核心区治理提出的必然要求，是由核心区的特殊地位、特定职责决定的。深入推进科学治理、全面提升发展品质是北京市西城区"十三五"时期各项工作的主线。白纸坊街道坚持党建统领辖区发展、坚定落实以人民为中心的发展思想，遵循科学治理观，紧抓疏解整治促提升专项行动机遇，以实施全区最大的棚户区改造项目为契机，统筹推进老城居民区规划建设管理和环境整治，优化和完善基础功能，改善人居环境，提升区域发展品质。在基层党建、疏解整治、社区治理、民生服务、文化建设等方面取得显著成效，有效提升了老城居民区科学治理水平，为探索核心区治理科学化路径提供了

启示。

**关键词：** 白纸坊街道　科学治理　区域治理　北京

# 一　科学治理是首都功能核心区治理面临的必然选择

## （一）科学治理是外部环境变化对核心区治理提出的新要求

深刻领会和把握习近平总书记的治理思想，树立科学治理观，是新时代新变化对首都治理，特别是核心区治理提出的新要求。

1. 落实首都新定位、新战略的要求

2014年2月26日，习近平总书记在视察北京时明确了首都城市战略定位和发展要求，指出首都治理在国家治理体系和治理能力的现代化进程中具有重要作用。2015年4月30日，中共中央政治局审议通过《京津冀协同发展规划纲要》，提出了实施京津冀协同发展战略的一系列安排和整体考虑，明确战略的核心是有序疏解北京非首都功能，调整经济结构和空间结构，走出一条内涵集约发展的新路子，探索出一种人口经济密集地区优化开发的模式，促进区域协调发展，形成新增长极。2017年9月13日，中共中央、国务院批复《北京城市总体规划（2016—2035年）》，提出建设伟大社会主义祖国首都、迈向中华民族伟大复兴的大国首都、国际一流的和谐宜居之都的目标。新定位和新战略的确立，以及新总规的实施，深刻揭示了首都治理、核心区治理在国家治理体系现代化进程中的特殊重要性，揭示了首都功能核心区在首都治理、国家治理体系大格局中肩负着新的重要的责任和使命。

2. 适应社会结构变化的要求

我国当前正处在社会急剧变革和转型期。首先，按照社会自然结构代际演变更迭规律，"70后""80后""90后"已经逐渐成为社会主体，其价值观、生活方式、行为模式直接影响社会运行状态。其次，伴随工业化、城市化的加速进行以及互联网的普遍应用，社会群体分化和阶层形成已经成为不可避免的趋势，由此带来不同群体之间不同的阶层认同及相关、思想观念和利益关系，甚至因不同立场而引发群体性对立和冲突。最后，互联网及其技术的发展和应用，形成了与现实社会交互并存的网络社会，形成一个全新的治理领域，它与现实社会交织在一起，交互发生作用，使一些社会问题变得更透明、更复杂，燃点更低、传播更快、影响面更广、处理难度更大。对首都特别是核心区而言，由于其标准更高、地位更敏感，所以对社会治理的科学性要求更高。

3. 社会主要矛盾变化的要求

党的十九大报告指出，在中国特色社会主义新时代，我国社会的主要矛盾已经转化为人民日益增长的美好生活需要和不平衡不充分的发展之间的矛盾。人民美好生活需要日益广泛，不仅对物质文化生活提出了更高要求，而且在民主、法治、公平、正义、安全、环境等方面的要求日益增长。这一矛盾变化是关系全局的历史性变化，对首善之区党的领导和城市治理提出了许多新要求，迫切需要以科学治理观来思考和破解发展不平衡、发展不充分的深层次问题。

4. 新技术革命的要求

当前，新一轮科技革命和产业变革正孕育兴起。互联网、云计算、大数据、人工智能、新材料、基因工程等给产业发展、城市运行、治理方式带来新变革，甚至带来思想意识、价值观念、生活方式、交往行为的巨大变化。新技术既塑造产业、塑造社会，也塑造城市、塑造人。首都作为首善之区，是科技创新的战略高地和高新技术应用策源地，发挥着先行示范作用，必须率先顺应这一变化和潮流，以科学的治理理念、治理举措来谋划首都发展，促进管理和发展转型，否则就抓不住时代脉搏，干不到点子上去。

## （二）科学治理是城市发展阶段对核心区治理提出的新要求

在落实首都新定位、新战略的新阶段，新总规明确了首都功能核心区的准确定位。为此，核心区治理必须与落实首都城市战略定位相适应，探索科

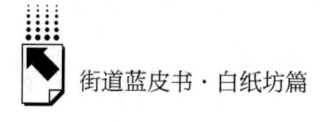

学治理之道。

1. 保障落实核心区功能定位需要科学治理

新总规明确指出，首都功能核心区是全国政治中心、文化中心和国际交往中心的核心承载区，是历史文化名城保护的重点地区，是展示国家首都形象的重要窗口地区。要建设政务环境优良、文化魅力彰显、人居环境一流的首都功能核心区，这就要求核心区治理必须更加注重安全稳定、更加注重政务环境营造、更加注重老城整体保护与复兴、更加注重人居环境建设，提高城市治理的精细化、现代化、科学化水平。

2. 有序疏解非首都功能需要科学治理

有序疏解北京非首都功能是京津冀协同发展的关键环节和重中之重，是优化提升首都核心区功能重要前提和主要任务。只有有序疏解非首都功能，才能优化核心区空间布局，有效推动功能重组，强化首都核心功能。非首都功能疏解，既涉及区域性商品交易市场疏解，也涉及老城传统平房区的保护更新；既涉及北京市四套班子和市属委办局向城市副中心外迁，也涉及市属学校、医院到雄安新区合作办学、办医联体；既涉及央属高校、医院向雄安新区疏解，也涉及在京总部企业、金融机构、科研院所向雄安新区有序转移。非首都功能的疏解涉及领域广、地域多、层次多、环节多，必须强化统筹，科学施治。

3. 实施疏解整治促提升专项行动需要科学治理

北京市政府组织实施的疏解整治促提升专项行动在中心城区实施，以疏解非首都功能、治理"大城市病"、优化提升首都核心功能为目标，包括违法建设拆除、占道经营、无证无照经营和开墙打洞整治，城乡接合部整治改造，中心城区老旧小区综合整治，中心城区重点区域整治提升，疏解一般性制造业和"散乱污"企业治理，疏解区域性市场，疏解部分公共服务功能，地下空间和群租房整治，棚户区改造、直管公房及商改住清理整治等内容。疏解非首都功能与城市综合整治相结合、与人口调控相结合、与提升首都核心功能相结合的城市治理行动，关乎非首都功能和人口疏解、城市环境改善、首都功能优化提升、群众获得感增强，既要坚定不移又要稳中求进，既要攻坚克难又要把握节奏，既要巩固成果又要乘势而上，既要完成任务又要注重群众获得感，既要打好攻坚战又要打好持久战，必须整体谋划，科学实施。

## （三）科学治理是改善人居环境对核心区治理提出的新要求

改善人居环境，补充完善城市基本服务功能，加强精细化管理，创建国际一流和谐宜居之都的首善之区是首都功能核心区的主要发展目标。随着疏解整治促提升专项行动和背街小巷环境整治工作的推进，核心区城市管理的触角从"面子"转向"里子"，强化"精治、共治、法治"的科学理念，细化"粒度、频度、维度"，用绣花功夫来精细管理城市成为核心区治理的必然要求和现实需求。

1. 科学把握首都核心功能和城市基础功能的关系，既要优化提升首都核心功能，又要补充完善城市基本服务功能

疏解整治工作的出发点就在于创建一流首善人居环境，其前提和基础是完善的城市基本功能。为此，要在提升首都核心功能的同时，注重补充完善城市基本服务功能。比如，治理"开墙打洞"、"七小"整治、市场腾退改造后的生活服务网点分布和配套，补齐老城市政基础设施老化落后等民生短板，提升生活性服务业品质。

2. 科学把握街巷管理和街区整理的关系，既要加强背街小巷环境整治，又要加快实施街区整理计划

街巷和街区是新阶段西城区城市治理的重点部位。一方面，要落实背街小巷整治三年行动计划，大力治理胡同停车、院内违建、堆物堆料等痼疾顽症，落实街巷长制、推行准物业管理、健全街巷自治理事会，建立长效管理机制，建设"十有十无五好"文明街巷。另一方面，要落实街区整理方案、街区设计导则，推进街区功能优化配置、业态转型升级、空间优化整理、风貌特色塑造、秩序长效管控和街区精神培育。

3. 科学把握管理品质和生活品质的关系，既要加强精细化管理，又要注重群众获得感

精细化管理和群众获得感是城市治理不断深化必须兼顾的两面。在治理

单元上，需要细化服务管理的"粒"度，全面推行国家城市环境分类分级管理，做实城市管理网格，不断缩小和丰富治理单元，进一步把管理和服务从大街向胡同，从小区向楼宇，从街面向院内，从面向线、向点延伸，让管理单元更细，服务效果更好；在服务手段上，需要加强服务管理的维度，就是注意需求的多样性和问题的差异化，了解和掌握不同群体的不同需求，掌握问题要客观、准确，争取把工作干到点上，避免劳民伤财、吃力不讨好；在工作方式上，需要扩展服务管理的频度，变粗放式、运动式管理为精细化、常态化管理，将工作地点从机关转向社区，走进街巷、走近百姓，将工作时间从过去按每一天变为按每一小时、按每一分钟，随时随地把握居民需求、满足居民需求。

## 二 白纸坊街道科学把握核心区治理规律统筹区域治理

深入推进科学治理，全面提升发展品质是北京市西城区确立的"十三五"时期各项工作的主线。白纸坊街道科学把握核心区治理基本规律和发展趋势，结合区域特点和中心工作，坚持科学治理观，确定了老旧居民区科学治理的基本方略。

### （一）白纸坊街道是典型的老旧居民区

白纸坊街道位于老城西南一隅，隔护城河与丰台区相望，与陶然亭街道、广外街道、牛街街道为邻。白纸坊是现在北京唯一沿袭元明建制，以"坊"作为区域名的地方，历史悠久且有比较显著的地域特点。从元代开始在此建官署，主管皇家用纸生产，以后逐渐成为北京手工造纸作坊聚集地，直到现在还有北京印钞厂、经济日报社、北京邮票印制局、中国地图出版社等与造纸印刷有关的一批著名企业。2016年初，依托丰富的历史底蕴和文化资源，白纸坊街道纸文化博物馆正式落成。除此之外，街道还是旧城改造和有机更新的重点地区，主要有三大特点。

1. 老旧小区多

白纸坊街道共有小区144个，其中138个是1990年以前建设的老旧小区，是西城区老旧小区占比最多的街道，城市综合整治任务重。20世纪八九十年代建设的老旧小区，普遍存在小区环境和设施差、公共服务配套设施老化、活动空间少、绿化稀疏、停车位不足、道路不平整、基础条件差、先天功能不足等问题，部分小区原为单位宿舍楼，小区管理接近于弃管，无正规物业管理；普遍存在老旧楼房建设时间早、标准不高、建筑形象档次低、外立面破旧、上下楼困难、安全设施不到位、功能不够完善等问题，不少房屋需要抗震加固、节能改造、电梯加建。在收集上来的服务群众项目意向征集中，群众呼声最高的就是小区环境的改善和硬件设施的升级。

2. 人口密度大

白纸坊街道面积3.1平方千米，有主要大街12条，胡同76个，社区18个。截至2016年6月底，辖区有常住人口13.29万人，其中户籍人口10.95万人。伴随着街道疏解整治促提升行动的实施，人口规模控制成效明显。街道从以房控人、以业控人等多角度疏解本地区常住人口、流动人口。同时，紧抓辖区内两大棚户区改造契机，全力推动拆除违法建筑、整治开墙打洞工作，清退辖区"七小门店"、无照经营商户，集中治理了群众反映强烈的建功南里天缘公寓、建功北里5区3号楼等群租房。同时对棚户区内出租房屋、小门店的流动人口情况进行及时登记核销。截至2017年底，常住人口减少至11.26万人，其中户籍人口减少至10万余人。尽管如此，街道人口密度超过每平方千米3.6万人，仍处于较高水平。

3. 棚改任务重

据北京市政府公布的"2016年棚户区改造和环境整治任务"，西城区有40片棚户区列入年度改造和环境整治任务。其中，包括白纸坊街道的菜园街及枣林南里项目和光源里棚户区改造项目。这是西城区近年来规模最大棚改项目，该项目总占地面积29公顷，涵盖菜园街、光源里、半步桥、自新路、崇效寺等五个社区，涉及居民5600余户，近2万人口，其中包括32栋简易楼、43栋危旧楼和3500余间各类平房。在2017年的棚户区改造和环境整治任务中，这两个项目新增棚改户数40户。这些多在20世纪五六十年代建成的老房子，几乎都存在结构简易、房屋拥挤、设施老化、市政设施不齐全、居民人口密度大、流动人口多等诸多问题。此外，辖区还存在一些分散的棚户区，增加了棚改难度。

## （二）老旧居民区治理存在的突出问题

社区是每个人日常生活的基本社会组织，是个人、家庭联结社会、国家的纽带，是社会治理的最基本主体和平台。在老旧小区治理中，由于物业缺位、管理失序、服务不到位，以及房屋、小区在建设当初的先天性不足，老旧小区的治理对强化社会参与、居民自治的需求更为迫切，居委会作为自治组织，在实际工作中受行政化的影响，自治作用发挥受限。特别是在推进棚户区改造过程中，暴露出一些突出问题。

1. 对棚改认识不到位

棚户区改造范围内多数居民在满足其合理补偿或安置的前提下，能够理解和支持棚户区改造工作。近年来房屋征收补偿基本上采取的是"征一还一、拆一还一"的政策，原地回迁房屋面积相对较小。由于公共媒体关于政策方面的宣传较少，一些居民受到个别商业开发项目或农村集体土地征收项目的影响，认为征收政策存在较大弹性空间，有人为操作的可能性，往往提出过高补偿要求或附加条件，并将此观念对其他居民进行灌输，客观上加大了征收难度，延缓了征收工作进度。

2. 对安置房源不满意

由于西城区位于首都核心区，无法提供闲置土地资源用于建设棚改安置房屋，须通过市级相关部门进行房源调配后，再对棚户区改造等项目涉及的居民进行安置。通过这种方式得到的房屋往往存在地理位置、交通、公共服务、生活配套等方面的巨大差异等实际问题，致使一些希望进行改造、需要安置的居民心存顾虑，一定程度影响了居民参与改造的积极性。

3. 零散改造制度缺失

街道区域内一些亟须进行棚户区改造的区域相对比较分散，户数较少，均未列入北京市改造工作计划。一方面，居住在棚户区或平房区的居民改造愿望十分强烈，希望通过房屋征收或腾退项目，改善住房条件和生活环境。另一方面，按照北京市现行棚改政策和相关规定，棚户区改造项目均采取征建分离模式进行，作为属地街道缺少相关的政策依据和业务指导，无法确定小规模改造项目的实施主体，在一定程度上制约了零散棚户区和平房区改造的推进实施。

4. 安全隐患重重

老城区规划先天存在消防缺陷，旧楼成片，房屋因建设年代久，多为砖木结构，耐火等级低，房屋紧密相连，道路本来狭窄，更存在违章搭建、占用消防通道等问题，一旦发生火灾，极易大面积蔓延。由于平时没人管理，一些出租房火灾隐患突出，租赁双方消防安全意识普遍比较淡薄，消防安全责任不明确，缺乏安全用火用电常识，处置突发事故的应变能力较差。许多经营者及租房户都是靠租赁房屋从事经营活动和居住，如经营小饭店、小商店等，这些场所本身就存在先天性火灾隐患，室内一般用可燃材料装饰，柜橱、桌椅、桌铺等可燃物较多，电线老化、私拉乱接、电器线路超负荷运转等现象较为普遍，存在安全隐患。

## （三）坚决遵循核心区治理的基本规律

老旧居民区治理事关居民的切身利益和百姓生活品质，是区域治理的重点和难点。老旧小区整治和棚户区改造，既是民生工程，也是民心工程。白纸坊街道要以老旧小区整治和棚户区改造为契机，做好改善民生、赢得民心的大实事，要想把好事办好，必须把人民放在心上，把从根本上解决问题作为出发点和落脚点，科学把握和遵循核心区治理的基本规律和趋势，长远谋划，分步推进。

1. 有机更新成为核心区老城改造需要回归的正常轨道

城市更新是永恒的主题，要在持续不断中推进城市更新并保持活力。以棚户区改造为代表的成片大规模的更新模式即将成为过去，必须回到小规模渐进式的城市有机更新的正常轨道上来。对白纸坊街道而言，一方面，要抓好棚户区改造项目的难得机遇，抓紧落实好有关政策。另一方面，要探索小规模常态化的有机更新模式，加强城市修补、生态修复，"留白增绿"，改善环境。

2. 核心区治理的重点在于城市安全运行和精细智慧管理

首都核心区职能定位和职责要求，决定了城市安全运行的标准高，管理水平必须是一流的。尽管西城区在这方面有很好的基础和丰富的实践经验，但是伴随社会转型、技术进步等一系列的变化，城市安全运行管理的压力持续存在，提升精细化、标准化和智能化的水平成为整个城市安全运行和精细智慧管理中的方向。白纸坊街道要在推进棚户区改造和城市有机更新中强化城市管理的力度、频度、维度，为城市运行和管理奠定坚实基础。

3. 社会基础的重塑是核心区治理的一项根本性长期性工作

在社会转型、互联网快速发展的背景和潮流下，社会群体的价值观、素养、组织化程度，深刻影响着监管的成本和社会治理的成效，成为监管秩序乱的主要根源。为此，重视社会治理的基础塑造，比如诚信体系的构建、公共责任体系的构建、公民素养的提升、社会组织的培育、城市文化精神和共同家园意识的培育等，显得尤为重要。对首都核心区而言，更是要把社会治理基础重塑的重心放在街道社区，放在对人的重塑上，这是一项治理的基础性、根本性、长期性工作，需要各街道持之以恒地去做。

4. 核心区治理要坚持以人民为中心科学施政

当前社会矛盾深刻变化，必须牢固树立科学发展观和正确的政绩观，坚持以人民为中心的发展思想，坚持法治为本、严格管理，本着对历史负责的精神科学施政，要注重与公众的开放互动、注重管理机制的塑造、注重社会预期的管理和引导。这些思路在各街道大力推进疏解整治促提升和背街小巷整治的当下，特别是白纸坊街道推动棚户区改造工作的过程中，成为指导实践的有效方法。

## 三 白纸坊街道强化五大能力推进区域治理科学化水平

近年来，白纸坊街道坚持树立政治意识、大局意识、精品意识、稳定意识，强化党建统领、疏解整治、社区治理、民生服务、文化建设五个重点五大能力，着力推进区域治理科学化、精细化、社会化水平，促进各项工作高标准、高质量完成，有效提升了老城居民区品质。

### （一）加强党的建设，提高领导基层治理能力

街道工委加强统筹协调，严格落实基层党建工作责任制，拓宽服务载体，投入更多的精力、更多的时间，采取更多切实可行的方法，以抓"最大政绩"的劲头，加强学习型、服务型、创新型党组织建设，推进党群服务中心建设，建立"党建+"工作模式，创新开展党建联动、发展联抓、民生联责，构建条块结合、资源共享、优势互补、共驻共建的城市区域化党建工作格局，确保党始终成为地区各项事业的坚强领导核心，更好地完成执政使命。

1. 把抓好党建科学施政摆在首要位置

街道围绕协调推进"四个全面"大局，坚持思想建党强化理论武装，不断增强党的政治领导力、思想引领力、群众组织力、社会号召力，坚持街道工委把方向、守阵地、督落实。完善意识形态工作机制，落实好党管意识形态工作责任，牢牢把握意识形态工作的领导权、管理权、话语权，强化舆论监督，做到防患于未然。以"两学一做"学习教育常态化制度化为抓手，持续加强党的自身建设，牢固树立"四个意识"，以"两贯彻一落实"为工作目标和行动准则，不断提高政治建设水平。严格落实全面从严治党要求，加强规范党内政治生活，落实民主集中制，健全了"三重一大"系列制度，完善了从领导班子到支部、从街道社区到非公组织党的组织建设，开展了以"两个专项"为代表的党风廉政建设工作。在试点基础上，全面推广"一规一表一册一网"工作载体，进一步推进党支部规范化建设，夯实工作基础。在白纸坊市民中心建设的成功经验基础上，升级完善辖区党群服务中心的硬

件设施和机制平台建设。发挥党建工作促进会和席位制大党委的作用，以及驻区单位的资源优势，加强完善理论中心组学习，打造基层党建讲习所新阵地，结合环境建设和街巷治理工作，进一步提高了干部的综合能力和素质，充分发挥了党员的先锋作用和党组织的战斗堡垒作用。

2. 不断完善服务群众工作机制

服务型党组织建设注重党群联手、党群共建，以党建引领服务惠及民生，从而形成网络健全、整体联动、社会参与的区域化服务格局，形成强大的社区服务工作合力。街道构建区域化党建新格局，成立了街道区域化党建工作指导委员会，指导18个社区党组织成立社区党建协调分会，制定了区域化党建工作指导委员会议事规则，充分调动共建单位参与辖区建设的积极性和主动性，发挥在职党员回社区报到，服务社区、服务居民的先锋模范作用，搭建了一个辖区各类党组织共同参与、资源共享、优势互补、共驻共建的区域事务共商共治平台。同时，引入社会组织，设立街道党建指导中心，依托街道工委、社区党组织和基层党支部的组织架构，进一步完善和激活基层党组织服务基层联系群众的平台和载体，将党建服务项目分为创新探索、典型示范和经验推广三大类，制作了社区基层党组织服务群众项目运行流程图，形成基层党组织服务群众项目运行流程，各社区均有标准化的项目书。街道开展"党员先锋行动"党建服务项目，以项目制引领地区党建工作，运用"1+2"工作模式，即以组织社区系统培训为基础，发挥党建指导中心作用，拓展区域化共建资源，全面提高基层党组织和党员的服务能力和服务水平，征集、梳理出18个社区党组织服务群众项目意向60余项。

3. 发挥好党员干部的先锋模范作用

白纸坊街道健全完善"366"基层党组织负责人培养体系项目，建立社区党组织负责人后备人才库，制定了《白纸坊街道后备人才库管理办法》和培养计划。将继续做好科级干部培训工作，结合党员教育培训工作，打造"忠诚干净担当"的党员干部队伍。结合"两新"党组织自身特点，设计、培育党建创新项目品牌活动。坚持"党组织跟着重大工程项目建"的原则，在区委、区政府和棚户区改造指挥部的领导下，街道抽调百名干部到棚改一线，创新"一委一会四站"工作模式，即成立白纸坊地区重点棚户区改造项目指挥部临时党委和党支部、居民代表委员会以及居民接待站、法律服务站、公证服务站、人民调解工作站。临时党委成立于2015年8月，下设3个党支部和20个党小组，实现了党组织在棚改项目上的全覆盖。把支部建在工程上，充分发挥党员干部的模范带头作用，落实"五带头五不做""五个比一比"的活动倡议，让更多的党员涌现在重大棚改工程的一线，用党员的热情、公允和高效解决居民困难，维护群众利益，赢得群众拥护。切实履行好代表委员参政议政职能，充分发挥人大、政协、统战的民主监督作用，组织代表委员调研地区棚户区改造等工作。推动党建服务项目规范化运作，增进党群和谐关系；推进厂务公开，促进地区单位健康发展；创新团建活动，得到团市委的充分肯定；召开妇女大会，助力妇女儿童工作法治化进程；积极做好统战服务工作，创新搭建交流合作平台；发挥人大、政协力量，打造共建共治共享的地区发展新模式；以"四就近"为原则，有针对性地开展好老干部"五心"服务，全面提高服务好离退休老干部的工作水平。

### （二）强化疏解整治，提高综合治理环境能力

街道立足核心区特点，高起点高标准开展"疏解整治促提升"行动（见表1），配合相关责任部门完成拆违撤市、地下空间清理、群租房治理、直管公房转租转借清理，"七小"业态整治提升、市场升级改造、产业疏解、社区常住人口统计监测等工作，强力推进综合治理，确保辖区在疏解整治中改善市民生活环境，提升城市环境品质。

1. 拆除违建，制止新增

街道高度重视违法建设行为管控和违法建筑拆除工作，建立了监管、制止、查处、拆除工作网络体系，进一步明确了各部门工作责任和具体职能。按照"建一拆一"的原则，通过联合执法等多种手段，拆除辖区内的违法建筑，有效遏制违法建设行为。棚户区违建紧跟着棚户区改造拆除；城市边角地违建拆除还绿；对在账的违法建设予以拆除，坚决制止新增、新盖、新加的违法建设。2016年坚持"既有违建减存量，新生违建零增长"的工作

目标，共拆除违法建设2424处30498.6平方米，其中拆除账内违建242处2229平方米；制止、拆除新生违建53处1346.6平方米；拆除账外旧有违法建设87处2176平方米。加强与两大棚户区改造指挥部的对接，彻底拆除棚户区内违建2042处24747平方米。2017年累计拆除违法建设2.1万平方米，超额完成了年度拆违目标的60%。

2. 整治规范，改善环境

清理转租转借公有住房，整治"开墙打洞"，整治"七小"业态，整治占道经营，清理整治违法群租房和普通地下空间工作，完成地区人口疏解7800余人，超额完成2017年任务。完成了22条胡同和3个小区的环境整治提升工作；对地区20栋楼房进行了抗震加固综合改造工作。2016年全力推动光源里、菜园街及枣林南里棚户区改造项目启动实施，短时间内实现签约5432户，签约率达98%。以地区南北中轴线右安门内大街为突破口，对82户开墙打洞违法商户进行治理，全部完成拆除，做到"楼体恢复一处，绿化补植跟进完成一处"，切实改善地区街巷面貌。通过召开居民代表会，征求居民对改善辖区基础环境意见，广泛发动各社区开展以"营造清洁卫生环境，共建健康美好生活"为主题的清洁活动，坚持每周末和月末开展清洁日活动，有效地解决了脏乱差问题；利用新建居住小区和城市道路边角空地，种植花草树木，美化街头巷尾，营造了良好的生活环境。

3. 建设精品，服务居民

提升社区的综合服务能力和服务水平，促进社区环境治理向精品化、精细化推进，努力建设环境优美、安全有序、文明和谐的高品质精品示范社区，让社区居民有更多获得感和幸福感，让社区成为群众安居乐业的幸福家园。街道结合棚户区改造，加大棚户区周边小区环境改造建设力度，切实做好接合部的综合治理；点面结合，结合精品小区、精品街道、精品大街、精品胡同，整体成片做到精细化管理。建立"七小"台账850户，2016年全部取缔无证照"七小"128户，清理不规范"七小"161户，压减22.3%，完成了压减20%的目标。同时建设"五小"，即小绿地、小休闲设施、小晾衣棚、小休闲广场、小自行车棚，方便居民生活，增加人性化服务，让城市更加精致。

### 4. 拧成合力，形成机制

街道整合各类队伍资源，建立环境问题快速处置体系。以城管科、全响应平台、城管执法队、环境应急小分队、社区卫生巡查队、网格监督队构建为主体，特别是以"快速应急、服务为民"为宗旨的环境应急小分队，将巡查范围进一步向背街小巷和失管小区延伸，致力于解决城市管理中群众身边的"最后一件小事"。落实市容环境卫生责任区管理，实行"门前三包"责任制，并加强督促检查，与商户签订《市容环境卫生责任告知书》，在西城区市政市容管理委员会3次卫生责任区专项检查中，街道市容环境卫生责任区告知书签订率、公示率、知晓率均达100%。

### 5. 建管结合，提升品质

以问题为导向，城市管理更加科学、规范、精细。街道搭建"科站队所联席平台"，联合执法，整治各类环境秩序中的难点问题。全面落实街巷长制，推进"十有十无"文明街巷建设；全面落实"河长制"，在全区首创"河段长制"，起到示范效应；积极推进大气污染防治工作，完善大气污染防治工作实施方案和应急预案，落实巡查督查、网格监管等工作制度，健全工业企业、在施工地等污染源台账。2016年开展"清障"战役，出动220余人次，发放宣传资料700余份，协调区房管局、交通、公安、城管等多个部门，组织联合拆除地锁专项行动22次，拆除滨河里、半步桥13号院等私设地桩地锁374处，清除陶然亭地铁站、右内大街等处停放的废弃非机动车280余辆。

表1 白纸坊街道"疏解整治促提升"专项行动工作重点

| 行动 | 措施 | 成效 |
| --- | --- | --- |
| 加速推进违法建设拆除和开墙打洞整治专项行动 | 坚持统筹协调<br>坚持创新推动<br>坚持发动群众 | 2017年以右内西街沿线及周边区域为重点，拆除违法建设面积5000平方米以上，完成整治和封堵违规商户202户 |
| "七小"门店综合整治和腾退空间使用专项行动 | 部门联动，注重合力<br>属地统筹，消减存量 | 2016年基本实现无证无照"七小"行业清零，并完成了不规范"七小"压缩20%的工作目标，2017年严控无证无照"七小"反弹，压缩不规范"七小"生存空间，达到清零目标 |

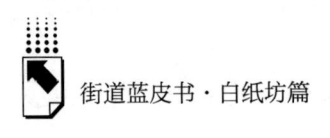

续表

| 行动 | 措施 | 成效 |
| --- | --- | --- |
| 协调推进区域结合地区综合治理及老旧小区整治提升专项行动 | 改进工作模式<br>加强资金统筹<br>强化主体责任 | 2017年对右内西街甲10号院进行环境综合整治，包括治理拆墙打洞违法建设、绿化提升、道路及地下管线翻修、停车规划、便民设施建设，促进右内西街沿线及周边区域环境综合提升 |
| 地下空间和群租房整治专项行动 | 加强统筹、整体谋划<br>依法依规、综合治理<br>依法从严、坚决清退 | 2017年完成清退普通地下室22处，民防空间8处全部清零，涉及面积1.1147万平方米 |
| 棚户区改造、文物腾退整治专项行动 | 加强政策研究<br>加强资金保障<br>加强工作沟通 | 2017年在全面推进光源里和菜园街大棚户区改造工作的同时，对樱桃三条和南菜园2处平房区进行边角地整治，加强腾退和补偿政策研究，完成房屋腾退和整治工作目标 |
| 区域结合地区综合整治专项行动 | 建立机制<br>完善措施<br>提高效率 | 形成"区域协同、工作联动、齐抓共管、共同提升"的工作格局，实现政策一致、工作同步、发展协调 |
| 直管公房清理整治专项行动 | 制定方案，强化落实<br>全面清理更新台账<br>发挥主体作用 | 2017年清理整治存在违规转租转借情况的500户地区直管公房 |

## （三）创新社区治理，提高动员社会参与能力

社区治理事关党和国家大政方针的贯彻落实，事关居民群众的切身利益，事关基层的和谐稳定，是基层治理的重中之重。白纸坊街道不断加强社区治理体系建设，推动资源、力量向社区、网格下移，注重发挥社会组织的作用，创新治理方式，努力提高社区治理的科学化、精细化水平和组织化程度。

1. 推进全响应社会服务管理

街道做好网格优化调整，建立网格岗位责任制的工作，重新划分社区网格，绘制社区网格图，建立民情日志，确保群众诉求接收转办无遗漏，办理结果全反馈。加强全响应网格化社会服务管理指挥平台建设，探索推进社会服务、城市管理、社会治安的"三网融合"，促进社会服务管理由"粗放型"向"精细化"转变。利用街道全响应服务中心，积极整合地区综治部门、城管部门、民生保障部门、社区服务部门等各类服务资源，资源共享，搭建一个点线结合、上下互动、横向联动的立体综合服务平台，提升地区维稳能力，提升全响应工作水平。

2. 加大社区基础设施建设

对菜园街、平原里、自新路、建功南里等社区居委会的办公服务用房进行了装修改造。结合市民中心的建设为右内西街社区解决了350平方米新办公服务用房，为半步桥社区、万博苑社区各解决了150平方米新办公服务用房，为18个社区和警务工作站更新了空调和办公家具。为社区解决办公设备不足问题，购置保险柜、更换空调、更换电脑、折叠椅、折叠桌等。为社区工作者及社区居民办事提供良好的办公、办事环境。同时街道采取领导包社区包任务、科室多联动多检查、社区勤入户勤协商的方法，加大对12个社区出租房屋收回工作力度，将已收回的出租房屋改造成社区老年活动室、党员活动室等公益性活动场所。

3. 提升社区干部的综合能力

街道建立社区人才后备库，选拔社区主任助理20名、服务站站长助理40名。开展了"新势力社区工作者能力提升项目"，全年对社区工作者开展各类培训达29次，使社区干部的理想信念更加坚定，综合能力素质进一步提升。加强社区工作者队伍建设和管理，组织公开招聘社区工作者，充实街道社工队伍，为第九届换届选举储备人才，共招录社区工作者55名。举办社区工作者培训4期，深化社工专业技能培训，着力打造全科社工，提高社区办事效率和服务能力。落实社区延时工作要求，建立健全社区综合受理、全科服务、预约办理、延时工作等社区工作制度。

4. 发挥社区社会组织的作用

加强分类指导，完善内部机制，街道以社区社会组织孵化基地为依托，开展"聚能力，促发展"社区社会组织能力提升项目，全面推进社区社会组织挖掘、培育和发展，精心打造一批特色明显、作用突出的社会组织。近年来，将18个社区的18个公益服务类社会组织服务项目陆续申报为区级"1+1"

助推项目，街道对每个社会组织给予活动资金扶持，各支组织根据实际设置活动项目，开展为民服务。截至2017年11月底，白纸坊地区共有社会组织107个，共计12780人，全方位为社区居民提供服务，为社区自治、社区治理奠定良好的群众基础。完善志愿服务组织体系和动员机制，在社区建立志愿者服务站，制定"心动力"三社联动活动项目，促进社会建设和治理多元化。

5. 深化社区参与型协商工作

建立健全"民生工作民意立项"工作模式，深化社区参与型协商基层民主自治，在18个社区全部建立了社区议事厅。由社会组织代表、居民代表、物业服务代表、驻区单位代表等共同成立议事协商会，建立网格议事会、胡同议事会或楼门议事会，细化议事机构，组织各级议事会成员定期召开会议，对重点难点问题进行具体协调和解决。以社区议事厅为主要沟通平台，形成了楼房院落、社区、街道分级协商议事机制，保障了社情民意能够更好地表达。通过协商议事机制，成功打造了清芷园社区的老年餐吧、平原里社区的爱心扶手、右北大街社区的健康档案等十多项民意工程。

6. 创新"多居一站"试点服务模式

半步桥服务站作为街道的"多居一站"试点服务站，不断推进社区服务站规范化、标准化、精细化建设，提升社区治理能力。以方便群众、资源共享、规范服务为原则，细化梳理代理代办服务事项、规范服务站建设标准、提高服务站人员素质、健全完善服务站制度，承办政策咨询、代发代办、劳动保障、人口计生、低保、住保、劳动就业、老龄、流动人口等基本工作事项。在总结经验的基础上，街道探索向社工机构购买岗位的方式，进一步提升服务站的服务水平和服务效率。

7. 创新"三驾马车"小区管理模式

白纸坊街道在西城区第一个启动老旧小区准物业管理试点改造，选取4种类型5个小区，采取"按需求、分类别"推进的思路，探索通过"街道投一点、居民出一点"的方式，由街道和居民共同出资，引入物业管理公司，并引入第三方物业评估；分类型实施物业管理，提升老旧小区物业管理水平；积极推进业主委员会成立，探索社区、业主委员会和物业公司相互监督的"三驾马车"管理模式,按照"居民自治,试点先行,分类实施"的方针来推动小区的试点工作。此外,还针对企业单位宿舍小区,通过组织居民代表会,形成环境整治工程设计方案,成立小区自管会,制定管理规约,实施居民自治准物业化管理。

### (四)持续改善民生,提高居民服务保障能力

白纸坊街道认真执行国家各项政策,全力做好对困难群体的帮扶救助工作,全面落实"应保尽保";提升公共服务软硬件水平,增强供给能力;圆满完成重大活动期间的安全服务保障工作。民生保障、公共服务和维护地区稳定的工作能力稳步提升,努力实现全方位保障、全人群覆盖、全领域发展(见表2)。

表2 白纸坊街道"民生服务稳定"工作重点

| 保民生 | 强服务 | 促稳定 |
| --- | --- | --- |
| 促进就业<br>社会救助<br>住房保障<br>多点服务 | 百姓生活服务中心<br>养老驿站<br>养老照料服务<br>老年餐桌<br>特色社会组织 | 社会治理<br>物技防保<br>队伍建设<br>排查调处<br>调控人口<br>综治维稳 |

1. "四轮驱动"保民生

一是促进就业保民生。坚持半月一走访,每月举办1场专场招聘会,解决岗位质量和就业不稳定的问题。2016年,办理失业登记人员908人,就业登记896人,为371人办理领取失业金手续,做到了无拖欠、无差错,发放准确率为100%;为2500人办理享受灵活就业保险补贴及相关服务。二是社会救助保民生。据统计,2016年,临时救助、教育救助、慈善救助等1200余人,慰问各类困难人员3200余人次;发放低保金120万元;发放独生子女意外伤残、死亡其父母一次性经济补助14人,支出7万元。三是住保工作保民生。2016年,登记受理公租房和"三房"(廉租住房、经济适用

住房或限价商品住房）轮候家庭申请220户，办理租金补贴17户，各类家庭情况终止、变更合计101件。提前帮困、解困、积极与上级部门沟通解决特困家庭3户。完成签约140户"市场租房补贴"申请，解决了辖区内急需补贴保障家庭的基本困难。四是多点服务保民生。创建有特色的社区为老服务项目，为老年人提供多选择、高质量的服务。2016年，同10家服务商签订合作框架协议，为地区老人提供健康理疗、助浴、理发、修脚、代购、陪同就医、生活清洁、清洗空调油烟机等居家养老上门服务。为辖区空巢、孤寡、失能老人355户免费安装烟感火灾报警器；为138户老人免费清洗空调；为170位老人免费发放为老洗衣券，提供上门助浴、理疗服务；为36位失智老年人申请配备防走失手环；为在辖区内6位百岁老人，陪聊天、免费提供理疗、生活卫生等居家服务。

2. "五措并举"强服务

一是建设百姓生活服务中心。以节约群众办事成本、方便群众生产生活为原则，创新服务模式，科学布局业态，完成百姓生活服务中心、便民菜店等便民设施升级改造工作，打造了右安门百姓生活服务中心。二是建设养老驿站。按照"设施政府无偿提供、运营商低偿运营"的思路，街道租用位于白纸坊东街31－1号房屋，打造街道中心养老服务驿站，驿站建筑面积592平方米，具备日间照料、呼叫服务、助餐服务、健康指导、文体娱乐、心理慰藉六大功能。三是完善养老照料服务。定期邀请回民医院、宣武医院等退休医生举办老年病预防、心理咨询等健康养生活动，为群众解答机构养老和居家养老的相关问题，不断拓展中心辐射居家养老的功能。比如，短期照料、助浴、助洁、助医、助餐、精神关怀等，提高老人对居家养老和机构养老的认知度，照料中心入住率已经达到60%。四是打造老年餐桌。依托白纸坊街道宁心园养老照料中心，在辖区的东部（里仁街乙8号）、中部（枣林前街16号）、西部（滨河里33号楼西侧）设立3个分餐点，打造"中央厨房＋配餐、送餐、助餐"模式的老年营养餐桌。实现辖区内养老餐桌全覆盖，并为有需求的孤寡老人提供免费送餐服务。目前3个分餐点都已投入运营，可以为老年人提供自助餐和营养套餐。

五是推出特色社会组织。街道申报了"心连心""姐妹之友""安心为民""养老助困"等特色"1+1"社会志愿服务组织助推项目，全部通过了验收评估并获得专项经费支持。其中右北大街志愿服务团队被评为市级志愿服务金奖。

3."多管齐下"促稳定

一是做好社会治理促稳定。广泛动员、有效组织辖区居民和社会各界开展群防群治，集中对影响街道安全稳定的各类社会治安和城市秩序问题进行综合治理。2016年，检查企业7300家次，发现隐患1860处，整改隐患1797处；检查重点防火单位1066家次，发现火灾隐患356处，督促整改356处，下发责令改正通知书15家，依法临时查封单位5家，"三停"1家，罚款13.5万元，拘留3人。二是充分利用物防技防促稳定。加大科技创安投入，2016年，为可防性案件较为多发的平原里、双槐里小区安装监控系统，为辖区背街小巷、胡同院落等增加安装了100个监控探头，为条件成熟的小区安装12套楼宇对讲，为双槐里小区临街5栋楼安装约1800米防爬刺，为228户居民家庭更换过期使用的软管及减压阀门。三是提升队伍建设水平促稳定。街道组织地区安全员每周进行集中学习，定期进行队内考试，并根据成绩进行奖惩，参加的两次职工技协杯竞赛初赛的综合成绩取得了西城区36个部门中第1名。四是做好矛盾排查调处促稳定。制定并实施诉求反映日清制、每周警情通报、每月矛盾排查调处例会、敏感突发事件绿色通道、分管领导督办等制度，以确保矛盾隐患消灭在苗头，健全排查调处网络。2016年，共接收、反馈各级平台事件约28730件，收录民情日志约19135条。对地区298家企业开展互联网金融风险排查专项整治，建立了工作台账。五是高标准调控人口促稳定。街道完成年度人口疏解任务，以市、区级挂账治理小区为重点，2016年，群租房治理共拆除隔断间340多间，劝退居住人员526人。地下空间治理清退5处，清退居住人员570多人。通过建立长效管理机制，防止问题反弹，巩固整治成果。六是完成了街道综治维稳中心建设、社区微型消防站规范化建设，安全生产专职安全员队伍建设工作成效明显。

## （五）打造坊间文化，提高品牌带动发展能力

白纸坊街道是唯一与纸有关系，也是目前北京市唯一以坊命名的街道，曾是手工造纸的聚集地。街道以纸文化博物馆为纽带，实现传承、创新、引领、服务，带动发展街道文化建设。打造纸和"坊间"文化品牌，挖掘地区文化传承，持续提升区域文化软实力和影响力，大力弘扬社会主义核心价值观，引领高端高雅艺术进社区，满足人民群众的精神文化需求，让居民更加幸福地生活在白纸坊。

### 1. 优化整合辖区文化教育资源

2014~2016年，街道先后建成光源里、华龙美钰、樱桃园、右内西街4个市民中心，形成了"一个中心，若干社区"的辐射状区域布局，每个市民中心面积近1000平方米，可同时容纳百余人活动，构筑起为民服务阵地，是具有展示性、典型性、示范性、前瞻性的文化活动场所。2016年在市民中心活动的共有20多支文化文娱队伍，服务近4万人次，成为广大市民身边的"十分钟幸福驿站"。市民中心的建立，将分散的资源进行整合，将优质的资源引入，大大提升了居民群众的活动质量和水平。在此期间，街道还积极培育社区文化文娱队伍，截至2016年底，共活跃着30多支文化文娱队伍。其中，作为白纸坊特色文化品牌代表，白纸坊腰鼓独具特色，在传承中国传统民族项目的基础上，深度挖掘文化与健身两大内涵，成为极具白纸坊特色的优秀文化、体育品牌项目。

### 2. 建成独具特色的纸文化博物馆

白纸坊纸文化博物馆利用腾退整治地下空间建成，总面积约为1400平方米，常规展区包括纸与文明、纸与科技、纸与生活、纸与环保、纸与艺术五个主题；粘贴展区主要展示以纸为媒介的展品，如邮票、书画、摄影、火花等。此外，还设有图书阅览室、电子阅览室，承载"纸"文化展示、数字影院、创客空间、科普展览、科普教育等功能。纸文化博物馆以"纸"为核心，传播纸的历史、文化、科学，加强了居民对地区历史文化的认同感、归属感。

3. 形成"白纸坊博物之旅"特色线路

推进博物馆资源整合工作,将地区纸文化博物馆、古陶博物馆、红楼文化艺术博物馆、消防博物馆等相结合,推进地区博物馆联盟建设,推广地区鼓文化、红楼文化、古陶文化和消防文化。整合地区北钞陈列馆、中国地图文化馆、中国消防博物馆等资源,初步规划形成以纸文化博物馆为核心的"白纸坊博物之旅"特色旅游线路。

4. 传承发扬地区非物质文化遗产

街道广泛开展非物质文化遗产宣传展示活动,聘请非物质文化遗产传承人指导太狮、挎鼓团队表演,组织表演队参加2016年国际友人环昆明湖长走活动开幕式及西城区千人徒步大会开幕式演出,同时让地区居民了解太狮和挎鼓的发展历史,将非物质文化遗产项目继续发扬光大。开展白纸坊太狮进学校、进企业、进社区活动和腰鼓邀请赛活动,扩大特色品牌文化活动的影响力。樱桃园社区联系专业的剪纸老师,向社区居民传授传统剪纸、纸雕、折纸等民间艺术,使社区居民广泛有序地参与到体验剪纸魅力的活动中来,丰富居民的文化生活。

5. 扩大"坊间守望"品牌效应

将"窗帘约定"作为地区"坊间守望""邻里互助"的志愿服务特色和品牌在全街道推广,有效提升地区志愿服务品质;制作出版《坊间人物》,挖掘宣传地区人物,讲好坊间故事;充分利用"坊间微动力"等媒介,正面宣传引导、推进舆情监测和定期分析研判,掌控舆论主动权,营造良好的社会舆论氛围。

6. 打造"坊间书阁"阅读空间

以街道图书馆为依托,重新打造"坊间书阁"阅读空间。共开展79次活动,参与人数超过1240人,为居民提供丰富的阅读体验。同时,街道图书馆全力推进"数字文化社区"建设,打造集电子阅读、信息查询、艺术欣赏、文化传播、交流互动为一体的公共文化数字新平台。

7. 举办有声有色"坊间活动"

开展"非物质文化遗产""高雅艺术"进社区活动,举办第七届家庭人口文化节，组织"坊间杯"足球、篮球、乒乓球邀请赛，总参与人数过万，引领群众体育文化活动蓬勃发展。同时，打造"坊间茶会"互动交流平台，树立特色文化品牌。围绕社区居民需求，举办科普文化进万家、暑期青少年科普、科技之夏系列活动等。

## 四　提高核心区治理科学化水平的路径

把落实《北京城市总体规划（2016—2035年）》作为核心区治理的总纲领，秉承"有机更新、完善功能、提升品质、激发活力"规划理念，对核心区做好城市设计、老城功能重组、街区设计与修复等规划工作。持续推进疏解整治促提升行动，将居民区发展品质和居民生活品质相统一；提升与全面实施西城区街区整理计划，以城市有机更新引领老城改造；着力破除体制机制障碍，全力保障城市安全稳定运行，提升城市精细化管理水平和街巷胡同环境品质；持续推动以人为核心的社会共同价值培育，不断提高居民群众素养和道德水平，重塑社会治理基础。

### （一）创新疏解整治工作提升老城发展品质

1. 将疏解整治与脱贫攻坚相结合

落实疏解整治促提升和背街小巷整治工作部署，特别是抓好老城的棚户区改造、历史文化名城保护、老旧小区和平房区整治工作，是实施保障性安居工程的重要内容，也是实现住有所居目标的重要举措，将全面提升老城居民区民生质量、城市品位和老百姓的幸福指数。一是加强基础设施建设和环境整治，将小区的基础设施及绿化、休闲等功能规划与改造统筹考虑，并严格进行施工管理，确保施工质量，改造到位，不断完善基础配套功能，美化人居环境，规范管理秩序，让老旧小区在实施改造后焕发新的生机，让老百姓得到真正的实惠。二是与城市脱贫工作相结合，切实解决困难群体的实际问题。摸清贫困人口底数，落实好社会救助、社会福利、优质安抚、慈善事业等相关政策，在老有所养、住有所居、弱有所扶上不断取得新进展。要健全养老保障体系的建设，让他们同其他居民一样，充分享受到日益提升的物质精神文化生活。要不断提升城市生活的品位，不断丰富人们日益增长的物质文化需要，让人们享受到城市宜居生活。

2. 探索老城居民区整治新思路

在推进老城居民区品质提升，对老旧小区、平房区进行综合整治的过程中，要秉持"问题导向、需求导向、效果导向"，直面整治中的"痛点""堵点""难点"，对改造项目综合考虑，寻求更适合的破解新思路、新方法。一是拆除违法建设。违法建设的存在有其历史原因，在运用法治手段的同时，还要考虑现实因素，既要把住拆除违建的底线，也要守好保障居住的红线，所以在政策制定上，该有弹性的要有弹性，在政策落实上不能"一刀切"，要综合应用各种政策，制订多种方案，灵活落实。二是推进准物业管理。居民对准物业管理的主要需求是提供基本的保洁、保安、"保姆"式服务。这中间，重点是切实解决好堆物堆料、私装地锁的问题。这两个问题的实质是私自占用公共空间的行为，妨碍了周边居民的公共利益，因此一方面要解决堆物堆料场地和停车位增量的问题，另一方面要发挥街规民约的作用，通过道德约束和居民互相监督，强化公共责任意识，维护公共利益。三是加强房屋管理。一方面是针对居住区内的住人普通地下室进行清退，加强宣传和执法力度，提高所有产权人和使用人安全使用的重视程度，特别是加强对危改、老旧小区普通地下室的巡查，强化对普通地下室安全隐患和薄弱环节的定期排查和治理，建立普通地下室整治工作台账，制定更有针对性的整治方案，分类推进各类问题的解决。另一方面是清理整治直管公房转租转借，特别是在"开墙打洞"和"背街小巷"治理中，公房管理单位要全面摸清原民租改工商企租房屋总量和使用情况，建立一户一档，并停止对租赁合同续约和租金收缴，逐步做好恢复其原房屋居住租金的变更工作。另外，要加强房屋的安全管理，特别是针对平房区，全力以赴做好房屋安全度汛和防火工作，制定和完善工作方案和应急预案。

## （二）树立有机更新理念做好做实街区整理

1. 注重统筹谋划六个方面

一是注重规划。将征地拆迁与完善功能一同部署、一同推进。二是注重建设，合理规划一批公共设施，着力弥补老城区的功能缺欠，不断提升改造的品质品位。三是注重管理，结合疏解整治、背街小巷整治，不断完善城市管理体制机制，着力提升城市美誉度、环境舒适度、市民满意度。四是注重运行，既要突出重点，又要统筹兼顾，正视存在问题，推进城市高效有序运转。五是注重支持，对城市管理，尤其是老旧小区改造、棚户区改造中遇到的问题，积极争取市区两级党委政府和有关单位的支持和帮助解决。六是注重考评。全面贯彻以人为本、执政为民的理念，构建科学的行政监督问责机制、政绩考核评价机制，完善责任落实保障机制等，努力提高城市科学治理水平。

2. 坚定落实街区整理计划

街区治理是西城区提出的核心区治理的重要抓手和实现路径。2017年开始，西城区结合背街小巷环境整治行动，陆续启动鼓楼西大街复兴计划等一批文保区，西单北大街等一批商业区，西四头条至八条以及广内街道等一批居住区的街区整理工作，不断探索推进街区治理的常态长效机制。为扎实推进街区整理，不断提升核心区品质，创建国际一流的和谐宜居之都的首善之区，西城区率先在北京市制定出台《西城区街区整理实施方案》《西城区街区整理城市设计导则》《西城区街区公共空间管理办法》系列文件，对推进街区有机更新进行了系统设计、全面安排和科学指导，同时对街区进行了划分，明确了街区公共空间各治理主体的职责，使零散棚户区和平房区改造有了规范性指导，使全面推动街区治理工作有章可循。

3. 推动建设四类街区

通过实施街区整理计划，打造四类街区：一是功能适宜街区，建立具有与核心区战略定位相适宜的首都核心功能、与人民美好生活追求相匹配的城市基础功能的空间布局。二是文化魅力街区，历史文脉传承是一个城市可持续发展的灵魂。核心区是历史文化名城保护的重点地区，老城居民区建设要综合考虑历史风貌和文化遗存等因素，正确处理好保护与利用的关系，打造城市文化和街区精神，既延续历史文脉、留住乡愁记忆，又融入现代生活、彰显时代特质。三是环境友好街区。保护生态环境与继承历史文脉，是城市可持续发展的基本前提。通过生态保护，实现生态、社会、历史、文化和经济效益的最大化、最优化。四是社会和谐街区。社会和谐是构建和谐宜居城市的内核，其衡量标准是老百姓的获得感，街道提升辖区百姓获得感，能够更好地推动北京城市未来发展。

## （三）深化城市运行管理破除体制机制弊端

### 1. 提高城市安全运行水平

强化核心区安全运行和应急管理工作，形成长效管控机制，以更加扎实有力的工作保障地区人民群众生命财产安全。整合各方力量，积极发挥城管、民政、综治、食药、全响应等部门的联动作用，加强社区服务部门的协调，调动广大志愿者队伍的积极性，提升安全运行水平。为此，需要注重破除一些障碍。一是针对核心区基础设施体量大、地下设施密布，而且老城老旧小区、平房区市政设施建设水平落后，局部地段管网设施不完善、排水设施老旧薄弱、维修保养事故时有发生等问题，要分地段分地区加强设施运行评估，并提升作业单位应急处理能力。二是由于当前一些领域存在权属关系复杂、隶属层级众多等问题，如道路保洁存在同一条道路由分属市、区、街道、单位等不同作业部门管理的问题；防火安全管理方面，单位防火归消防、居民院落防火归派出所，而防火主责归属街道。这种责任划分增加了管理和协调难度，影响了城市运行效率，要以城管委成立和职能向街道下沉为契机，以问题为导向，进一步完善机制、强化统筹。三是作为城市运行的综合协调机构，西城区城管监督指挥中心通过全响应区级协同平台统筹对接区城市运行管理平台与全响应网格化社会服务管理平台，建立了部门联动的区域应急指挥体系，使西城区城市运行管理基本实现了城市部件、城市问题、城市功能、环卫、交通、旅游、卫生等要素的网格管理全覆盖。但要适应互联网、大数据、人工智能等技术进步和智慧化应用趋势，对现有的全响应平台进行全面升级，有效激活。四是居民在城市运行、社会监督方面参与积极性不高，要加强居民对其作为城市运行维护主体的认识，提高居民在城市安全运行监督方面的参与度。

2. 提高城市精细化管理水平

白纸坊街道落实北京市委部署，按照精治、共治、法治和创新体制机制的要求，以规范化管理、系统化运行、数据化支撑、信息化操作为目标，推动管理对象及底数、项目设计及实施、管理标准及评估的精细化，不断提高城市精细化管理水平，在体制机制上重点破除以下障碍。一是破除城市管理部件底数不清、隶属关系不确定带来的系列问题，如市政管理方面，市属道路养护北京市政工程管理部门只负责便道红线以里，红线以外到墙基线之间成为管理空白；西城区市政地下管线涉及12家产权单位，地上架空线缆涉及近40家产权单位及运营商。西城区履行属地职能，在与市级部门、产权单位统筹协调方面乏力，对地下地上管线、线缆综合数据也无法掌握，制约了监管的有效性和精细化管理的实施。为此，建议建立底数摸查工作机制和责任机制，完善统筹协调机制。二是破除城市管理标准体系不完善带来的问题，目前的城市管理在市容市貌、园林绿化、环境卫生、广告标识及便民摊点等具体工作方面，没有建立和制订比较齐全的精细化管理标准，还没有形成一整套科学、系统、完整的精细化管理指标体系，制约了规范化、精细化和长效管理的推进。为此，建议委托第三方机构研究制订规范统一的精细化管理指标体系。

3. 提高城市管理运行的智能化水平

主动适应新技术革命发展潮流新趋势新特点，加强互联网、大数据、人工智能等新技术手段在城市治理、城市运行管理的各个领域的运用。通过数据化建模和智能化决策，实现多维融合和关联分析的功能，从而推动研判、预测的科学性和运行、管理的智能化。一是推进先进城市装备和技术手段的应用，用好物联网、大数据、人流预警、人脸识别、高清摄像等新技术，逐步整合公安、交通等监控网络资源，构建资源共享、反应迅速、功能完善、敏捷准确的社会管理公共信息平台，加快智慧新城建设步伐。二是抓好水、电、气、热等城市运行安全的规划落实，推进城市地下管网安全运行实时监测，充分运用传感元件、精确测控等技术手段，建设覆盖各类地下管线、人防工程等重要设施感知系统，确保常态化管理扎实可靠、应急管理科学有效。三是积极推广应用建筑信息管理系统，实现项目建设、运行和维护的全生命周期可视化集成管理。

### （四）强化社会责任意识重塑社会治理基础

1. 培育社会责任意识

党的十九大报告提出要"强化社会责任意识"，这是加强思想道德建设，重塑社会治理基础的系统性工程。社会责任意识是一种以公为先、主动参与、勇于付出的道德品质，必须强化居民的公共意识、参与意识、奉献意识。一是要强化公共意识。加强公民公共责任意识的教育，使人民群众认识到权利和责任的统一，提升公共意识、维护公共利益，而不能遇事只考虑一己之愿，强调个人而忽略他人、强调自己而忽略社会。二是要强化参与意识。参与是多元共治的前提，是协商民主的本质要求，要运用好协商民主制度赋予的参与权利，按照制度程序完成参与实践；要运用好基层自治制度赋予的参与决策权利，基层群众自己决定自己的事情。既要为公共事务的治理建言献策，还要积极维护自己的权利和公共利益。三是强化奉献意识。规则意识、契约精神是法治的文化基础，公益理念、奉献精神则是德治的卓越境界，德治作为社会隐秩序与法治显秩序具有同样重要的作用。要加强对社会成员无私奉献精神的教育，在全社会营造良好的氛围，使人们自觉加入志愿服务、慈善捐助行动，服务他人，提升自己，践行社会责任。

2. 积极疏导社会心态

社会责任意识的培育有赖于一个风清气正的政治生态和社会环境。在社会变革和急剧转型之中，核心区城市管理和高效安全运行标准高，矛盾积累和利益冲突协调难度大，社会心态的疏导、社会弊病的矫治、社会矛盾的调处、公共安全的维护，亟须构建一套成熟有效的社会运行机制。一是加强社会心理服务体系建设。从心理咨询、疏导机制和危机干预三个层面，重点加强对生活失意、心态失衡、行为失常的重点人群开展心理咨询、心理疏导、心理危机干预，培育自尊自信、理性平和、积极向上的社会心态，引导其依法理性处理问题，最大限度地从源头防范和降低社会风险，切实提高广大市民心理素质，起到预防案件发生、维护社会和谐稳定的作用。二是加强社会矛盾预防和化解机制建设。健全公共安全体系，创建综合减灾示范区，提升防灾减灾救灾能力。加强安全隐患大排查大清理大整治，确保人的生命安全和城市安全。完善立体化社会治安防控体系，依法打击和惩治违法犯罪活动。构建全民反恐防恐工作格局，做好各项重大活动安全保卫和服务保障任务。三是加强政务舆情应对机制建设。发挥网络社会折射和反映现实社会、观察社会心态、了解社会情绪的重要窗口作用，建立舆情信息监测系统、分析系统和应对机制。

3. 持续推动公民素质提升

公民是社会公共事务中最根本和最直接的践行者，公民的个人态度和行为方式直接影响社会治理的成效。提升公民素质作为社会治理重塑的基础性工作，要充分发挥党组织在领导意识形态工作、培育社会主义核心价值观、加强思想道德建设方面的职责，不断提高党员自身素质，积极开展公民素质教育。一是在推进诚信建设、打造信用社会中提升公民素质。加强政府诚信、商务诚信、社会诚信、司法公信的制度化建设，健全合理的信用制度和有据可查的信用体系，重点把公务员、司法执法人员等重点职业从业人员纳入诚信档案，做好信用信息管理与诚信考核。建立西城区信用信息共享交换平台，归集、整合和打通金融、工商、税收缴纳、社保缴费、交通违法、安全生产、质量监管、统计调查等领域信用信息，实现信用信息互联互通和交换共享。完善诚信联合奖惩机制，联合银行、司法、通信、民航、铁路、酒店、媒体等机构及社会组织实行守信联合激励和失信联合惩戒措施，让守信者受益，让失信者受限。二是在促进公平正义、营造向上向善的社会氛围中提升公民素质。要着力补齐民生短板、促进社会公平正义，形成良好的社会秩序，为公民向上向善营造良好的社会环境，让人民群众共享发展成果，使人民的获得感、幸福感、安全感更加充实、更有保障、更可持续。三是在树立模范、激励社会责任行为中提升公民素质。从范围来讲，社会公共责任主要包括诚实守信责任、资源共享责任、环境治理责任、公益慈善责任、公共安全责任、公民道德责任，因其是一种主动行为，必须鼓励和宣传模范人物、先进事迹和精神品质，强化正向激励。

**参考文献**

卢映川：《首都核心区治理与我们的使命》，西城区"两学一做"学习教育专题党课报告会，2016年11月30日。

卢映川：《西城区构建社会责任体系的实践与思考》，2017年12月。

北京市西城区白纸坊街道：《白纸坊街道工委办事处年度工作总结》（2015~2017）。

北京市西城区白纸坊街道：《白纸坊街道办事处各科室年度工作总结》（2015~2017）。

# 数据报告

**Data Reports**

## B.2 白纸坊街道基于常住人口地区公共服务调查报告

**摘　要：** 享有公共服务是公民生存发展的需要，也是生活品质的基础保障，从居民对地区公共服务的获得感和满意度来评价生活质量具有重要意义。本报告通过问卷调查的方法，对西城区白纸坊街道18个社区的常住人口开展社区公共服务与居民生活质量问卷调查，从中了解街道组织开展公共服务的情况和居民满意度评价，得出总体结论并针对存在的问题提出具体建议。

**关键词：** 白纸坊街道　社区居民　公共服务　生活质量

为了能够了解目前白纸坊街道居民对地区公共服务的获得感和满意度，调查组在2015年1月针对街道开展的基本公共服务需求的问卷调查基础上，结合居民的满意度调查，进行了此次问卷调查。本报告所涉及的调查对象是白纸坊街道18个社区的常住人口。调查时间为2017年5月，共有358人参与此次调查，其中有效问卷211份，有效回收率为58.9%。

# 一 调查样本情况

## （一）调查样本基本情况

受访者中，男女比例约为0.6∶1。年龄在35岁以下的有71人，36~55岁的有100人，56岁及以上的有40人，其中66岁及以上老年人为23人。从婚姻状况看，以已婚为主，占比为81.0%。从政治面貌看，共产党员、群众分别为50人和151人，群众占比为71.6%。常住人口中，有86.7%的受访者是西城区户籍，非京籍占比为3.3%。在北京市自有住房者有172人，占比为81.5%。从受教育程度看，本科或大专的人群占比最高，为75.4%。家庭组成结构方面，56.4%的家庭是三口之家，所占比例最高（见表1）。

表1 调查样本基本情况统计

单位：人

| 性别 | 男 | | 79 | | 女 | | 132 | |
|---|---|---|---|---|---|---|---|---|
| 婚姻状况 | 已婚 | | 171 | | 未婚 | | 40 | |
| 年龄 | 25岁及以下 | 26~35岁 | 36~45岁 | | 46~55岁 | 56~65岁 | | 66岁及以上 |
| | 12 | 59 | 64 | | 36 | 17 | | 23 |
| 政治面貌 | 共产党员 | | 民主党派 | | 共青团员 | | 群众 | |
| | 50 | | 1 | | 9 | | 151 | |
| 户籍 | 西城区户籍 | | 北京市其他区户籍 | | | 非北京市户籍 | | |
| | 183 | | 21 | | | 7 | | |
| 住所 | 西城区自有住房 | | 北京市其他区自有住房 | | 西城区非自有住房 | | 北京市其他区非自有住房 | |
| | 140 | | 32 | | 21 | | 18 | |
| 学历 | 博士研究生 | | 硕士研究生 | | 本科或大专 | | 高中或中专以下 | |
| | 0 | | 2 | | 159 | | 50 | |
| 家庭人数 | 四口以上 | | 四口 | | 三口 | | 二口 | 一口 |
| | 36 | | 29 | | 119 | | 21 | 6 |

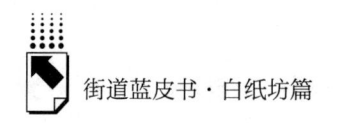

## （二）样本家庭收入情况

从家庭收入情况看，人均月收入为3401～8700元的受访者数量最多，占比42.2%，其次是人均月收入为1891～3400元的居民，占比为33.2%。而人均月收入为15001元及以上的有6人。调查组取人均月收入的区间平均值，可以得出白纸坊街道常住人口人均年收入的估算值（见表2）。如果以西城区15个街道人均年收入的平均值64855.2元为标准，可以发现，白纸坊街道常住人口人均年收入的平均值为71235.6元，处于较高水平。受访者中，人均月收入低于3400元（含）的人群值得关注，占总人数的37.9%。这80人中，人均月收入在北京市最低工资标准线1890元及以下的有10人，其中符合低保家庭收入标准（家庭人均月收入低于800元）的仍有2人。

表2 白纸坊街道样本收入情况估算

单位：元，人

| 人均月收入 | 800及以下 | 801～1890 | 1891～3400 | 3401～8700 | 8701～15000 | 15001及以上 |
| --- | --- | --- | --- | --- | --- | --- |
| 居民人均年收入 | 9600 | 16140 | 31740 | 72600 | 142200 | 180000 |
| 人数 | 2 | 8 | 70 | 89 | 36 | 6 |

注：居民人均年收入由人均月收入的区间平均值乘以12（个月）估算得出。其中"15001以上"的区间平均值按照15000计算。

## 二 公共服务供给及居民满意度状况

### （一）公共教育资源评价：超七成受访者认为幼儿园便利度低

对于白纸坊街道教育资源配置方面的评价，受访者的评价差异性很大。由于街道人口密集，教育资源相对有限。调查显示，有31.8%的受访者认为教育资源配置"总体均衡"，认为"局部均衡"的受访者占比为47.9%，还有10.0%的受访者表示"基本失衡"，表示"说不清楚"的有10.4%（见图1）。由此可见，多数受访者对白纸坊地区的教育资源状况并不乐观。

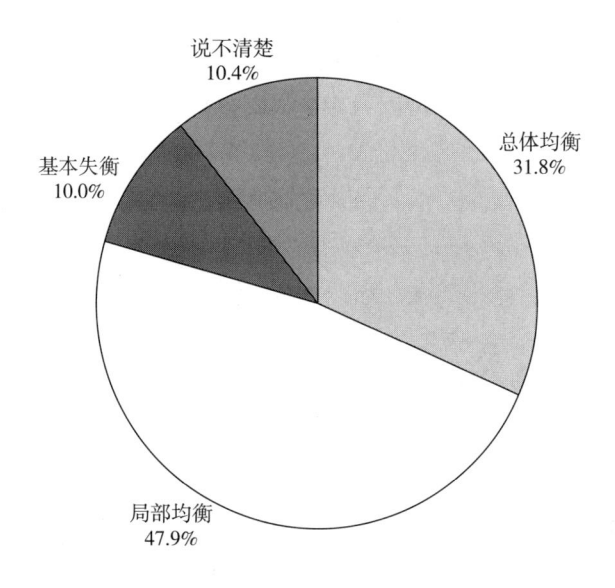

说不清楚 10.4%
基本失衡 10.0%
总体均衡 31.8%
局部均衡 47.9%

**图1　白纸坊街道教育资源配置情况**

此次问卷特别就学前教育资源进行调查，在问及"您及周边的孩子上幼儿园方便不方便?"这个问题时，只有27.5%的受访者的回答是肯定的。另外，有12.8%的受访者表示"很难"，表示"不方便"的受访者占比为26.1%，认为"不是很方便"的受访者占比达到33.6%（见图2）。由此可见，超过70%的受访者对辖区幼儿园的布局和供给表示不满意。可见，学前教育问题不容忽视。

## （二）公共文化服务评价：对公共文化设施和场馆的服务满意度不足五成

调查问卷以"您知道您家附近的图书馆、文化馆、博物馆、美术馆等公共文化服务设施分布情况吗"这一问题来了解被访者对街区公共文化资源的知晓度。结果显示，23.2%的受访者表示"了解"，13.7%的受访者表示"不了解"，超过六成的受访者表示部分了解。在对这些文化设施提供服务的满意度调查中，只有42.1%的受访者表示"满意"和"很满意"，表

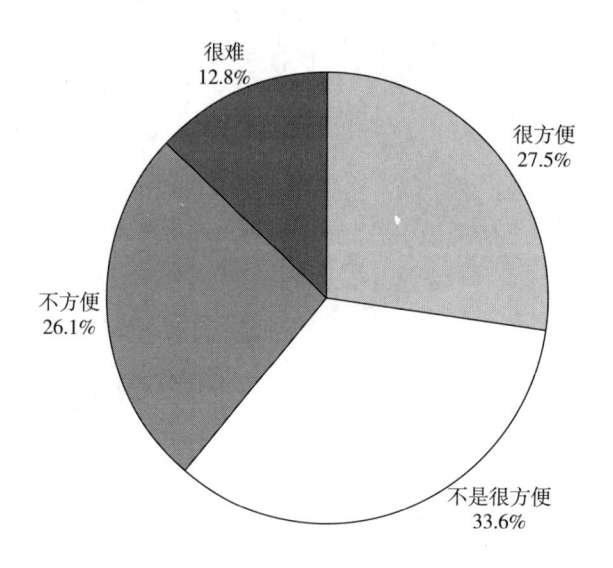

图 2　白纸坊街道幼儿园便利度

示服务"一般"的占比为51.2%，还有6.7%的受访者表示"不满意"和"很不满意"（见图3）。

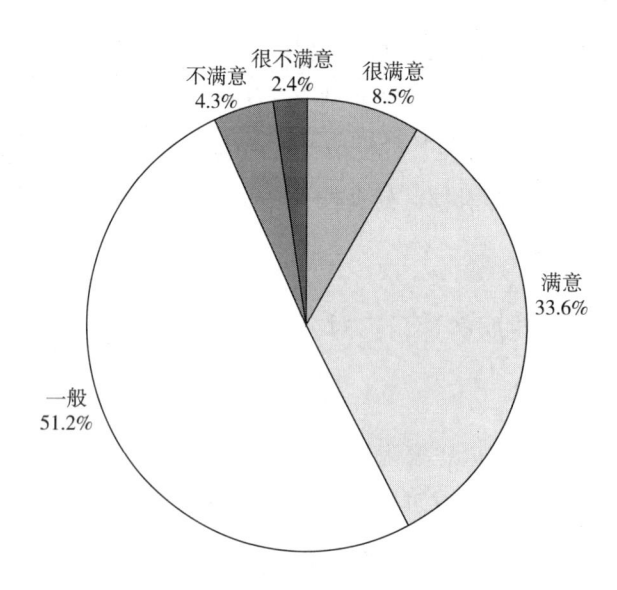

图 3　白纸坊街道公共文化服务情况满意度

具体从服务项目参与度看,参与"免费电影放映"的受访者占比为60.5%,所占比例最高。参与"戏剧、音乐会等文艺演出"和"文体娱乐活动,如广场跳舞、打太极拳等"的受访者占比分别为58.6%和36.7%。另外,15.7%的受访者表示"以上都没去过或参与过"(见图4)。

```
免费电影放映                        60.5
戏剧、音乐会等文艺演出                58.6
文体娱乐活动,如广场跳舞、
打太极拳等                          36.7
书画展览、摄影展等                   33.8
以上都没去过或参加过                 15.7
         0    20    40    60    80 (%)
```

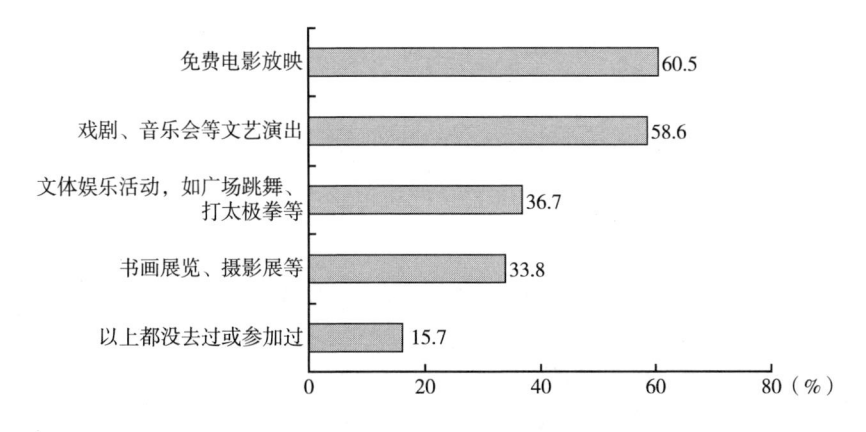

**图4　白纸坊街道公共文化活动参与度**

### (三)社区服务评价:近七成受访者对群众文化服务的满意度最高

在社区文化教育体育服务方面,受访者对"社区群众文化服务"的满意度最高,达到69.0%;对"社区科普服务""社区教育培训服务"满意度相对较高,但只有41.4%和31.9%。此外,受访者对社区体育服务的整体满意度普遍不高(见图5)。在最不满意的服务项目中,对"社区早教服务"不满意的占38.1%,对"社区中小学生社会实践服务"不满意的占22.4%,还有20.5%的受访者对"社区居民体质测试服务"不满意。

### (四)就业(创业)服务评价:平均参与率在39%左右

调查显示,在就业(创业)指导和就业(创业)服务方面,受访者参与度最高的是"社区职业介绍和岗位推荐服务",所占比例为54.1%;参与"'零就业家庭'就业帮扶服务"的受访者超过四成,达到44.0%。此外,分别有42.6%、37.8%的受访者选择了"社区专场招聘会"和"社区就业

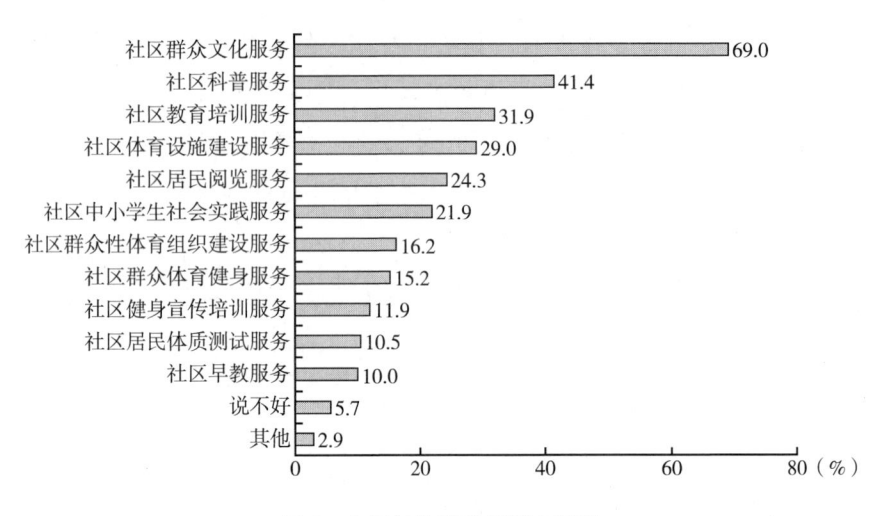

图5 白纸坊街道社区服务评价

困难人员再就业服务"。其他四项就业指导和服务项目的参与度由低到高依次为28.2%、34.4%、35.4%和35.4%。另外有20.6%的受访者表示"不清楚"（见图6），说明没有这方面的需求。由此可见，在就业创业服务方面，街道社区工作做得较为扎实，有22.4%的受访者表示接受过"社区推荐"。

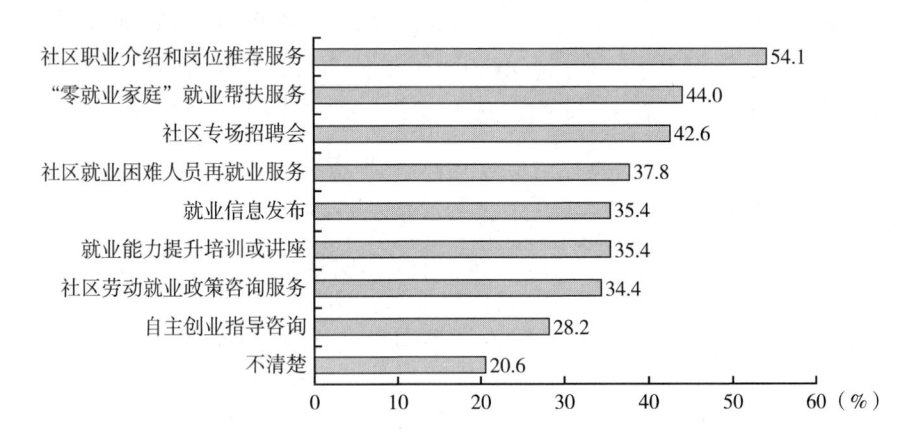

图6 白纸坊街道就业指导和就业服务项目情况

## （五）为老服务评价：近半数受访者表示"满意"

在对社区提供何种为老服务项目的调查中，问卷中所涉及的十大类服务均受到不同程度的欢迎。其中，"医疗保健""生活照料""紧急救助"需求度排在前三位，分别达到71.8%、71.3%和55.5%。"老年人学习培训"需求度最低，占比为26.3%（见图7）。

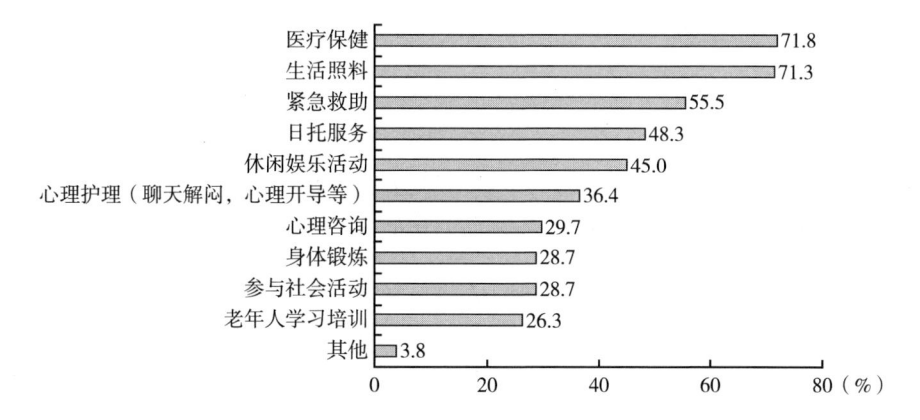

| 项目 | 百分比 |
| --- | --- |
| 医疗保健 | 71.8 |
| 生活照料 | 71.3 |
| 紧急救助 | 55.5 |
| 日托服务 | 48.3 |
| 休闲娱乐活动 | 45.0 |
| 心理护理（聊天解闷，心理开导等） | 36.4 |
| 心理咨询 | 29.7 |
| 身体锻炼 | 28.7 |
| 参与社会活动 | 28.7 |
| 老年人学习培训 | 26.3 |
| 其他 | 3.8 |

图7 白纸坊街道社区为老服务项目需求情况

白纸坊街道积极探索养老服务新模式，建立覆盖全地区的居家养老服务体系，涵盖生活照料、健康管理、精神慰藉、专业护理等多种服务项目，在对现有为老服务项目的满意度调查中，有47.9%的受访者表示"满意"和"很满意"，有48.8%的人表示"一般"。但仍有3.3%的人表示"不满意"和"很不满意"（见图8）。

## （六）残疾人专项服务评价：超六成受访者认为专用设施不够完善

问卷调查结果显示，有37.5%的受访者表示所在社区的残疾人专项服务设施"比较完善"和"非常完善"，而认为不够完善、"有部分专用设施"的受访者占比达到51.6%。同时，还有10.9%的受访者表示"基本没有"（见图9）。

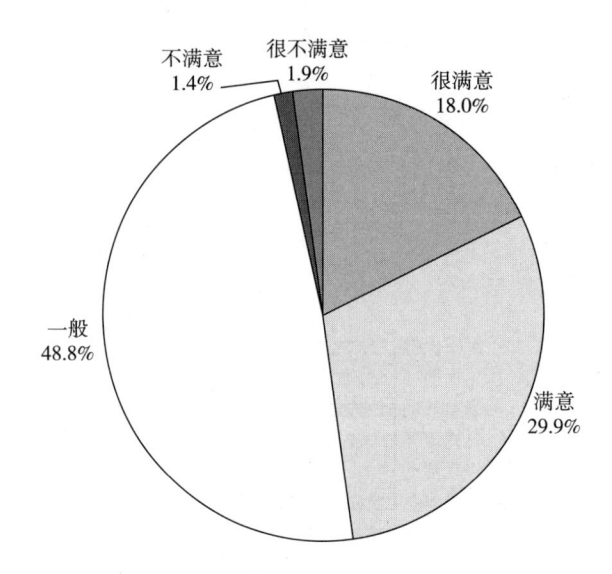

图 8 白纸坊街道社区为老服务项目满意度

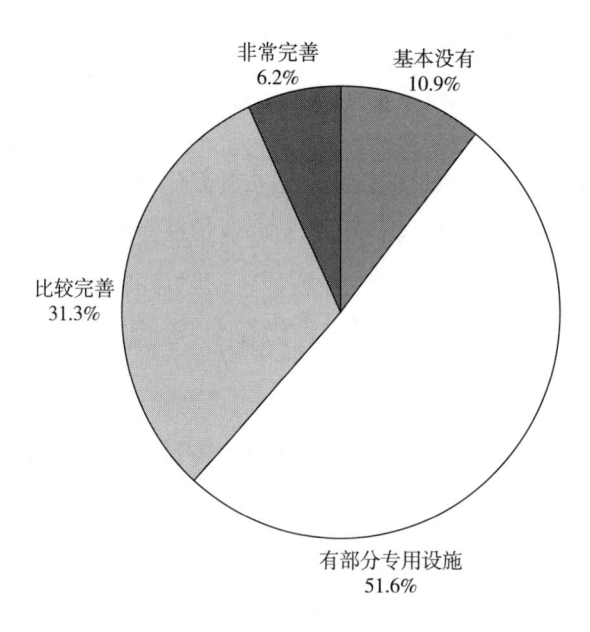

图 9 社区残疾人专用设施完善度

从社区残疾人服务项目供给情况来看,"康复照料""法律援助""就业指导"等方面的服务供给排在前三位。71.3%的受访者选择了包括知识讲座、康复咨询、免费健康体检、建立电子健康档案等在内的"康复照料",57.9%的受访者选择了"法律援助"。另有47.4%的受访者选择了"就业指导"(见图10)。数据反映,受访者对"文教服务""心里抚慰"方面的服务供给评价偏低。

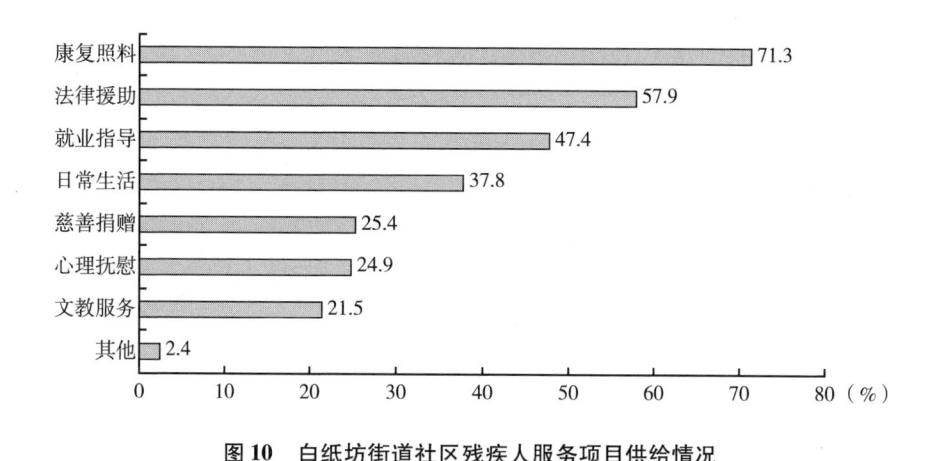

图10 白纸坊街道社区残疾人服务项目供给情况

### (七)便民服务评价:体育运动场所最为稀缺

对"最后一公里"社区便民服务的便利度情况的调查显示,18个选项中,82.3%的受访者认为"超市便利店"最为便利,认为"早餐""美容美发"便利的受访者占比分别是59.8%和53.1%。而在最不便利评价中,排在前四位的分别是"体育运动场所"(31.6%)、"商场购物"(28.7%)、"文化场馆"(27.8%)和"幼儿园、小学"(23.9%)(见图11)。据了解,白纸坊街道平房较多,拆迁进度缓慢,绿地空间问题、停车问题、道路问题等长期得不到实质性解决。在对社区现有便民服务的满意度调查中,有53.1%的受访者表示很满意和满意,37.0%的受访者表示一般(见图12)。

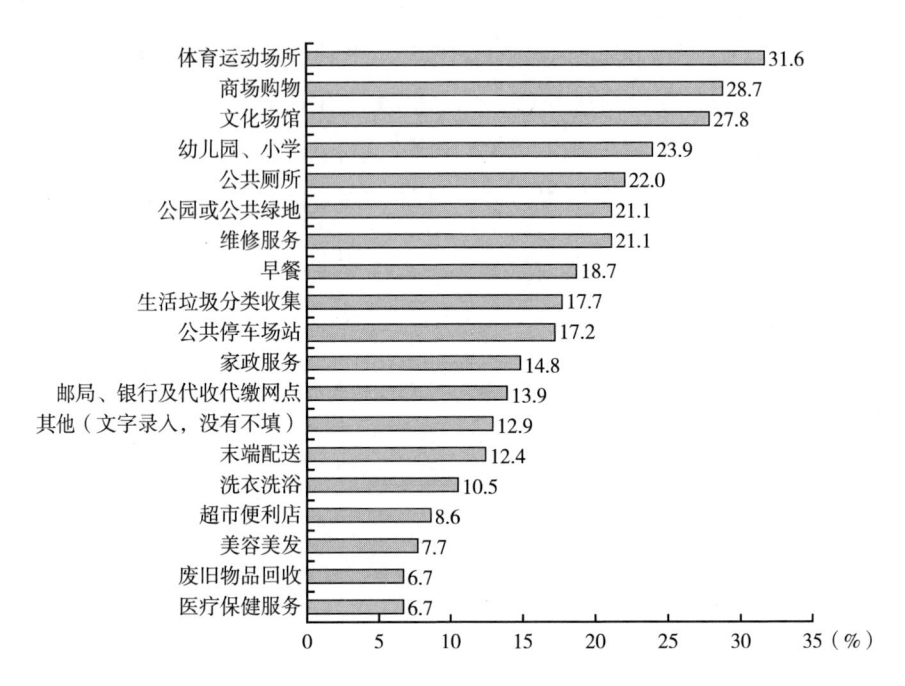

图 11　白纸坊街道便民服务最不便利情况

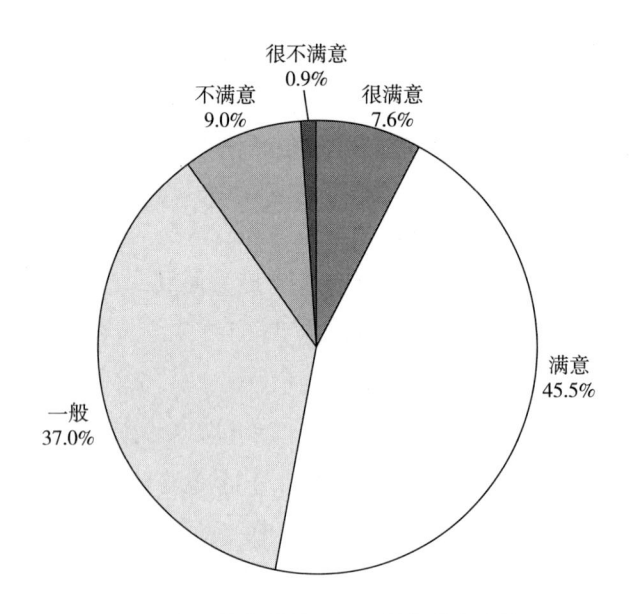

体育运动场所 31.6
商场购物 28.7
文化场馆 27.8
幼儿园、小学 23.9
公共厕所 22.0
公园或公共绿地 21.1
维修服务 21.1
早餐 18.7
生活垃圾分类收集 17.7
公共停车场站 17.2
家政服务 14.8
邮局、银行及代收代缴网点 13.9
其他（文字录入，没有不填） 12.9
末端配送 12.4
洗衣洗浴 10.5
超市便利店 8.6
美容美发 7.7
废旧物品回收 6.7
医疗保健服务 6.7

图 12　白纸坊街道社区便民服务满意度情况

很不满意 0.9%
不满意 9.0%
很满意 7.6%
满意 45.5%
一般 37.0%

042

## （八）公共安全服务评价：社区治安服务供给最好

在公共安全服务项目供给情况调查中，社区治安服务的供给情况最好。调查显示，12个选项中排名最靠前的是"社区治安服务"供给，占比为77.5%。此后超过五成选项的依次为"社区治安状况告知服务""社区禁毒宣传服务""社区消防安全服务""社区法律服务"和"社区物技防设施建设服务"，占比分别为57.9%、56.9%、56.5%、53.6%和50.7%（见图13）。总的来看，白纸坊街道对社区安全问题十分重视，服务领域较宽，供给相对均衡。

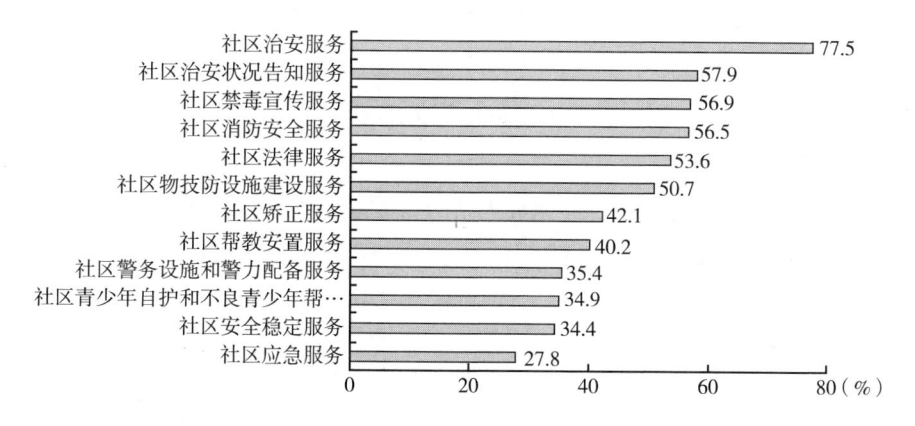

| 项目 | 占比(%) |
| --- | --- |
| 社区治安服务 | 77.5 |
| 社区治安状况告知服务 | 57.9 |
| 社区禁毒宣传服务 | 56.9 |
| 社区消防安全服务 | 56.5 |
| 社区法律服务 | 53.6 |
| 社区物技防设施建设服务 | 50.7 |
| 社区矫正服务 | 42.1 |
| 社区帮教安置服务 | 40.2 |
| 社区警务设施和警力配备服务 | 35.4 |
| 社区青少年自护和不良青少年帮… | 34.9 |
| 社区安全稳定服务 | 34.4 |
| 社区应急服务 | 27.8 |

图13　白纸坊街道社区安全服务项目供给状况

## （九）地区信息基础设施评价：受访者支持推进智慧化、便利性基础设施投入

随着信息技术的迅猛发展和快速应用，人们对智慧化、便利化的信息基础设施的需求程度日益上升。在问卷调查中，按照需求程度排序由高到低分别为"社区生活服务信息查看""社区便民服务在线办理""社区停车缴费智能化""社区政务信息查看""加强智慧社区信息基础服务设施建设"（见图14）。

| 项目 | 百分比 |
|---|---|
| 社区生活服务信息查看 | 51.0 |
| 社区便民服务在线办理 | 50.5 |
| 社区停车缴费智能化 | 45.2 |
| 社区政务信息查看 | 43.3 |
| 加强智慧社区信息基础服务设施建设 | 40.9 |
| 其他 | 6.7 |

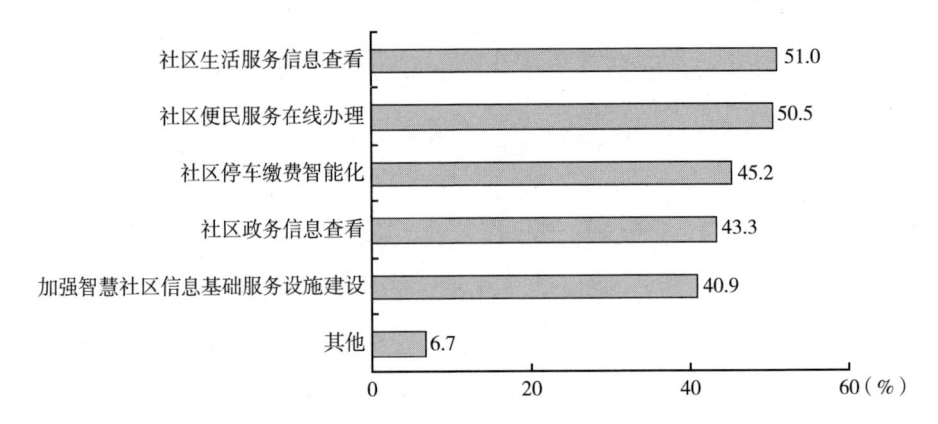

图14　白纸坊街道社区信息基础设施服务需求情况

## 三　基本数据结论

白纸坊街道受访者中有近四成人员收入水平远低于西城区平均水平，家庭支出结构中基本生活类消费居主导地位，文化体育类消费次之。此次调查，围绕公共教育资源、公共文化服务、社区服务、就业（创业）服务、为老服务、残疾人专项服务、便民服务、公共安全服务和信息基础设施服务等九个方面进行评价，得出以下数据结论。

第一，在公共教育资源评价方面，受访者的评价差异性很大，对白纸坊地区的教育资源状况并不乐观。特别是对学前教育机构的供给并不满意，有超七成受访者认为幼儿园便利度低。

第二，在公共文化服务评价方面，受访者对街区公共文化资源分布的知晓度超过八成，但对其提供的服务满意度总体上刚过四成。在具体项目中，受访者对"免费的电影放映"项目的参与度最高，占60.5%。

第三，在社区服务评价方面，受访者对"社区群众文化服务"的满意度较高，达到69.0%。分别有38.1%、22.4%和20.5%的受访者对"社区早教服务""社区中小学生社会实践服务"和"社区居民体质测试服务"不满意。此外对社区体育服务的整体满意度普遍不高。

第四，在就业（创业）服务评价方面，居民参与度最高的是"社区职业介绍和岗位推荐服务"和"'零就业家庭'就业帮扶服务"，所占比例均超过四成，分别为54.1%和44.0%。另有22.4%的受访者表示在就业服务中接受过"社区推荐"。

第五，在为老服务评价方面，"医疗保健""生活照料""紧急救助"等服务选项最受欢迎。对于现有的为老服务项目，有近半数受访者表示"满意"和"非常满意"。

第六，在残疾人专项服务评价方面，分别有31.3%和51.6%的受访者认为社区残疾人设施"比较完善"和不够完善。从社区残疾人服务项目供给情况来看，"康复照料""法律援助""就业指导"最受欢迎，"康复照料"占比达到71.3%。

第七，在便民服务评价方面，超过八成的受访者认可"超市便利店"的分布情况，但受访者认为最不便利的是"体育运动场所"（31.6%）、"商场购物"（28.7%）、"文化场馆"（27.8%）和"幼儿园、小学"（23.9%）。

第八，在社区安全服务评价方面，社区服务供给项目较为丰富，在12个选项中，对社区治安服务的供给最好，占比为77.5%。另外，对"社区治安状况告知服务""社区禁毒宣传服务""社区消防安全服务""社区法律服务""社区物技防设施建设服务"的供给也超过半数。

第九，在信息基础设施评价方面，人们对智慧化、便利化的信息基础设施的需求度普遍较高。"社区生活服务信息查看"的选项占比达到51.0%。

综上所述，调查组进一步梳理出公共服务调查中的13个重点选项，需要街道予以关注（见表3）。

**表3 白纸坊街道公共服务重点选项调查**

单位：%

| 序号 | 需要重点关注的调查选项 | 调研占比 |
| --- | --- | --- |
| 1 | 便利度最差的公共教育服务选项"幼儿园" | 72.5 |
| 2 | 参与度最高的公共文化选项"免费电影放映" | 60.5 |
| 3 | 满意度最高的社区服务选项"社区群众文化服务" | 69.0 |

续表

| 序号 | 需要重点关注的调查选项 | 调研占比 |
| --- | --- | --- |
| 4 | 满意度最低的社区服务选项"社区早教服务" | 38.1 |
| 5 | 参与度最高就业（创业）选项"社区职业介绍和岗位推荐服务" | 54.1 |
| 6 | 需求度最高的为老服务选项"医疗保健" | 71.8 |
| 7 | 需求度最低的为老服务选项"老年人学习培训" | 26.3 |
| 8 | 满意度最高的残疾人服务选项"康复照料" | 71.3 |
| 9 | 满意度最低的残疾人服务选项"文教服务" | 21.5 |
| 10 | 便利度最高的便民服务选项"超市便利店" | 82.3 |
| 11 | 便利度最差的便民服务选项"体育运动场所" | 31.6 |
| 12 | 供给最好的公共安全服务选项"社区治安服务" | 77.5 |
| 13 | 需求度最高的信息基础设施选项"社区生活服务信息查看" | 51.0 |

## 四 对策建议

白纸坊街道区域面积仅有3.11平方千米，平房院落较多，地区可开发利用空间小，交通路网规划滞后，存在公共文化、学前教育、养老等设施不足，交通不畅和停车困难，绿化面积缺口大等问题。如何在棚户区改造和疏解整治促提升专项行动中合理利用好每一处公共空间，采取积极措施增加公共服务供给，调查组提出以下建议。

### （一）以需求为导向增加公共服务有效供给

公共服务的目的就是满足居民的需求，因此要从解决辖区居民最关心最直接最现实的利益问题入手，以需求为导向，找出公共需求的"最大公约数"，增加公共服务有效供给，提高服务效率和质量，增强人民群众的满意度，促进地区和谐稳定。

### （二）以民生为根本加强养老服务体系建设

白纸坊街道辖区人口总数为12.9万人，60岁及以上老年人数量超过2.3万人，约占总人口数的18%。其中，白纸坊街道辖区内还有独居老年人1988人，孤寡老人53人，三无老人7人，养老服务需求较大。要满足白纸坊地区的养老服务需求，就要加强养老服务体系建设，在强化社区居家养老服务的基础上，进一步创新养老服务模式，如在社区发展小型化、嵌入式的养老服务机构等，满足老年人的养老需求。

### （三）以服务为宗旨提升社区为民服务水平

社区服务要坚持专业化、社会化、规范化的发展方向，以最大限度满足居民需求为目标。一方面要不断加强社区服务者队伍的建设，建立专业化队伍，为社区居民提供优质的服务；另一方面加强社会保障能力建设，完善社会保障制度，强化保障措施，实现学有所教、劳有所得、病有所医、老有所养、住有所居，全力提高居民的幸福指数。

# B.3
# 白纸坊街道基于工作人口地区公共服务调查报告

**摘　要：** 工作人口是区域发展的重要参与者和推动者，为其提供便利、持续、优质的公共服务，对优化地区发展环境和服务水平，提高街道服务区域发展的能力具有重要意义。为此，课题组在2015年1月首次对辖区工作人口进行公共服务调查之后，再次就企业工作人口对白纸坊地区的公共服务供给、参与和获得情况进行问卷调查。本次报告通过对社区服务机构认知度、社区服务参与度、地区生活便利度、社区基本公共服务满意度、社区公共服务需求度五个方面进行分析，在对调查情况进行纵向比较的基础上，得出总体结论并针对存在的问题提出具体建议。

**关键词：** 白纸坊街道　公共服务　工作人口

白纸坊街道辖区内有中央、市、区属各类企事业单位1720家，服务企业发展、做好工作人口公共服务保障任务重大。本报告涉及的调查对象是在白纸坊街道辖区内纳税情况较好的一些企业的工作人口，包括中高层管理人员和普通员工，调查时间为2017年5月。有248人参与本次问卷调查，其中有效问卷226份，有效率为91.1%。

## 一　调查样本情况

调查对象中，中高层管理人员占比为51.3%，普通员工占比为48.7%。男性占比为47.8%，女性占比为52.2%，在本单位工作三年以上的占比为63.3%。本科或大专学历占绝大部分，占比为76.1%；硕博高端人才占比为11.1%。年龄为36~55岁的工作人口比例达到58.0%，是企业劳动力的中坚力量。从户籍分布来看，北京市户籍人口达到84.5%，其中西城区户籍人口占比为57.1%，北京市其他区户籍人口占比为27.4%。从居住地情况看，在西城区居住的人口占比为58.4%，其中，自有住房的工作人口占比为77.3%。从家庭结构来看，三口之家居多，占比为58.8%。从收入情况来看，110名普通员工中，家庭人均月收入在4999元及以下的占比为43.6%，超过10000元的占比为17.3%，但仍有4人表示家庭人均月收入低于北京市最低工资标准1890元。116名中高层管理人员中，月收入在4999元及以下的仍占24.1%，月收入为5000~10000元的占比为36.2%，超过20000元的占比为7.8%（见表1）。

**表1 调查样本基本情况统计**

单位：人

| 性别 | 男 | | 108 | | 女 | | 118 |
|---|---|---|---|---|---|---|---|
| 年龄 | 25岁及以下 | 26~35岁 | 36~45岁 | 46~55岁 | 56~65岁 | 66岁及以上 | |
| | 9 | 79 | 86 | 45 | 6 | 1 | |
| 户籍 | 西城区户籍 | | 北京市其他区户籍 | | | 非北京市户籍 | |
| | 129 | | 62 | | | 35 | |
| 居住情况 | 西城区,自有住房 | | 102 | 北京市其他区,自有住房 | | | 72 |
| | 西城区,非自有住房 | | 30 | 北京市其他区,非自有住房 | | | 22 |
| 工作年限 | 三年以上 | | 一年到三年 | | | 一年以下 | |
| | 143 | | 69 | | | 14 | |
| 学历 | 博士研究生 | | 硕士研究生 | | 本科或大专 | 高中或中专及以下 | |
| | 1 | | 24 | | 172 | 29 | |
| 家庭构成 | 四口以上 | 四口 | 三口 | 二口 | 一口 | | |
| | 30 | 24 | 133 | 34 | 5 | | |
| 收入情况 | 普通员工家庭人均月收入 | | | | | | |
| | 1889元及以下 | 1890~3399元 | 3400~4999元 | 5000~9999元 | 10000~19999元 | 20000元及以上 | |
| | 4 | 18 | 26 | 43 | 17 | 2 | |
| | 中高层管理人员月收入 | | | | | | |
| | 4999元及以下 | 5000~9999元 | 10000~19999元 | 20000~29999元 | 30000~49999元 | 50000元及以上 | |
| | 28 | 42 | 37 | 6 | 2 | 1 | |

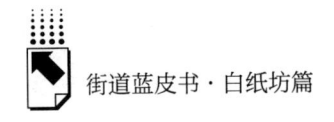

## 二 社区服务机构认知度

### (一)街道办事处服务事项:超七成受访者有一定的认知度

对于街道办事处服务企业事项的认知程度,28.8%的受访者表示"知道",47.3%的受访者表示"知道一些",而表示"不知道"的受访者占比仅有23.9%(见图1)。由此可见,企业对白纸坊街道服务企业事项认知度较高。这与白纸坊街道对企业的服务意识较强是分不开的。

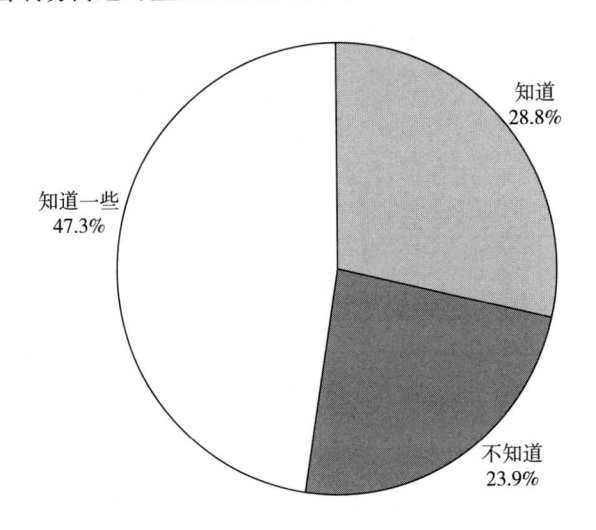

图1 白纸坊街道服务企业事项认知度

### (二)社区居委会:企业对社区的认知度有所提高

调查显示,对于社区居委会的办公地点、服务项目、领导姓名和相关活动,仅有12.8%的受访者表示"以上都不知道"。而超过半数的受访者做了肯定回答,说明人们对社区居委会的了解比较多,认知度较高。其中,74.3%的受访者"知道办公地点",50.9%的受访者"了解服务项目",41.2%的受访者表示"参加过活动",41.2%的受访者表示"知道领导姓名"。而上次（指2015年1月的首次调查，下同）的这四个调查数据分别为88.0%、48.1%、49.7%和44.2%，其中"了解服务项目"受访者占比有所提高，较上次调查增加了2.8个百分点（见图2）。这表明，社区服务企业的力度在加大。

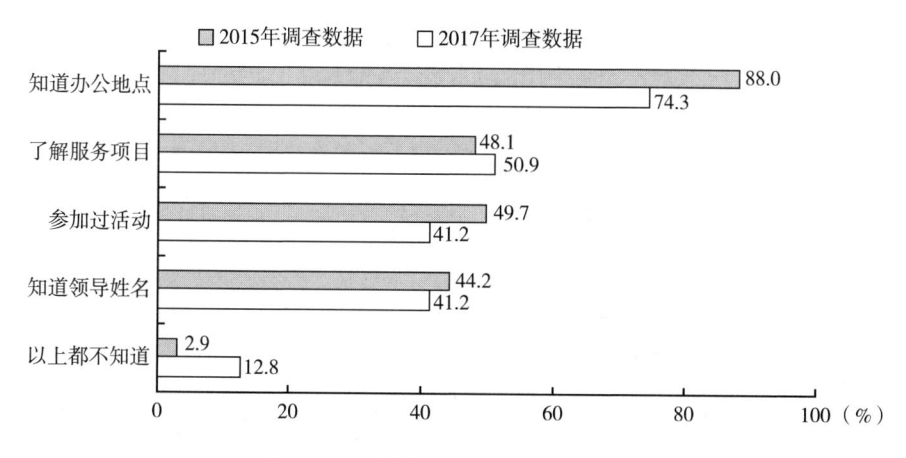

| 项目 | 2015年调查数据 | 2017年调查数据 |
| --- | --- | --- |
| 知道办公地点 | 88.0 | 74.3 |
| 了解服务项目 | 48.1 | 50.9 |
| 参加过活动 | 49.7 | 41.2 |
| 知道领导姓名 | 44.2 | 41.2 |
| 以上都不知道 | 2.9 | 12.8 |

图2 白纸坊街道社区居委会认知度

## 三 社区服务参与度

### （一）社区服务项目：受访者参与度整体有所变化

2017年问卷重申上次的问题，从10个方面进行了调查，结果显示，工作人口参与社区服务项目的频度整体有所变化。社区服务中选择"都未参与"的人数从上次的29.4%上升为41.3%，其余9个选项也均有不同程度的变化。从具体服务项目看，参与或享受过法律服务的受访人数依然排在首位，占比较上次的33.3%下降到28.0%；另外，选择"图书阅览"（23.1%）、"家政服务"（23.1%）和"棋牌娱乐"（19.1%）的受访者占比均在20%左右。其中，"图书阅览"依然排在第二位，较上次调查增加了2.5个百分点，"家政服务"则增加了7.4个百分点。同样，本次调查中

051

"婚姻介绍"仍然排在最后一位，但参与度由2.9%上升到4.0%（见图3）。这说明，街道为驻区企业工作人口提供服务的效果有了较大幅度的提高，但仍有超过41.3%的人未参与社区服务，表明服务供给力度仍有一定的提升空间。

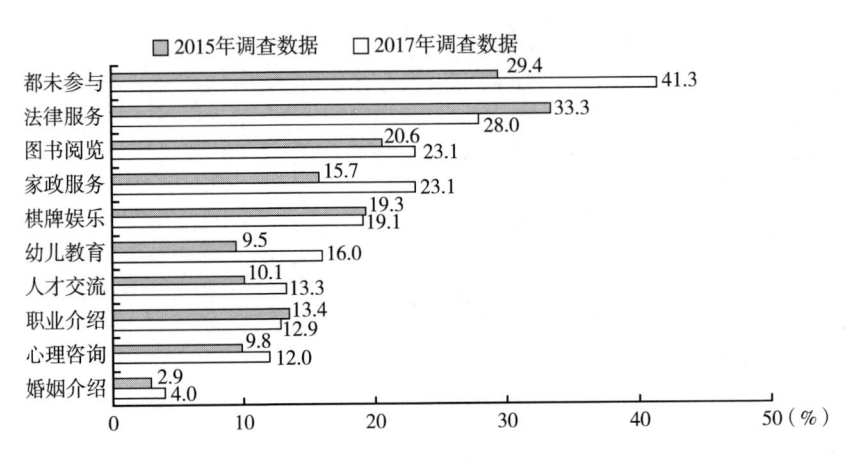

图3 白纸坊街道社区服务项目参与度

## （二）社区文化活动：参与者从76.3%下降为61.1%

对街道组织的文化活动参与度的调查显示，21.2%的受访者表示"经常参加"，"偶尔参加"的占比为39.8%，较上次的调查数据20.8%和55.5%，都有明显的变化。而"从未参加过"的数据由上次的23.7%上升为38.9%，增加了15.2个百分点（见图4）。这三组数据充分说明，白纸坊街道的文化活动参与度较以往有所变化，但需要注意"从未参与过"任何活动的人群需求，丰富活动内容，扩大宣传渠道。

## （三）社区公益事业：全部受访者愿意参加公益活动

此次问卷再次调查了驻区企业工作人口对街道或社区组织的公益活动的参与意愿。结果显示，在"公益培训""文艺演出""助老助残""治安""绿化"五个选项中，全部受访者都有不同选择，相应比例分别由上次的

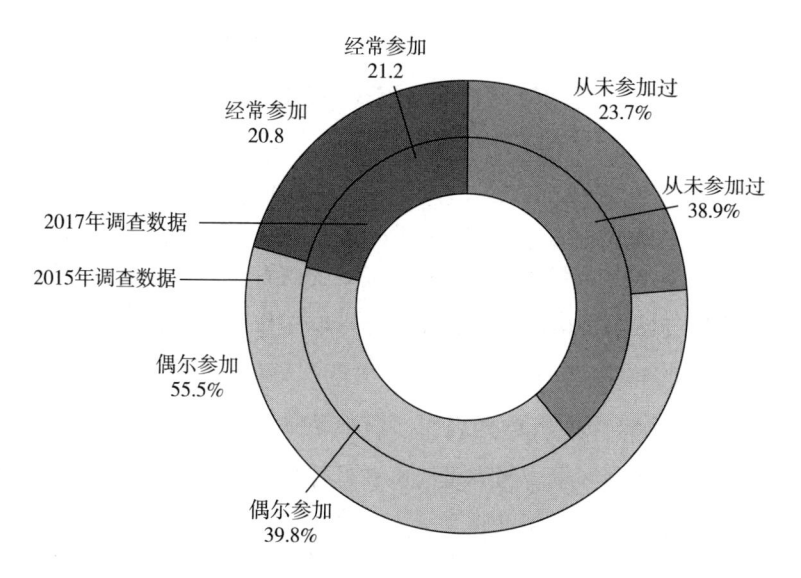

图 4 白纸坊街道文化活动参与度

33.9%、24.3%、23.0%、33.6%和35.2%变化为44.7%、17.3%、29.6%、27.9%和39.4%（见图5），除"治安"和"文艺演出"外，其他选项比例普遍上升。这说明驻区企业工作人口对公益活动的参与意愿很高，街道社区应多策划组织相关公益活动，以便于人们参与公益行动。

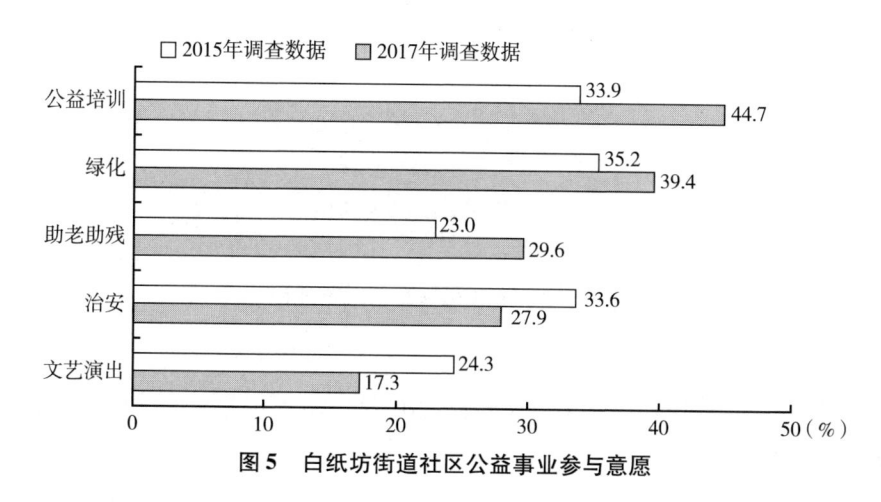

图 5 白纸坊街道社区公益事业参与意愿

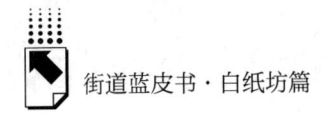

## 四 地区生活便利度

### （一）停车资源情况：停车难问题仍突出

对停车资源情况的调查显示，86.7%的受访者认为单位周边停车条件不好。其中，26.5%的受访者认为已经严重影响工作，这一数据较上次调查的32.8%下降了6.3个百分点。认为停车条件很好的人由上次的11.6%上升至13.3%（见图6）。这组数据表明，白纸坊地区的停车难问题依然严重。面对驻区企业的切身诉求，想方设法解决好停车难问题的需求已十分迫切。

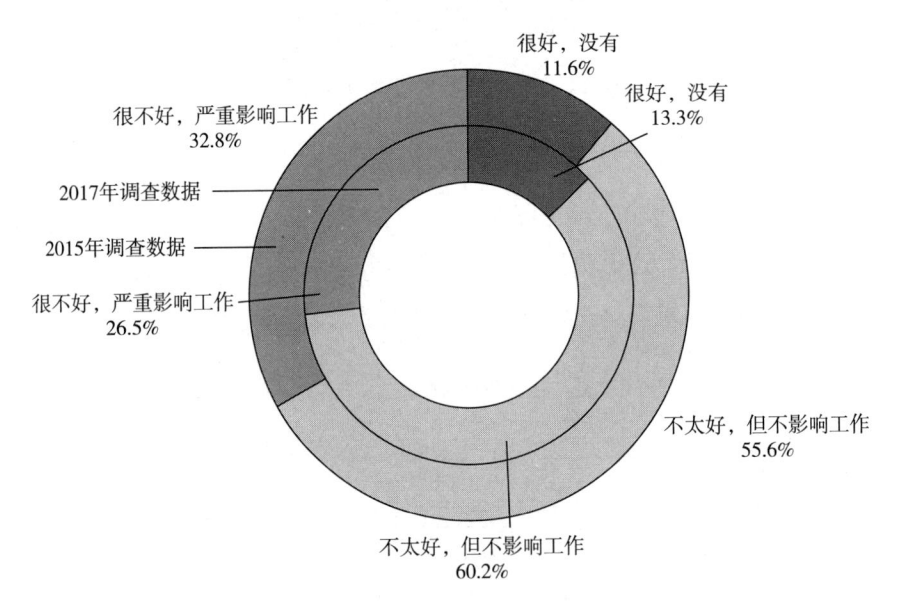

图6 白纸坊街道停车条件便利度

### （二）交通便利度：42.5%的受访者表示"最后一公里"步行时间超过10分钟

西城区位于首都核心区，地铁、公交等交通系统便利完善，在绿色出行理念的倡导下，公共交通成为区内企业通勤的首要选择。通过对公交车或地铁"最后一公里"步行时间的调查，有42.5%的企业工作人口表示下车后须步行10分钟以上，其中步行10~15分钟的受访者占比为25.2%，步行15分钟以上的受访者占比为17.3%（见图7）。而上次调研时这两个数据分别为23.8%和25.7%。由此可见，公共交通出行方面没有太大改观。从这个角度看，共享单车应是较好的补充。

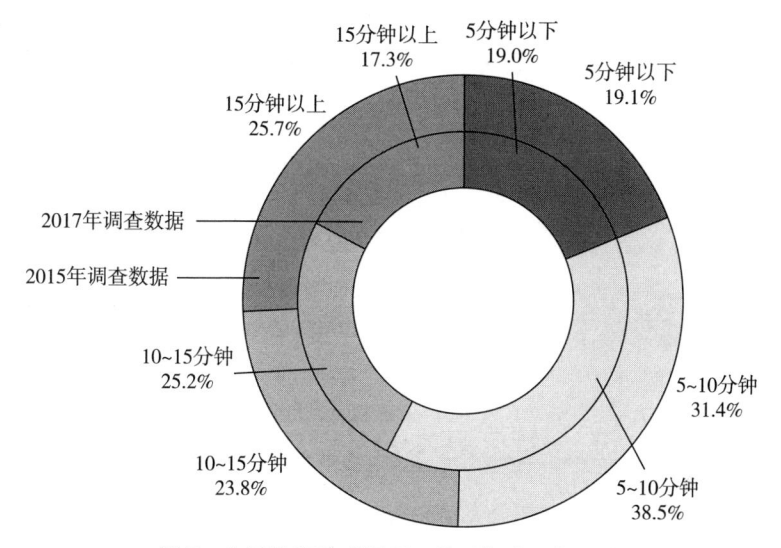

图7 白纸坊街道"最后一公里"交通便利度

## （三）早餐便利度：早餐供应点便利度降低

本次早餐便利度同样涉及四个方面的选项。调查结果显示，75.7%的受访者表示不能够方便地在周边找到早餐供应点，其中选择"基本没有""很不方便""稍有不便，多走几步能找到"的受访者占比分别为11.1%、13.7%和50.9%。上次调查中这三个数据分别是13.2%、6.3%和44.5%（见图8）。由此可见，白纸坊地区的早餐供应总体不足，且不方便程度有加重趋势。在疏解整治促提升和背街小巷环境治理的形势下，在早餐店变少的同时，如何确保辖区工作人口的基本生活不受影响应引起高度重视。

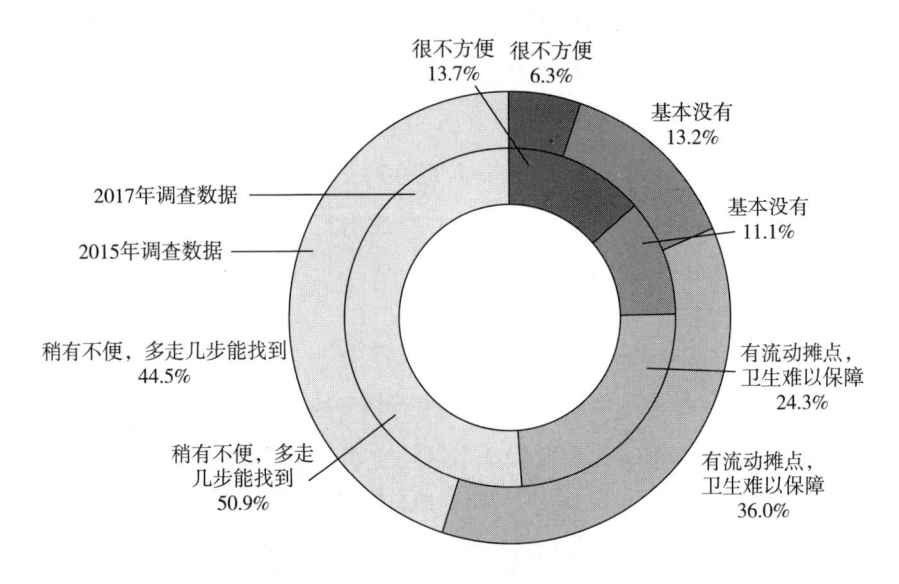

图中文字：
- 很不方便 13.7%
- 很不方便 6.3%
- 基本没有 13.2%
- 2017年调查数据
- 基本没有 11.1%
- 2015年调查数据
- 稍有不便，多走几步能找到 44.5%
- 有流动摊点，卫生难以保障 24.3%
- 稍有不便，多走几步能找到 50.9%
- 有流动摊点，卫生难以保障 36.0%

图8　白纸坊街道早餐供应便利度

## 五　社区基本公共服务满意度

### （一）社会保障服务：住房保障水平满意度上升缓慢

社会保障服务具有保基本、促稳定的作用。白纸坊街道社会保障服务调查结果显示，"医疗保险""养老服务""就业服务"满意度名列前三位，"医疗保险"服务满意度最高，为51.7%。从整体来看，除"医疗保险"外，其他选项的满意度均不超过40%。但与上次调查相比，所有选项的满意度数据均有不同程度的变化，"医疗保险""养老服务""就业服务""社会救助""低保""住房保障"满意度分别增长了11.0个、3.3个、1.0个、7.4个、5.9个和0.7个百分点，只有"社会福利"满意度下降了1.0个百分点。其中，改善幅度最大的是医疗保险和社会救助，住房保障水平进展较慢。此外，"以上都不满意"的受访者占比由6.4%上升为6.8%（见图9）。

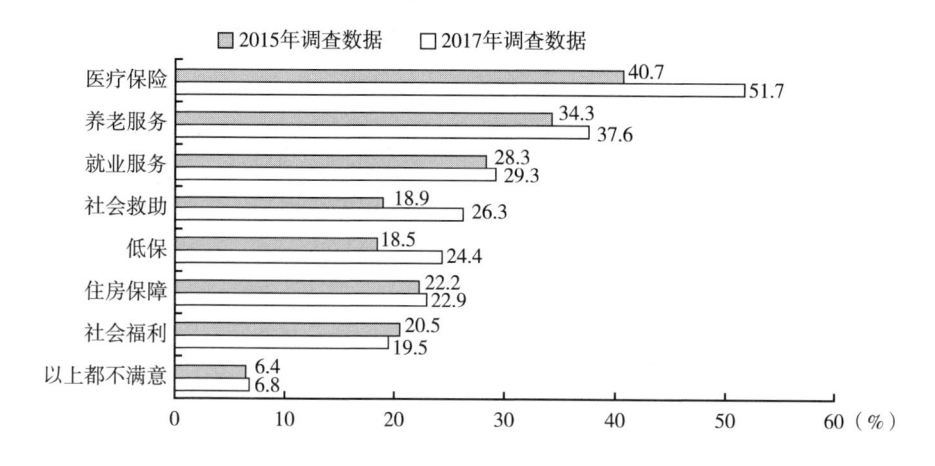

图9 白纸坊街道社会保障服务满意度

## （二）医疗卫生服务：满意度平均提高1.7个百分点

调查结果显示，人们对白纸坊地区医疗卫生服务满意度有所上升，"就医方便""设施先进"两组数据较上次调查分别提高了7.9个和4.4个百分点，分别达到56.9%和24.1%；"价格合理"较上次调查下降了7.2个百分点，满意度下降为43.1%。表示"以上都不满意"的受访者占比也由7.9%上升为8.3%（见图10）。从总体来看，白纸坊街道的医疗卫生服务水平仍有一定的提升空间。

## （三）公共安全：社会治安满意度上升4.8%

在公共安全的调查中，69.5%的受访者表示对"社会治安"满意，44.2%的受访者对"流动人口管理"满意，32.7%的受访者对"突发事件处理"满意。这三组数据较上次调查分别上升了4.8个、7.3个、0.3个百分点。对这三个方面都不满意的受访者占比由10.5%下降为3.5%（见图11）。由此可见，白纸坊地区的公共安全状况整体提升，但进一步改善的空间较大。

图 10　白纸坊街道医疗卫生服务满意度

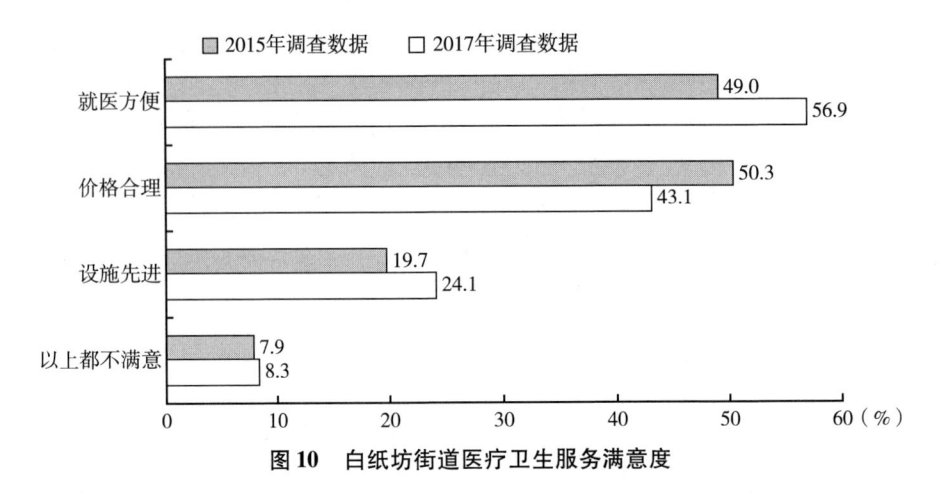

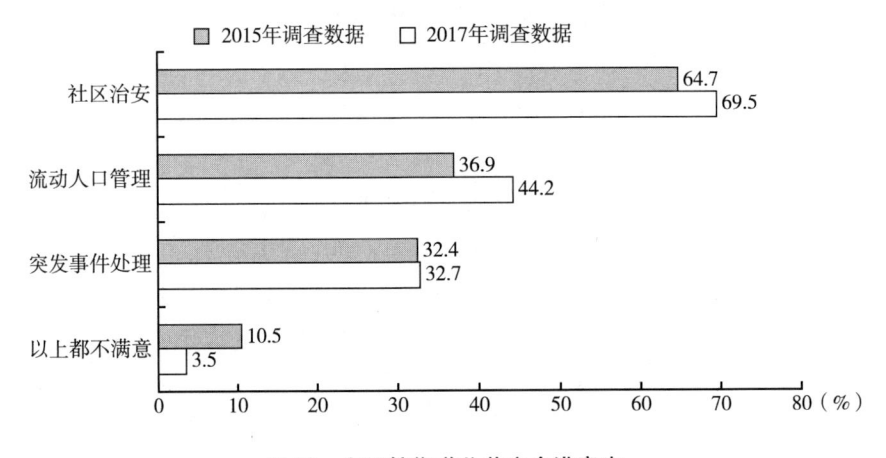

图 11　白纸坊街道公共安全满意度

## （四）市容环境：五类选项的满意度均不足五成

从调查结果来看，白纸坊街道在市容环境提升和保持方面整体"不及格"。在市容环境满意度调查中，48.0%的受访者选择了"低矮面源污染和露天烧烤治理"，42.2%的受访者选择了"生活垃圾定时投放清运"，选择"扬尘污染治理""雾霾应急举措""厨余垃圾分类收集与利用"的分别为33.3%、31.6%和21.8%。这三个选项满意度均不到四成，与此同时，仍然有8.4%的受访者选择"以上都不满意"（见图12）。

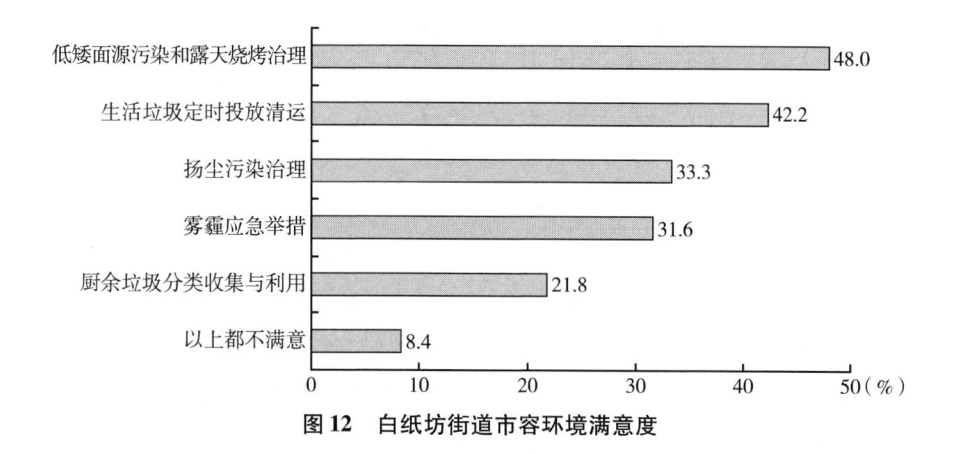

```
低矮面源污染和露天烧烤治理    48.0
生活垃圾定时投放清运         42.2
扬尘污染治理              33.3
雾霾应急举措              31.6
厨余垃圾分类收集与利用         21.8
以上都不满意              8.4
                    0   10   20   30   40   50(%)
```

图12 白纸坊街道市容环境满意度

## （五）城市管理：违章停车问题仍然严重

从2017年调查的情况看，有59.0%的受访者认为"违章停车"问题最为突出，其次是"私搭乱建"和"街巷保洁"问题。与上次调查相比，认为存在"私搭乱建""门前三包""街巷保洁"问题的受访者占比继续呈上升趋势，分别增长了2.3个、4.2个和16.6个百分点。"违章停车""乞讨卖艺"等问题没有明显变化。只有"绿化不够""游商占道"问题有所改观，分别由34.7%、24.3%下降为31.1%和14.9%（见图13），"游商占道"问题改善最大。由此进一步证明，疏解整治促提升和背街小巷治理行动在某些方面取得了一定的成效，但在街巷保洁、拆除违建等方面还存在不少问题，需要统筹谋划，全面推进。

## （六）公用事业服务：对各选项的满意度总体呈上升趋势

调查显示，白纸坊地区工作人口对辖区市政公用事业的满意度与上次调查相比，除供水、供电、邮政服务满意度有所下降外，其他公用事业服务满意度均有不同程度上升，对各选项表示"都不满意"的受访者占比从2.3%降为0（见图14）。从满意度排序看，供电、供水、供气、通信没有变化，仍为前四位，满意度分别61.5%、60.2%、50.4%、44.2%。其他公用事业服务排序有所变化，依次为市容市貌（39.4%）、信息化水平（28.3%）、

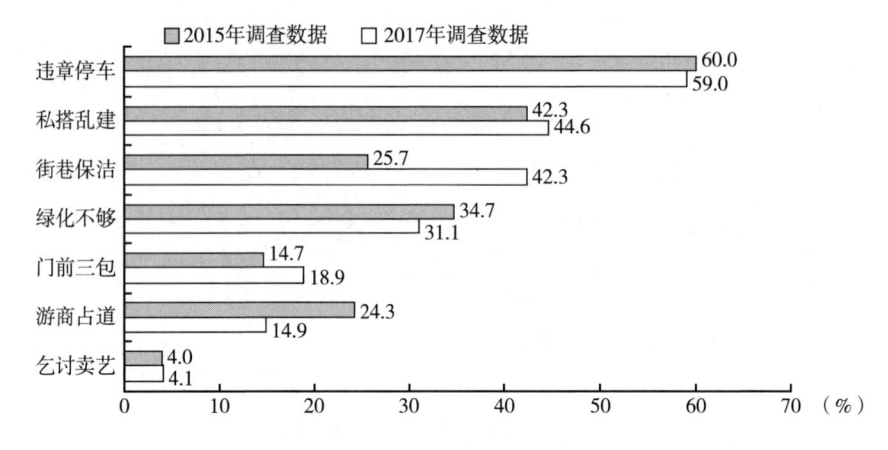

图 13　白纸坊街道城市管理问题情况

邮政（21.7%）、城市规划布局（20.4%）。其中，受访者对城市规划布局的满意度提升幅度最小，仅上升0.1个百分点，而受访者满意度最低的也是城市规划布局。

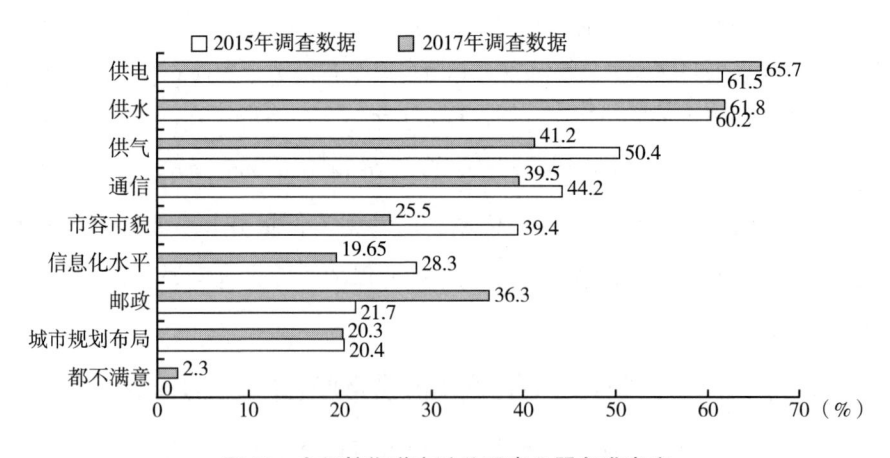

图 14　白纸坊街道市政公用事业服务满意度

## （七）消防安全：防火设施和安全状况有所改善

调查显示，55.8%的受访者表示"防火设施很好，会安全逃生"，表示"防火设施一般，火势不太大的情况下可以安全逃生"的受访者占比为

42.5%,这两组数据较上次调查分别上升4.5个和2.7个百分点。认为"防火设施不好,逃生机会不多"的受访者占比从上次8.9%下降为1.8%(见图15)。由此可见,白纸坊地区防火设施和安全情况满意度有较大的改善。

防火设施一般,火势不太大的情况下可以安全逃生 39.8%

防火设施不好,逃生机会不多 8.9%

防火设施不好,逃生机会不多 1.8%

2015年调查数据

2017年调查数据

防火设施一般,火势不太大的情况下可以安全逃生 42.5%

防火设施很好,会安全逃生 51.3%

防火设施很好,会安全逃生 55.8%

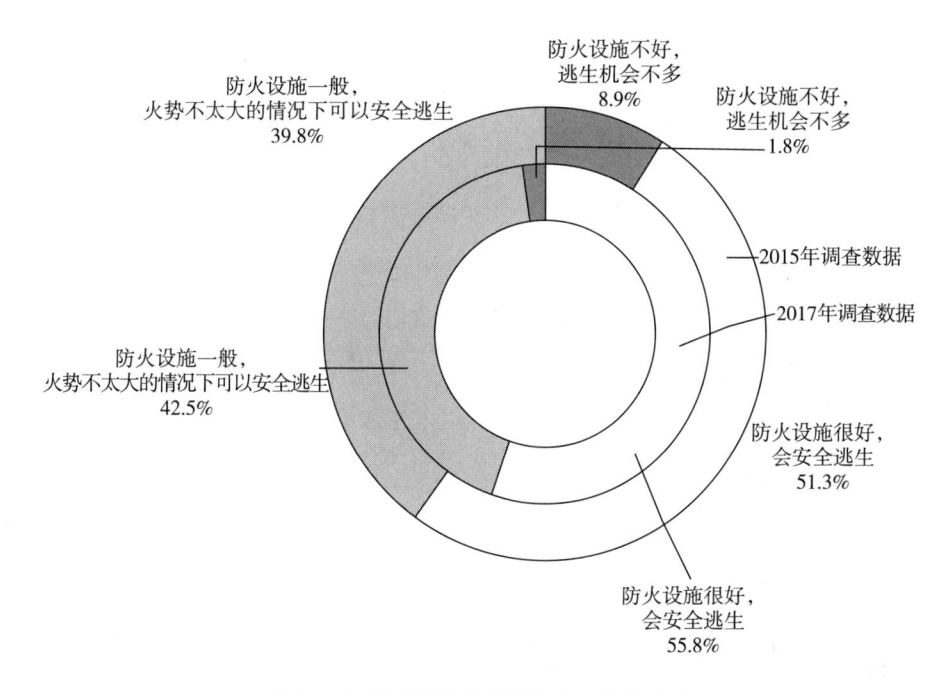

图 15 白纸坊街道消防设施和安全满意度

## 六 社区公共服务需求度

### (一)硬件设施需求:对体育健身场所的需求最为迫切

公共服务设施是丰富社区文化必不可少的硬件设施。对白纸坊地区社区最缺乏的公共服务设施的调查显示,体育健身场所最为短缺。此次调查有59.0%的受访者表示不能满足需求,较上次调查增加了11.5个百分点。其次是文化活动室(37.4%),较上次调查下降了1.7个百分点。此外，卫生所的需求也由9.4%上升到14.9%，而受访者对图书室、公共广告栏、宣传栏的需求度均呈下降趋势（见图16）。

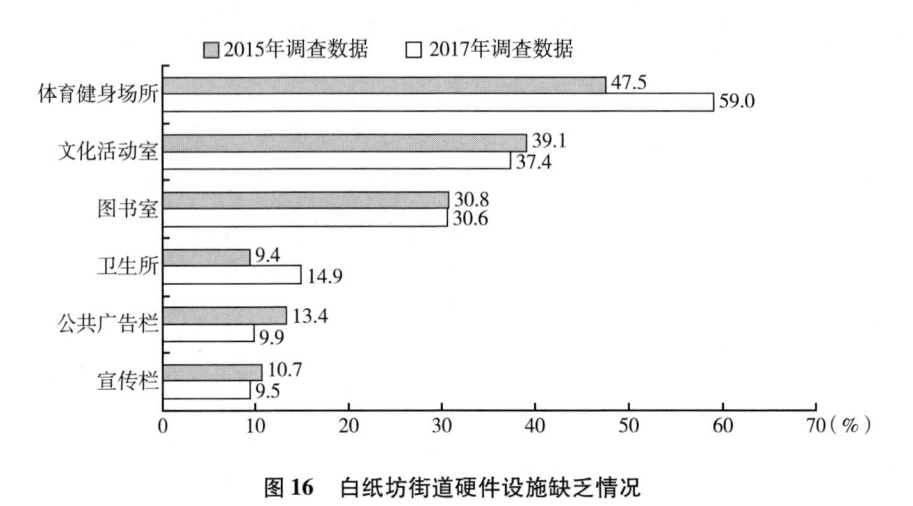

| 设施 | 2015年调查数据 | 2017年调查数据 |
|---|---|---|
| 体育健身场所 | 47.5 | 59.0 |
| 文化活动室 | 39.1 | 37.4 |
| 图书室 | 30.8 | 30.6 |
| 卫生所 | 9.4 | 14.9 |
| 公共广告栏 | 13.4 | 9.9 |
| 宣传栏 | 10.7 | 9.5 |

图16　白纸坊街道硬件设施缺乏情况

## （二）服务项目需求：医疗保健、便民利民服务、文化娱乐和老年服务需求较大

调查显示，企业工作人口对白纸坊街道的医疗保健（42.9%）和便民利民服务（33.5%）需求度最高，超过30%；文化娱乐（32.1%）和老年服务（27.7%）紧随其后，分别排第三、第四位。与上次调查相比，医疗保健、便民利民服务和青少年课外服务需求度分别增长了12个、7.2个和6.2个百分点，只有法律援助需求度出现下降（见图17）。由此可见，白纸坊街道要增加对青少年、老年人，以及在医疗保健、便民利民服务方面的服务供给。

此外，相关调查发现，辖区内企业获取信息和服务的主要渠道是通过网络、微信等，显示出大数据时代对互联网的高度依赖性。与此同时，企业与街道社区沟通和联系的平台和渠道有限，需要进一步发挥党对企业的领导作用。

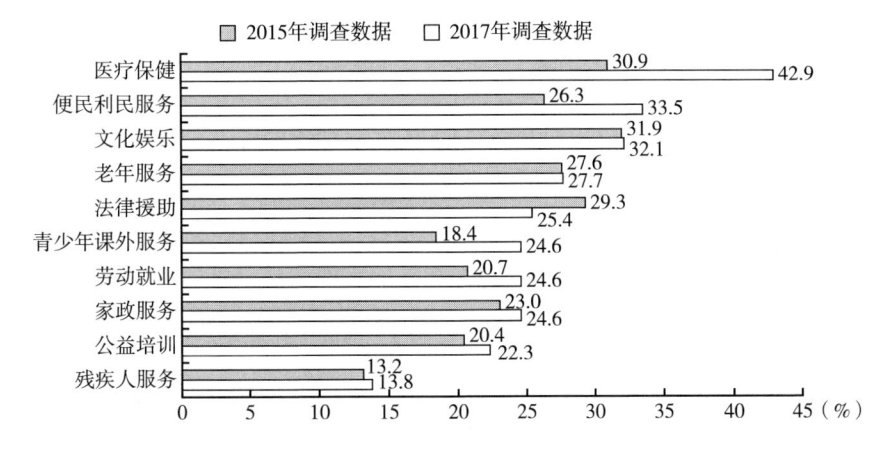

图17 白纸坊街道服务项目需求情况

| 服务项目 | 2015年调查数据 | 2017年调查数据 |
| --- | --- | --- |
| 医疗保健 | 30.9 | 42.9 |
| 便民利民服务 | 26.3 | 33.5 |
| 文化娱乐 | 31.9 | 32.1 |
| 老年服务 | 27.6 | 27.7 |
| 法律援助 | 29.3 | 25.4 |
| 青少年课外服务 | 18.4 | 24.6 |
| 劳动就业 | 20.7 | 24.6 |
| 家政服务 | 23.0 | 24.6 |
| 公益培训 | 20.4 | 22.3 |
| 残疾人服务 | 13.2 | 13.8 |

# 七 基本数据结论

基于对白纸坊街道驻区单位工作人口的调查，并与上次调查进行比较后，调查组从社区服务机构认知度、社区服务参与度、地区生活便利度、社区基本公共服务满意度和社区公共服务需求度五个方面进行归纳，得出如下结论。

第一，在社区服务机构认知度方面，76.1%的受访者表示对街道办事处企业服务事项"知道"或"知道一些"；87.2%的受访者对居委会或多或少了解一些，对社区服务项目参与度整体上升。

第二，在社区服务参与度方面，社区服务项目参与度整体有所变化，58.7%的受访者参与过社区服务项目，其中参与法律服务的受访人数最多，占比为28.0%；参与过社区文化活动的受访者占比由76.3%下降到60.1%；全部受访者表示愿意参加公益活动，其中超四成人员愿意参加公益培训活动。

第三，在地区生活便利度方面，停车难问题仍然突出，其中26.5%的受访者表示停车条件很不好，严重影响工作；42.5%的受访者表示"最后一公里"步行时间超过10分钟，共享单车应是较好的补充；有75.7%的受访者表示不能够方便地在周边找到早餐供应点，早餐便利度问题仍未解决。

第四，在社区公共服务满意度方面，医疗保险服务满意度最高，达到51.7%，而社会福利水平的满意度最低，满意度有所下降；医疗卫生服务满意度总体上升1.7个百分点，有56.9%的受访者表示就医方便；公共安全情况整体好转，69.5%的受访者对社会治安表示满意；市容环境五类选项的满意度均不足五成，"低矮面源污染和露天烧烤治理"和"生活垃圾定时投放清运"评价最高，"扬尘污染治理""雾霾应急举措""厨余垃圾分类收集与利用"的满意度未达到四成；城市管理中，"违章停车""私搭乱建"等问题较为突出，"游商占道"现象大有改善；受访者对公用事业服务各选项的满意度总体呈上升趋势，在满意度排序中，城市规划布局排最后一位，满意度仅为20.4%；从消防安全看，防火设施和安全状况总体有所改善，选择"防火设施很好，会安全逃生"的受访者占比上升为55.8%。

第五，在社区公共服务需求度方面，硬件设施需求中，受访者对体育健身场所的需求度最为迫切，上升到59.0%。此外，文化活动室和图书室的需度求下降到37.4%和30.6%；服务项目需求中，医疗保健、便民利民服务、文化娱乐和老年服务需求度较高。其中，医疗保健、便民利民服务和青少年课外服务需求度分别增加了12个、7.2个和6.2个百分点，只有法律援助需求度有所下降。

通过对上述结果进行梳理可以看出，虽然白纸坊街道存在部分项目服务改善缓慢，服务便利性问题有加剧现象，但整体来看，白纸坊街道的公共服务水平总体上升。从具体选项的数据变化看，白纸坊街道的公共服务亮点较为明显，难点也反映突出，有13个选项值得重点关注（见表2）。

表2 白纸坊街道公共服务重点选项调查数据比较

单位：%

| 序号 | 须重点关注的调查选项 | 2015年1月调查数据 | 2017年5月调查数据 | 数据变化情况 |
| --- | --- | --- | --- | --- |
| 1 | 最积极参与选项"法律服务" | 33.3 | 28.0 | 下降5.3个百分点 |
| 2 | 最愿意参与选项"公益培训" | 33.9 | 44.7 | 上升10.8个百分点 |
| 3 | 满意度最高社会保障选项"医疗保险" | 40.7 | 51.7 | 上升11个百分点 |

续表

| 序号 | 须重点关注的调查选项 | 2015年1月调查数据 | 2017年5月调查数据 | 数据变化情况 |
|---|---|---|---|---|
| 4 | 满意度最高公共安全选项"社会治安" | 64.7 | 69.5 | 上升4.8个百分点 |
| 5 | 便利度最差选项"停车条件不好" | 88.4 | 86.7 | 下降1.7个百分点 |
| 6 | 便利度较差选项"吃早餐不方便" | 64 | 75.7 | 上升11.7个百分点 |
| 7 | 满意度最差城市管理选项"违章停车" | 60.0 | 59.0 | 下降1个百分点 |
| 8 | 满意度较差城市管理选项"私搭乱建" | 42.3 | 44.6 | 上升2.3个百分点 |
| 9 | 满意度较差城市管理选项"街巷保洁" | 25.7 | 42.3 | 上升16.6个百分点 |
| 10 | 需求度最高公共服务设施选项"体育健身场所" | 47.5 | 59.0 | 上升11.5个百分点 |
| 11 | 需求度较高公共服务设施选项"文化活动室" | 39.1 | 37.4 | 下降1.7个百分点 |
| 12 | 需求度最高公共服务项目选项"医疗保健" | 30.9 | 42.9 | 上升12个百分点 |
| 13 | 需求度较高公共服务项目选项"便民利民服务" | 26.3 | 33.5 | 上升7.2个百分点 |

## 八 对策建议

当前，西城区各街道正在积极落实北京市委、市政府疏解非首都功能整治城市环境的相关部署，大力推进疏解整治促提升和背街小巷环境整治专项行动。在此背景下，白纸坊街道启动了菜园街及枣林南里和光源里两个棚户区改造项目，不仅有利于疏解整治促提升，也有利于改善居民的生活环境。但仍存在体育健身场所和文化活动室不足、停车难、违章停车、私搭乱建、早餐供应不足等问题，鉴于此，调查组提出以下建议。

### （一）加强棚户区建设中公共服务功能配套

在棚户区建设和空间规划利用方面，要在确保补齐辖区基本公共服务功能短板的同时，着力补齐辖区单位配套服务功能。特别是针对辖区工作人口服务需求，配套办事服务、健康服务、文化服务等具有工作便利性、服务保障性功能的相关设施。

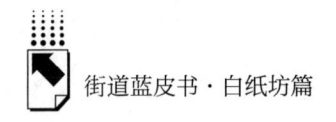

## （二）统筹疏解整治后空间利用和功能品质提升

在街道推进疏解整治促提升进程中，要按照功能不缺位、品质要提升的原则做好空间利用和业态提升工作。要对工作人口所需要的体育健身场所、文化娱乐活动场地以及早餐供应、停车等问题与棚改区功能统筹考虑，确保在疏解整治后、业态调整中进一步完善设施，补齐功能，提升品质。

## （三）推进公共服务供给主体多元化

随着社会的发展和居民需求的多样化，公共服务的供给还必须利用好社会和市场的力量。街道要发挥自身政策引导、资源撬动中的主导作用，以公共利益为导向，培育和利用社会力量，发挥市场配置资源的作用，不断整合社会资源，建立公共服务多元主体供给的格局。特别是要注重提升社会组织服务能力和专业化水平，让社会组织在更多更好地承担公共服务事务过程中，不断完善机制，不断发展壮大。

# 理论报告

**Theory Reports**

## B.4
## 棚户区改造创新模式研究

——以西城区白纸坊街道"一委一会四站"推进棚改工作为例

**摘　要：** 棚户区改造是一项关系城市建设的发展工程和关乎人民切身利益的民生工程，是塑造城市生活品质的重要途径。城市化进程的加快带来资源、人口、土地不平衡发展等问题，大量拥挤、环境恶劣的棚户区与城市整体形象、文明档次极不协调，与绝大多数市民日益提高的生活水平特别是居住水平形成较大反差。整治改造棚户区，既能够美化城市、改善民生、提升城市品质，又能够减缓城市扩张速度、提高土地利用率。近年来，白纸坊街道积极探索棚户区改造工作新思路、新机制，在实际操作过程中取得一定成效。本报告通过阐述棚户区改造相关政策、实施背景和重要意义，分析棚户区改造现状及存在的社会问题和安全隐患，探究白纸坊街道推进棚户区改造采取的"一委一会四站"创新工作模式。白纸坊街道严格按照"九步五公开"及"三个公开到户"的阳光操作，全事项公开、全方位服务，政府公信力得到拥护，居民知情权、参与权和监督权得到保障，城市品质得到提升，为首都乃至全国棚改实施项目树立了典范，为城市棚户区改造工作提供了借鉴。

**关键词：** 白纸坊街道　棚户区改造　一委一会四站

棚户区改造是我国政府为改造城镇危旧住房、改善困难家庭住房条件推出的民心工程，也是加快城市化进程、提升城市形象的重要举措。国务院总理李克强对全国棚户区改造工作明确提出，把棚改放在民生工作突出位置，不折不扣按期完成既定任务。2016年，白纸坊街道菜园街及枣林南里、光源里两个重点棚户区改造项目正式启动，街道抓住大规模棚改建设工程带来的发展机遇，积极应对挑战，推进棚户区改造工作，有效改善居民生活条件，提升宜居生活品质，将使数千户坊间居民圆了宜居梦，享受到城市的美化、硬化、亮化和净化，彻底改善生活居住环境。棚改惠民工程，顺民意、得民心，以人为本、关注民生，提高居民幸福指数，不仅能提升政府在百姓心中的形象，而且让群众和政府靠得更近、贴得更紧。

## 一　棚户区改造是重大的民生工程和发展工程

### （一）棚户区改造的重要意义

1. 棚户区改造是全面建成小康社会的重要组成

加快推进棚户区改造，是党中央、国务院决定实施的一项重大民生工程、发展工程和德政工程，也是促进人民安居乐业的必要前提，更是实现全面建成小康社会的客观需要。保障和改善民生、让老百姓过上好日子是全面建成小康社会的出发点和落脚点。受许多历史因素影响，棚户房最早建于中华人民共和国成立前和20世纪五六十年代，包袱重，改造难。只有加大棚改力度，稳妥解决棚户区居民的居住问题，改善住房质量和环境，让人民群众拥有更舒适的居住条件和更优美的环境，才能使人民群众住有所居，过上美好幸福生活。

2. 棚户区改造是促进社会和谐稳定的重要措施

棚户区居民绝大多数属于低收入困难群体，有较高比重的低保户和低保边缘户，在就业、住房等方面存在许多困难，其改善居住条件的愿望十分迫切。政府通过实施棚户区改造，不仅能够解决困难群众的住房问题，让困难群众享受到现代城市发展成果和城市的美化、硬化、亮化和净化，使老百姓得到实惠，改善区域环境，在一定程度上解决就业问题，减少困难群众后顾之忧，而且在推进棚户区改造项目过程中，还能够进一步增强群众观念，密切党群干群关系，拉近政府与居民的距离，增强社会凝聚力与亲和力，促进社会的和谐稳定。

3. 棚户区改造是改善房屋供需结构的重要手段

棚户区改造能够优化配置土地资源，盘活存量，提高土地使用价值，从而使稀缺的土地资源得以再生和利用，促进土地合理使用。配合棚户区改造项目进行建设的房屋，大部分用于棚改安置，以小户型、低价位的普通住宅为主，属于政策性房屋。除满足棚改安置需求外，建设的房屋还主要用于廉租房、公租房等，旨在解决城市中低收入家庭的住房困难问题。推进棚户区改造，强化房屋建设工作的政策导向，增加居民住房的有效供给，从而改善住房供应结构，缓解不平衡、不充分的住房供需矛盾，稳定住房价格。此外，棚户区改造不仅推动了基础设施建设，而且有力地拉动了城市周边区域建筑业、服务业等相关产业的发展，通过大力调整产业结构，促进和增加社会就业。

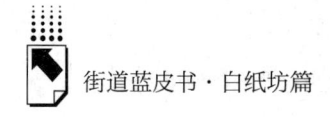

#### 4. 棚户区改造是落实首都功能定位的重要环节

推进棚户区改造工程，符合首都城市战略新定位的发展要求，顺应百姓对城市美好生活的殷切期盼，与疏解整治促提升并重，调节中心城区人口规模，优化和强化首都功能。实施棚户区改造，有利于整体上促进和完善城市功能，改进城区落后面貌，提升城市的形象和品位；有利于疏解不符合首都功能定位的经济类型，调整优化区域经济结构，提升生活性服务业品质；有利于改善居民居住条件和生活环境，优化和完善公共服务功能，提升城市宜居品质。

#### 5. 棚户区改造是治理"大城市病"的重要途径

首都功能核心区人口密集，交通拥堵，资源紧缺，"大城市病"日趋严重，城市已不堪重负。棚户区改造实施后，居民大量向人口密度较小、公共资源潜能较丰富的城市功能拓展区和城市发展新区迁移，城市中心区的人口密度得到有效控制。与此同时，棚改区域的交通组织将有利于优化道路及配套交通、停车设施，改善交通微循环，能够在一定程度上缓解交通拥堵。此外，棚改后土地可用于建设低密度住宅、公共设施和城市绿化等符合首都发展规划的项目，提升城市空间的弹性和张力，勃发老城区的生机和活力，提高城市的管理水平，向建设美丽城市、宜居城市迈出强有力的步伐。

### （二）棚户区改造的实施背景

#### 1. 棚户区和棚户区改造的定义

棚户区改造是重大的民生工程和发展工程，指列入省级人民政府批准的棚户区改造规划或年度改造计划的改造项目。它既包括棚户区征收拆迁和居民安置，还包括开发利用好腾退土地资源。棚户区的特点是简易结构房屋多，平房密度大，房屋质量差，使用年限久，居住拥挤，人均建筑面积小，环境卫生脏乱差，采光通风差，交通不便利，抗灾性差即抗震、防火、防洪性差，基础设施配套不齐全，消防隐患大，存在潜在的治安问题。

2.棚户区的改造范围

棚户区是我国城市化进程的产物，其形成是历史背景、政策环境、市场因素、建设不规范、规划设计不合理、贫困群体聚集等多种因素导致的。对棚户区的认定、实施棚户区改造工程必须严格按照国家的法律法规和相关政策规定依法推进。要重点推进资源枯竭型城市及独立工矿棚户区、三线企业集中地区的棚户区改造，稳步实施城中村改造。《国务院关于解决城市低收入家庭住房困难的若干意见》规定，棚户区改造要符合以下要求：困难住户的住房得到妥善解决；住房质量、小区环境、配套设施明显改善；困难家庭的负担控制在合理水平。此后，国务院、住房和城乡建设部等部门出台了有关文件，对改造范围和政策红线等做出了明确规定。如住房和城乡建设部等七部门《关于加快推进棚户区（危旧房）改造的通知》规定，"十二五"期间，城市棚户区（危旧房）改造范围内的居民安置住房筹建（新建、购买、货币补偿等）工程和原居民住房改建（扩建、翻建）工程，统一纳入国家城镇保障性安居工程规划计划，其他工程不纳入规划计划。《国务院关于加快棚户区改造工作的意见》规定，禁止将因城市道路拓展、历史街区保护、文物修缮等带来的房屋征收改造项目纳入城市棚户区改造范围。随着改造范围逐步扩大，2015年把城市危房改造纳入棚改政策范围。我国关于棚户区改造的政策法规见表1。

表1　我国关于棚户区改造政策法规

| 成文日期 | 发文机关 | 标题 |
| --- | --- | --- |
| 2007年8月7日 | 国务院 | 国务院关于解决城市低收入家庭住房困难的若干意见 |
| 2007年12月24日 | 住房和城乡建设部等部门 | 关于推进城市和国有工矿棚户区改造工作的指导意见 |
| 2011年1月21日 | 国务院 | 国有土地上房屋征收与补偿条例 |
| 2011年6月3日 | 住房和城乡建设部 | 关于印发《国有土地上房屋征收评估办法》的通知 |

续表

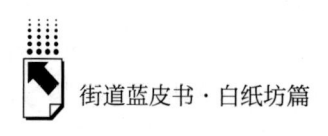

| 成文日期 | 发文机关 | 标题 |
| --- | --- | --- |
| 2012年12月12日 | 住房和城乡建设部 | 关于加快推进棚户区(危旧房)改造的通知 |
| 2013年7月4日 | 国务院 | 国务院关于加快棚户区改造工作的意见 |
| 2014年5月13日 | 国家发展改革委办公厅 | 国家发展改革委办公厅关于创新企业债券融资方式扎实推进棚户区改造建设有关问题的通知 |
| 2014年7月21日 | 国务院办公厅 | 国务院办公厅关于进一步加强棚户区改造工作的通知 |
| 2014年9月3日 | 住房城乡建设部办公厅 | 住房城乡建设部办公厅关于棚户区界定标准有关问题的通知 |
| 2015年3月13日 | 住房城乡建设部办公厅 | 住房城乡建设部办公厅关于做好2016年城镇棚户区和城市危房改造计划工作的通知 |
| 2015年6月25日 | 国务院 | 国务院关于进一步做好城镇棚户区和城乡危房改造及配套基础设施建设有关工作的意见 |
| 2016年7月11日 | 住房城乡建设部等部门 | 住房城乡建设部财政部国土资源部关于进一步做好棚户区改造工作有关问题的通知 |

资料来源：根据互联网公开资料整理。

3. 棚户区的改造任务

为进一步加大棚户区改造力度，《国务院关于加快棚户区改造工作的意见》提出："2013～2017年改造各类棚户区1000万户，使居民住房条件明显改善，基础设施和公共服务设施建设水平不断提高"；"2013～2017年五年改造城市棚户区800万户"；"在加快推进集中成片城市棚户区改造的基础上，各地区要逐步将其他棚户区、城中村改造，统一纳入城市棚户区改造范围，稳步、有序推进。市、县人民政府应结合当地实际，合理界定城市棚户区具体改造范围"。在意见中还提出了资金、建设用地供应、税费减免、安置补偿等政策，全面支持棚户区改造工作的有序推进。

4. 北京市及西城区棚户区改造

北京市的棚户区主要指北京城区内以平房为主的破旧房屋区,包括市中心的老旧小区、四五环的城中村、城乡接合部的"贫民区"。随着城市边缘完善,城中村改造和城乡接合部整治都取得了成效,城市内部棚户区成为改造焦点和建设重点。在棚户区改造中,受惠市民的范围扩大,一些简易楼、旧危楼也被纳入棚改范围,还需要改善居住条件,提高容积率、绿化率,完善周边配套服务等。棚户区改造要求政策优惠,阳光操作,坚持原则性和灵活性相统一,破解复杂问题,创新工作思路,用好、用活、用足政策。为落实《国务院关于加快棚户区改造工作的意见》,北京市从2013年开始出台一系列政策,全面加强棚户区改造和环境整治力度(见表2)。《北京市人民政府关于加快棚户区改造和环境整治工作的实施意见》提出全市总体要求:"到2017年底,全市完成棚户区改造15万户,基本完成四环路以内棚户区改造和环境整治任务。"意见明确了棚户区改造的工作机制和各相关部门的职责分工,提出了多渠道筹集改造资金、确保建设供应用地、简化行政审批手续、做好征收补偿和安置工作、加强直管公房管理、落实税费优惠等支持政策,并提出具体保障措施,包括加强统筹协调,实行目标考核;加强宣传引导,营造良好氛围;加强工程建设管理,确保质量;等等。

表2 北京市棚户区改造政策法规

| 成文日期 | 发文机关 | 标题 |
| --- | --- | --- |
| 2011年5月27日 | 北京市人民政府 | 关于印发《北京市国有土地上房屋征收与补偿实施意见》的通知 |
| 2011年11月18日 | 北京市住房和城乡建设委员会等三部门 | 关于印发《北京市国有土地上房屋征收停产停业损失补偿暂行办法》的通知 |
| 2012年7月12日 | 北京市住房和城乡建设委员会办公室 | 关于国有土地上房屋征收与补偿中有关事项的通知 |
| 2013年9月7日 | 北京市住房和城乡建设委员会 | 关于印发《北京市旧城区改建房屋征收实施意见》的通知 |

续表

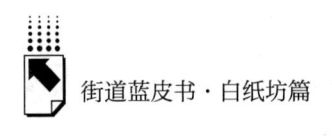

| 成文日期 | 发文机关 | 标题 |
|---|---|---|
| 2014年6月25日 | 北京市人民政府 | 关于加快棚户区改造和环境整治工作的实施意见 |
| 2015年3月10日 | 北京市人民政府办公厅 | 关于印发《北京市2015年棚户区改造和环境整治任务》的通知 |
| 2016年1月6日 | 北京市人民政府 | 关于进一步加快推进棚户区和城乡危房改造及配套基础设施建设工作的意见 |
| 2016年1月16日 | 北京市人民政府办公厅 | 关于印发《北京市2016年棚户区改造和环境整治任务》的通知 |
| 2017年4月7日 | 北京市人民政府办公厅 | 关于印发《北京市2017年棚户区改造和环境整治任务》的通知 |

资料来源：根据互联网公开资料整理。

北京市委、市政府高度重视西城区的棚户区改造和环境整治工作，市领导干部多次实地调研，从首都功能核心区、首都城市形象及社会安全稳定出发，要求西城区政府科学制订改造实施方案，持续深入推进环境整治，积极探索创新工作思路，努力形成工作合力，克服困难、加快推进、全面完成首都功能核心区的棚户区改造和环境整治工作任务，满足人民群众改善环境和生活条件的迫切要求。西城区将以成片棚户区改造、文保区和简易楼腾退、房屋修缮、老旧小区抗震加固和边角整治为重点，大力推进棚户区改造项目，确保2020年基本完成棚户区改造，使更多居民的住房条件得到有效改善。

北京市政府公布"2016年棚户区改造和环境整治任务"，全市16个区共有335片棚户区列入年度改造和环境整治任务。其中，西城区涉及棚户区改造的项目有40个（见表3），实施项目25个，改造项目中包括白纸坊街道辖区内的菜园街及枣林南里项目和光源里棚户区改造项目。

**表3　西城区2016年棚户区改造和环境整治任务**

| 实施项目（25个） | 21. 大栅栏珠粮街区改造提升项目 |
|---|---|
| 1. 百万庄北里居民住房改善项目 | 22. 法源寺试点地块 |
| 2. 菜园街及枣林南里项目 | 23. 德宝7号地 |
| 3. 光源里棚户区改造项目 | 24. 天宁寺东侧征收项目 |
| 4. 大栅栏杨梅竹斜街项目 | 25. 抗震加固新增棚户区 |
| 5. 什刹海项目 | 储备项目（15个） |
| 6. 白塔寺项目 | 26. 香厂路香仁地块旧城改造项目 |
| 7. 信达宣东A-G地块 | 27. 琉璃厂M地块（南区） |
| 8. 棉花A6A7地块 | 28. 宣西（南侧） |
| 9. 棉花A2A5地块 | 29. 广安二期 |
| 10. 桃园C地块 | 30. 棉花A3地块 |
| 11. 宣西北项目 | 31. 朝阳庵项目 |
| 12. 平房修缮 | 32. 三里河南区住房改造项目（二区、三区） |
| 13. 成片平房院落改造和环境整治项目 | 33. 新增棚户区（实验二小西侧平房区，文化胡同，文昌胡同） |
| 14. 天桥演艺区北部平房区住房与环境改善项目 | 34. 红莲北里项目 |
| 15. 国家大剧院西侧项目 | 35. 危改（横二条） |
| 16. 大栅栏历史文化展览馆保护利用工程 | 36. 菜西项目 |
| 17. 戊戌维新纪念馆保护利用工程 | 37. 新华里小区项目 |
| 18. 零散用地 | 38. 北营房项目 |
| 19. 北京昆剧艺术中心项目 | 39. 平房修缮（西四北旧城保护一期示范区项目，西四北三条） |
| 20. 简易楼改造 | 40. 闹市口住房和环境改造工程 |

资料来源：《北京晚报》2016年3月10日。

## 二　白纸坊街道棚户区改造的现状以及问题

### （一）白纸坊街道棚改区整体情况

白纸坊街道位于西城区西南部，辖区面积3.11平方千米。辖区内房屋普遍建设于中华人民共和国成立初期，特别是符合棚户区的定义和分类标准的老旧小区和平房区分布范围较广，建筑设施和居住条件比较差。菜园街及枣林南里棚户区改造项目、光源里棚户区改造项目是北京市中心城区棚户区改造和环境整治重点项目。2016年，白纸坊街道菜园街及枣林南里和光源里棚户区重点改造项目正式启动，两个棚改区项目共计居民产籍户5457户，户籍数5988户，户籍人口2万余人，流动人口5600余人，占地面积29.2公顷，户籍数占街道的18.8%，户籍人口占街道的21.5%，流动人口占街道的24.3%，占地面积占街道的9.45%。此外，白纸坊街道辖区内还有一些占地面积较小、涉及户数较少、分布比较分散、商业开发可能性极低的平房区和棚户区生活环境没有列入项目，涉及居民2844户（见表4）。

表4　白纸坊街道分散的平房区和棚户区项目

| 序号 | 名称 | 位置 | 现状 |
| --- | --- | --- | --- |
| 1 | 樱桃园社区樱桃三条7号、9号平房 | 位于樱桃三条胡同内,道路北侧 | 14间平房,有居民13户 |
| 2 | 建功北里社区滨河里棚户区 | 位于白纸坊桥东北侧,总占地约50000平方米 | 9栋成套楼,有居民533户;1栋简易楼,有居民18户;106间平房,有居民52户 |
| 3 | 建功南里社区南菜园平房区 | 位于南菜园二支胡同内,道路北侧,总占地约2800平方米 | 55间平房,有居民44户 |
| 4 | 新安中里社区建功东里平房区 | 东至白纸坊街23号,西至建功东里小区,南至白纸坊街,北至白纸坊西街,总占地约2800平方米 | 86间平房,有居民60户 |
| 5 | 新安南里社区印钞厂平房宿舍 | 位于新安中里二巷胡同内 | 四排平房,有居民32户 |
| 6 | 右内后身社区右安西里棚户区 | 东至右内大街,南至右内西街,西至右安后巷西侧,北至右安西里胡同北侧,总占地约65000平方米 | 9栋成套楼,有居民862户;1栋简易楼,有居民24户;120间平房,有居民103户 |
| 7 | 右内西街社区右内西街甲10号院内平房 | 位于院内成套楼房之间,总建筑面积约5000平方米 | 有居民181户 |

续表

| 序号 | 名称 | 位置 | 现状 |
|---|---|---|---|
| 8 | 自新路社区永乐里1号 | 位于菜市口南大街道路西侧,里仁街道路北侧 | 1栋简易楼房和8间自建平房,原有居民39户。2009年,腾退居民16户,剩余居民23户仍在此处居住 |
| 9 | 自新路社区自新路50号平房 | 自新路50号 | 62间房屋,有居民47户 |
| 10 | 里仁街社区半步桥街及里仁街6号、8号、甲8号平房 | 东至清芷园小区,南至半步桥街42、44号,西至半步桥街,北至里仁街 | 247间平房,有居民209户 |
| 11 | 里仁街社区半步桥街46号 | 东至监狱管理局中心医院,南至右安门东街,西至半步桥街,北至北京市公安局刑侦科技大楼,总占地约3500平方米 | 53间平房,有居民49户 |
| 12 | 清芷园社区育新街沿线棚户区 | 东至菜市口南大街,南至右安门东街,西至清芷园小区,北至里仁街,总占地面积约为40000平方米 | 9栋成套楼,有居民346户;2栋简易楼,有居民24户;345间平房,有居民224户 |

## （二）白纸坊棚改区存在的问题

1. 房屋安全隐患严重

由于缺乏统一城市规划，建设年代早，使用年限久，建设标准低，管理不到位，维护不及时，这些区域内的房屋都是由平房、简易楼、危旧楼混合杂居构成，无胡同和道路肌理，布局十分混乱，基本上属于危旧房。其中一些房屋经专业部门鉴定为严重破损房屋，普遍存在不同程度的房屋漏雨、墙体开裂、构件破损、电力设施老化、电线及各种通信线缆纵横交错、给排水管线堵塞等情况，存在较大居住安全隐患。

2. 配套基础设施落后

棚户区和平房区内的房屋户均面积狭小，成套房屋较少，公共排水排污设施缺失，没有集中供暖，生活条件相对简陋。特别是多家共用厨卫设施，公共条件脏乱差。虽然近年来通过抗震加固改造、节能改造、"煤改电"、老楼通热等项目建设，这些房屋的配套设施得到一定程度的改善，但与现行的设计标准和广大群众的期望，仍然存在较大差距。

3. 居住环境较为恶劣

随着新建居住小区和房屋建设，这些区域普遍位于地势相对较为低洼的位置，雨、雪天道路积水严重，下水道长期堵塞，排水设施不畅，经常出现内涝和污水外溢的情况，污水横流，臭气熏天。此外，乱搭乱建、乱堆物料、乱倒垃圾情况普遍，环境非常恶劣，影响居民的身体健康。

4. 居住人员成分复杂

由于环境脏乱、隐患重重，这些棚户区和平房区房屋出租价格相对较低，集中了众多的外来务工人员和流动人口，这些人员的安全意识和法制观念淡薄，使这里的社会治安管理和房产部门房屋管理十分困难。同时，不符合首都功能核心区定位的业态在这些区域集中出现，加重了这里的混乱状况和隐患程度，不符合新时期区域经济发展和首都功能定位的需求。

## （三）两大棚改重点项目基本情况

1. 菜园街及枣林南里棚户区改造项目

菜园街及枣林南里棚户区改造项目位于白纸坊街道的西北角，东起白纸坊胡同，西至菜园街，南起白纸坊西街，北至枣林前街。批准设定的棚改区域内，现有崇效寺、菜园街两个社区居委会。占地15.6公顷，共有居民产籍户3320户，户籍3487户，户籍人口1.2万人，流动人口3300人。有平房1700余间，简易楼26栋，危旧楼31栋；非住宅73处。征收范围内总建筑面积17.5万平方米。

该棚户区域内房屋始建于20世纪五六十年代，区域总体特点表现为"三多""三差""三高"。"三多"是老年人口多、流动人口多、违章建筑多；"三差"是社区环境差、市政设施差、居民居住条件差；"三高"是消防隐患高、治安隐患高、居民棚改热情高。

此棚户区改造项目将建设成为居民集中安置区，用于居民回迁安置，打造成政府放心、百姓满意的民生典范工程，同时极大地改善菜园街地区居民的生活环境和周边市政条件，为当地居民营造宜居的生活环境。

2. 光源里棚户区改造项目

光源里棚户区改造项目位于西城区樱桃园十字路口东南侧，北至白纸坊东街，南至里仁街接宏建南里西、南边界，东至半步桥胡同接半步桥街，西至右安门内大街，涉及白纸坊街道光源里、半步桥和自新路三个社区，其中以光源里社区为全面覆盖。项目包括光源里一至五巷、宏建北里、宏建南里、半步桥胡同平房、信建里小区平房。项目占地约13.6公顷，建筑面积约10万平方米。涉及居民产籍户2137户，户籍2501户，户籍人口8000人，流动人口2300人。有平房约1800间，楼房18栋，简易楼6栋，成套危旧楼12栋，自建房约1200间，旱厕18个。

光源里棚户区改造项目区域内房屋多建于20世纪五六十年代，房屋样式混杂、结构老化、基础设施不完善，区域总体特点表现为"杂、乱、多、遗"，即房屋历史成因复杂，单位自管产权管理混乱，自建房私搭乱建，近50年历史遗留问题积淀多。

此棚户区改造项目将提供回迁安置、外迁安置及货币补偿三种居民安置方案，满足居民全部回迁，剩余住宅作为其他棚改项目对接安置用房。公建部分满足商业及办公全部回迁，剩余部分用作社区配套公建，同时建成回迁幼儿园和消防站一所。

3. 两大棚户区改造项目征收顺利

2013年党中央、国务院决定加快推进棚户区改造，北京市、西城区党委和政府立足"十三五"规划纲要和首都功能定位，高度重视美丽城市和宜居城市建设。在市区领导重视和相关部门全力支持下，2015年6月10日菜园街及枣林南里和光源里两个棚户区张贴《北京市西城区房屋征收暂停办理事项公告》，项目征收工作正式启动。2016年2月18日启动居民预签约，规定90天内，即2016年5月17日前如果居民预签约比例达到85%，那么预签约生效并启动征收。棚户区内的居民和相关产权单位对改造意愿强烈，预签约启动当天就预签3000多户，比例达到68%，经过短短19天，到3月9日两个项目居民预签约比例达到85%的预签生效比例，两个项目正式启动。按法定程序，于2016年3月19日对两个项目正式启动房屋征收。截至2016年5月17日签约期结束，光源里棚改项目完成居民签约2085户，单位签约89个，总签约比例97.58%，居民签约比例97.57%；菜园街及枣林南里棚改项目完成居民签约3250户，单位签约164个，总签约比例97.82%，居民签约比例97.89%。在3个月的时间内，有5335户居民完成签约，说明该项目居民盼望改造的愿望十分强烈，也说明该项目的实施确实得到了棚户区广大居民的普遍拥护和支持。

## 三 白纸坊街道创新"一委一会四站"模式推进棚改工作

白纸坊地区正在实施的菜园街及枣林南里棚户区项目和光源里棚户区项目作为棚户区改造重点项目，是西城区历年来进行的最大规模的一次棚改。西城区委、区政府、白纸坊街道工委办事处在这一过程中以棚改区居民为本，尝试"一切透明"，主动响应群众呼声，实现项目区域内广大群众的居住改善愿望，首次提出"一委一会四站"创新工作模式，有效地推进两大棚户区改造工作的顺利实施。

### （一）成立指挥部及临时党委，加强对棚户区改造工作全面领导

1. 成立"一党委三支部"

棚户区改造是一项关系群众福祉的重大民心工程，必须发挥党组织的战斗堡垒作用和党员的先锋模范作用。2015年5月，按照北京市政府对全市棚改工作的整体部署，西城区委、区政府成立了白纸坊地区重点棚户区改造总指挥部、菜园街及枣林南里棚户区改造项目指挥部、光源里棚户区改造项目指挥部。2015年8月13日，白纸坊地区重点棚户区改造项目指挥部临时党委正式成立，并把支部建在项目上、建在一线。临时党委下设办公室和总

指挥部办公室、菜园街及枣林南里指挥部、光源里指挥部三个党支部。

2. 临时党委体现"三高""三实"

"高"表现在：一是规格高，区委书记和区长分别担任临时党委的书记和副书记，同时三个党支部分别由三个区级领导担任支部书记；二是标准高，要求各种工作高标准运行；三是效率高，领导把控，调集全区资源。"实"表现在：一是活动实，尽管是临时性的，但是支部生活、民主评议、述职述廉等所有活动，都按照正式的党组织标准开展。二是工作实，创新性开展党员"五比五看""五带头五不做"活动，把工作落到实处；三是效果实，通过活动，党员干部得到了锻炼提高，被征收党员在预签约期全部签约。

3. "五比五看"提高党员思想认识

临时党委向所有居住、生活和工作在白纸坊棚改区的党员发出了"五比五看"的倡议书。一是比一比党性，看谁更能做到坚持原则，心系群众。要牢固树立为民服务的宗旨意识和服务全局的大局观念，以作风严、态度实，真正融入棚改区群众，为群众站好岗、服好务。二是比一比团结，看谁更能做到团结协调，互帮互促。要形成"上下一条心、工作一盘棋"的大局观念，工作中发扬团结协作精神，以强大的凝聚力和战斗力不断推动棚改工作顺利进行。三是比一比奉献，看谁更能做到不怕困难，敢于吃苦。要有"舍小家、顾大家"的奉献精神，在工作中艰苦奋斗、淡泊名利、无私奉献。四是比一比能力，看谁更能做到攻坚克难，协调各方。要有必胜的勇气和信心，敢于知难而进，勇于涉险滩，在真抓实干中不断提高工作能力，锻炼自我。五是比一比担当，看谁更能做到不辱使命，冲锋在前。要以共产党员的责任意识，发挥好先锋模范作用，乐于担当、勤于担当、善于担当，敢作敢为、善做善成。

4. "五带头五不做"保障棚改工程顺利推进

随着征收工作的稳步开展，棚改区全体党员干部积极响应"五带头五不做"的倡议：带头配合棚改工作，不做党性不强之人；带头帮助周围群众，不做损人利己之人；带头做好正面宣传，不做造谣传谣之人；带头化解身边矛盾，不做激化矛盾之人；带头进行预签约，不做"钉子户"，并积极投入紧张的协调工作。同时，在棚改工作中，街道组织涉及棚户区改造区域的5个社区党委书记和两个棚改指挥部街道负责同志参观了其他地区的棚改项目，听取经验介绍，相互交流并明确社区党委在棚改中发挥的作用，以便更好地掌握各社区基础信息，做好居民群众的思想工作，引导居民群众合理合法地反映个人困难与诉求，收集棚改区居民意见建议，充分发挥正面引导作用，营造良好的舆论氛围。

5."党员工作先锋岗"发挥模范作用

积极发挥棚改区党员的作用，在棚户区改造项目中设立党员工作先锋岗，开展"党员先锋行动——棚户区工程见行动"活动。街道支援棚户区改造项目的党员、干部充分发挥其熟悉辖区民情的优势，协助指挥部与社区居委会和辖区单位协调沟通。党员干部工作积极主动，不辞辛劳，积极配合棚改工作，宣传棚改政策，稳定居民情绪，在协调居民与棚改实施单位的关系中发挥了至关重要的作用。入户评估阶段，街道工作人员克服高温酷暑、工作量大、工作时间长的困难，耐心地为居民讲解相关政策，协调评估公司与居民群众之间的关系，圆满地完成入户评估工作。在党员干部带头模范作用引领下，全体工作人员积极努力工作，强有力地保证了棚户区改造项目指挥部顺利开展各项工作。

## （二）成立居民代表委员会，邀请居民群众全程参与

为深入推进白纸坊地区棚户区改造项目，加强项目的宣传和引导，严格执行项目指挥部各项制度，落实棚改征收政策，确保棚改项目在公开、公正、透明的原则下运行，体现居民群众的知情权、参与权、监督权。结合白纸坊街道实际，成立了菜园街及枣林南里棚户区改造项目居民代表委员会、光源里棚户区改造项目居民代表委员会，在民生工程中充分发扬基层民主，培育居民意识，参与重点工作。

1.居民代表委员会人员构成及工作职责

居民代表委员会由11人构成。在具备居住在拆迁区范围内、为新一届

居民代表、能随时参与居民代表委员会工作的条件下，征求居民意见，从棚改区域内选举产生5名居民代表；由街道推荐棚改区域内人大代表1人，政协委员1人，由街道指定具备城建或纪检工作经验的街道干部2人、社区干部2人。居民代表委员会设主任一名由社区干部兼任。

居民委员会有四大职责：一是参与棚户区改造有关会议，参与收集并及时反馈棚改区居民意见，审议通过棚改项目补偿方案及相关实施细则；二是监督棚改项目主体落实棚改政策、规定情况，确保严格按照进度和时间节点推进各项工作；三是按照棚改政策、规定开展群众工作，充分发挥正面引导作用，营造良好的舆论氛围；四是积极主动参与调解棚改工作中的矛盾和问题，对一些争议事项提出合理意见。

2. 居民代表委员会工作制度

一是会议和议事制度。定期组织召开居民代表委员会会议，定期参加棚改指挥部相关会议。每次会议到会委员不得低于半数。居民代表委员会讨论决定事项须经到会委员半数以上同意方可通过。居民代表会议按少数服从多数的原则民主决策。二是民主参与制度。在居民代表委员会会议上，所有参会委员一律平等，都只有一票表决的权利。三是公开公告制度。居民代表委员会会议做出的决议，报棚改指挥部备案后须尽快向居民公示，居民代表委员会及时把会议精神传达到居民，棚改指挥部按最终决议结果及时组织实施，并将执行情况向居民公布，接受群众监督。

3. 居民代表委员会发挥作用

一是监督落实，稳步推进。在征收工作"九步五公开"的基础上做到"三个公示到户"。"九步五公开"：第一步，房屋征收申请；第二步，项目公益性质论证；第三步，张贴暂停办理事项公告（一公开）；第四步，选定房地产价格评估机构（二公开）；第五步，房屋权属情况调查登记（三公开）；第六步，拟定征收补偿方案（四公开）；第七步，进行社会稳定风险评估；第八步，预签协议；第九步，做出征收决定（五公开）。"三个公示到户"即入户调查结果公示到户；征收补偿方案公示到户；征收补偿结果公示到户。居民代表委员会则通过各个步骤按时间节点定期召开委员议，由项目负责人通报项目进展情况，并对项目存在的问题及下一步工作提出意见和建议。截至 2016 年 9 月 30 日，两个棚户区改造项目的居民代表委员会共召开委员会议 30 余次。通过会议对项目指挥部的各项工作起到了监督和推动作用，确保了棚改项目在"阳光、公开、透明"的环境下运行。

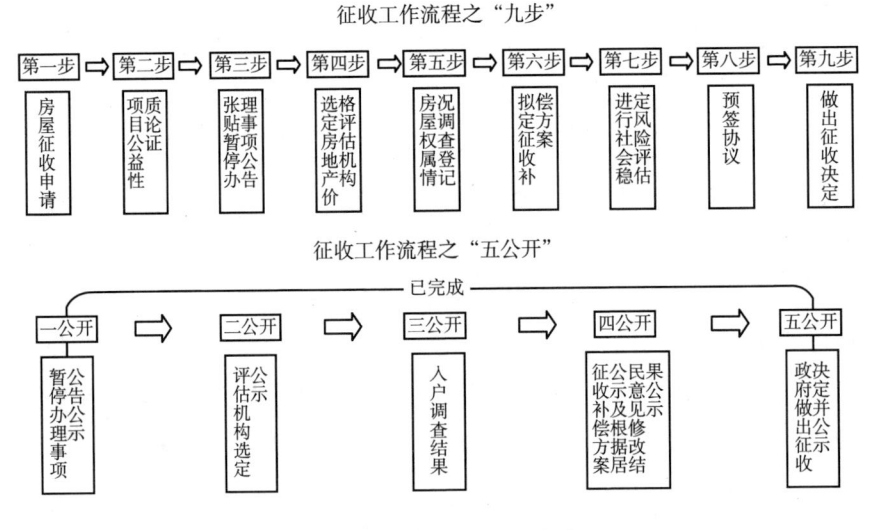

征收工作流程之"九步"

| 第一步 | 第二步 | 第三步 | 第四步 | 第五步 | 第六步 | 第七步 | 第八步 | 第九步 |
|---|---|---|---|---|---|---|---|---|
| 房屋征收申请 | 项目论证公益性 | 张贴理事项暂停办告 | 选定评估机构格评房地产价 | 房屋权属调查登记情况 | 拟定征收补偿方案 | 进行风险社会稳定评估 | 预签协议 | 做出征收决定 |

征收工作流程之"五公开"

| 一公开 | 二公开 | 三公开 | 四公开 | 五公开 |
|---|---|---|---|---|
| 公告暂停办理事项公示 | 评估机构选定公示 | 入户调查结果 | 征收补偿方案根据居民意见修改公示 | 政府做出征收决定并公示 |

已完成

**图 1 "九步五公开"工作流程**

二是收集民情，反映民意。居民代表委员会在项目指挥部设有专门的接待室，便于居民进行日常咨询。各位委员各司其职，尤其是 5 位居民委员，在棚改区域居住，更利于了解民情。居民委员通过定期召开的委员会议，把平时了解到的居民的疑问向指挥部反映，在得到准确答复后及时向居民解答。各位委员深入实地，走遍棚户区的每条胡同、每个角落，积极了解群众需求，化解群众矛盾，归纳总结居民群众意见建议并及时上报项目指挥部。西城区政府相关部门多次组织召开研讨会，根据被征收范围内居民反馈的意见，对项目征收补偿方案中的"住房困难家庭补助""外迁安置房源""临时安置费""超过预签协议生效比例奖"等方面进行修改。

三是以点带面，正面引导。为更好地让居民了解棚改政策，除通过各位委员向身边的居民宣传引导外，居民代表委员会还通过组织召开如按房屋产权单位、按项目五个片区及按产权人（承租人）已故等多种形式的居民座谈会，使广大居民及时了解棚改信息，积极参与棚改工作。截至2016年9月30日，居民代表委员会组织召开各种形式的居民座谈会40余次，涉及居民群众近1500人。居民代表委员会积极努力宣讲政策，按照棚改政策、规定开展群众工作，充分发挥正面引导作用，营造出良好的舆论氛围。在预签约阶段，5名居民代表委员全部签订了征收补偿协议，以点带面带动广大居民及早签约。预签约首日，光源里棚改项目居民预签约率达到68.40%，并"清楼一栋"，取得了"开门红"。

### （三）成立"四站"，扎实做好群众基础服务

"四站"即居民接待站、法律服务站、公证服务站、人民调解工作站，在一线化解居民矛盾、提供司法救助、法律咨询、公证等专业服务，为棚户区改造项目顺利实施保驾护航。

居民接待站主要针对居民通过其他途径无法沟通和解决的任何问题。法律服务站主要做好法律服务工作，发挥法律服务职能优势，聘请专业律师事务所的律师，为居民解答相应问题。居民法律意识比较强，遇到问题想通过法律途径解决，有专门找律师的需求，街道从居民利益最大化的角度出发，聘请律师免费给居民集中解决问题。公证服务站对棚户区改造项目提供公证法律服务，受理公证，缩短办证时间。人民调解工作站让百姓在棚户区改造中能够及时在身边找到"懂法人"，送法到家，同时建立人民调解员微信群、QQ群，畅通人民调解网络预警机制。

"四站"按照"依法、有情、阳光、和谐"的工作理念和态度开展具体工作，深受征收区域内居民的支持和信任，形成了主动咨询、积极沟通的良好局面，搭建了居民与征收工作人员交流沟通的平台。在征收过程中，人民调解至关重要。为此，街道特别派驻了专业人员到人民调解工作站，实地核实并解决居民反映的各类问题，不厌其烦地为居民解释

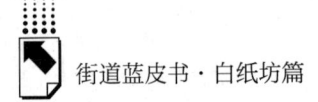

征收政策、处理家庭矛盾，开导居民们的旧观念、老思想，及时反馈居民对征收工作的意见建议，使绝大多数居民对人民调解工作给予充分肯定，有效地化解了征收工作进程中的各种具体矛盾，切实保障了征收工作平稳有序地进行。

截至2016年9月，白纸坊地区已经召开了居民座谈会40余次，覆盖居民1530多人次。公证服务站累计接待居民1037人次，法律服务站累计接待居民2276人次，居民接待站累计接待居民2523人次，人民调解工作站累计接待居民235户。

## 四 加快推进棚户区改造的若干建议

棚户区改造的有关政策和实施范围目前已基本确定，在加快推进实施过程中还需要针对征收安置中出现的新情况、新问题进一步研究解决，以增强暂未进行棚户区改造的区域居民的信心，确保棚户区改造项目顺利完成。

### （一）提高认识，明确责任，精准推进棚改工作

在棚改征收过程中，加强统筹和协调工作，加强规划和指导工作。通过明确分工和工作职责，整合工作资源，掌握工作步骤，进一步增强对棚户区改造工作重要性的认识，切实把棚户区改造工作摆在日常重要议事日程，牢固树立"抓棚户区改造就是抓民生，抓棚户区改造就是抓发展，抓棚户区改造就是抓稳定"的政治意识和全局意识，以改善民生为根本，以尊重民意为基础，以法律政策为准绳，以集中民智民力为支持，做好群众思想工作，将政策讲到百姓心中。把棚户区改造过程作为建设和谐宜居家园、建成小康社会的过程，作为积极改善民生、增强群众福祉的过程，作为提升城市品位和形象的过程，切实增强做好棚改工作的责任感和紧迫感，以对党和人民利益高度负责的精神，把棚户区改造工作抓紧、抓好。

## （二）政府主导，因地制宜，科学推进棚改工作

科学规划、阳光操作是棚户区改造的重要保证。以现代化城市建设和发展的眼光谋划回迁安置小区的建设工作，确保被拆迁居民在阳光下受益。一是搭建多元化融资平台。充分发挥政府的主导作用，进一步拓展投融资平台，切实落实现有棚户区改造的相关政策。发挥市场主体作用，多渠道筹措改造资金，建立完善城区棚户区改造资金投入长效机制。二是严格执行征收补偿方案。征收补偿方案正式公示后，在预签约和正式签约期间，要严格按照征收补偿方案的标准执行，按照公开、公正、透明的原则，减少房屋征收和安置政策的弹性。在改造工作中充分发挥市场调节作用，优化资源配置，确保在棚改后土地的规划、利用和安置房建设等相关工作中，体现公平竞争原则，满足居民实际需求；最大限度对高龄、大病、残疾、特困等家庭给予一定的照顾，最大限度保障群众利益。三是因地制宜，科学棚改。注重挖掘宣南历史文脉、尊重城市原有肌理，努力建设宜居社区。对"白纸坊""崇效寺"等历史文化脉络进行充分挖掘梳理，将区域历史文化特色充分融入棚改建设项目的规划设计理念。回迁安置房设计要充分考虑居民居住的舒适性，尽最大努力让棚改居民满意。

## （三）社会参与，凝心聚力，多元推进棚改工作

实施棚户区改造，完成各项工作任务，始终坚持群众观点，高度重视新时期群众工作，充分调动全社会的积极性。在发挥政府主导作用的同时，还要重视社区组织的末端作用。社区组织最接近群众，最了解群众的诉求，也最擅长做群众工作。在设置政府棚户区改造征收工作架构的同时，社区也应成立居民自治的棚户区改造征收协调小组，在整个棚改过程中担当起棚改居民和征收方的重要"润滑剂"，广泛征求居民意见，充分了解棚户区每一户居民的基本情况和真实需求。发挥单位、企业、个人等的积极性，多方协调与动员居民主动参与，促使更多困难群众的住房条件早日得到改善，基础设

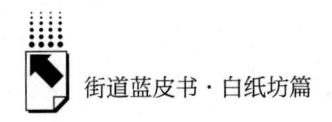

施和公共服务设施建设水平不断提高，以此形成上下互动的工作体系，把工作做在最基层，把矛盾化解在最基层。

### （四）建立机制，统筹协调，规范推进棚改工作

完善棚改项目建设推进机制，大力推进项目建设程序化、规范化运作，健全保障体系，不断创新补偿安置模式，采用第三方代建安置住房、定向安置、产权调换、租赁等多种形式进行安置。棚户区改造是一项系统工程，建立和完善协调联动机制，以便统筹协调棚户区改造的各项工作。特别是针对小而分散的平房区和棚户区，加快相关征收和补偿政策和指导性文件的起草和修订工作，简化工作流程，缩短工作周期，提高基层政府部门的操作性，力争棚户区改造不留死角，不论规模大小都能开展改造工作，实现全覆盖。同时政府各有关部门要统一思想，协同配合，深入棚改项目建设现场，集中研究相关问题，实施联合审批，建立棚改项目审批绿色通道，创新工作方式，采取集中办理、上门服务、现场办公等办法，主动为棚改工作做好服务。

### （五）监督指导，提升服务，高效推动棚改工作

把棚改项目建设作为检验干部、衡量领导干部能力的重要标尺，进一步激发谋项目、抓项目、促项目的激情和干劲，营造干事创业的浓厚氛围。一是强化督查和责任追究制度。棚改工作任务重、时间紧、责任大，对棚户区改造工作目标建立考核奖励机制，将棚户区改造完成情况纳入相关职能部门及公用事业单位的考核内容，严格奖惩兑现。组成督查组，按照棚改任务目标和时间节点要求，定期对棚改项目实施情况进行督查，加快棚户区的改造步伐。二是切实提升城市公用部门服务水平。充分发挥直管、主管部门的职能作用，督促供水、供电、供气等公用部门严格落实岗位责任制、服务承诺制、限时办结制等规定，超前做好服务，主动进行对接，进一步增强服务意识，提高办事效率，为棚户区改造项目创造良好的服务环境。三是公开宣传棚改工作推进中的各个环节，接受群众的监督和检查，增强居民对棚改项目的信心，助推棚改拆迁工作顺利开展。

## 参考文献

周沫：《关于加快实施棚户区改造促进区域经济发展的调研报告》，白纸坊街道办事处，2016年12月。

李茂林：《居民代表委员会在棚改工程中发挥的意义和作用》，白纸坊街道办事处，2016年10月。

闫玉义：《发挥党建优势加快棚户区改造步伐》，白纸坊街道办事处，2016年12月

石凌超：《努力改善居民居住环境 为百姓创建和谐宜居家园》，白纸坊街道办事处，2016年12月。

《国务院关于加快棚户区改造工作的意见》，中华人民共和国中央人民政府网站，http：//www.gov.cn/zwgk/2013-07/12/content_2445808.htm，最后访问日期：2018年1月13日。

齐骥：《提高认识，务实创新，做好棚户区改造工作》，《管理世界》2007年第11期。

袁勇：《为了百姓安居梦》，《经济日报》2016年7月14日。

# B.5
# 关于社区社会组织培育发展的若干思考
## ——以西城区白纸坊街道为例

**摘　要：** 蓬勃发展的社区社会组织日渐成为承接政府转移职能的有效载体和社区建设、社区治理的重要参与者，成为社区服务的重要提供者、社区矛盾的有效化解者，成为社会管理创新中一股新的力量。本文通过梳理社区社会组织的特征类型、地位作用等，以西城区白纸坊街道为例，着重介绍了街道社会组织培育孵化基地、"1+1"专业社工助推社区社会组织发展所取得的经验与成效，为建设和谐社区进行了有益探索与实践，并就进一步推进社区社会组织建设提出建议，以期对我国社区社会组织培育发展提供参考。

**关键词：** 社区社会组织　社区建设　社区治理

近年来，随着党委领导、政府负责、社会协同、公众参与、法治保障的社会治理体制进一步完善，社会组织、驻区单位、社工、志愿者等社会力量的作用日益凸显。其中，社会组织发展迅速，已成为组织引导社会力量的重要载体、有效整合社会资源的重要平台、鼓励引导公众参与的重要主体，而社区社会组织在激发基层活力、提升社区能力、参与社区治理、促进区域繁荣稳定等方面发挥的作用更加显著。因此，培育和发展社区社会组织成为助力社区焕发生机和社会和谐的有效途径。

# 一 社区社会组织是社区建设的重要力量

## （一）社区社会组织的释义

社区社会组织是社会组织的重要组成部分，是指由单位和个人在社区范围内单独或联合主办、不以营利为目的、为满足社区居民不同需求而开展活动的社会团体和民办非企业单位。社区社会组织的共有特性是：非政府性、非营利性、社会性、中介性。

社区社会组织按照其功能、范围和表现形式，大致划分为社区服务、社区事务、文体活动、慈善救助和社区维权五种类型（见图1）。社区服务型社会组织以满足社区居民多层次需求为目的，形成一个完整的社区服务网络，如社会福利服务、公益类服务、再就业服务、便民利民等。社区事务型社会组织是以项目运作、政府购买的方式来承接政府转变职能而转移的部分公共事务和管理事务，如社会事务、社区统计、各种调查等。文体活动型社区社会组织以丰富居民的精神文化生活为目的，如社区歌咏队、社区舞蹈队、社区腰鼓队、太极拳队等。慈善救助型社区社会组织以低偿、无偿等方式，服务社区的困难群众，如居民互助社、社区爱心团队、慈善超市等。社区维权型社会组织是开展对口专业的经常性、群众性维权活动的社区组织，如法律服务站、老年人协会、计生协会、残疾人协会等。

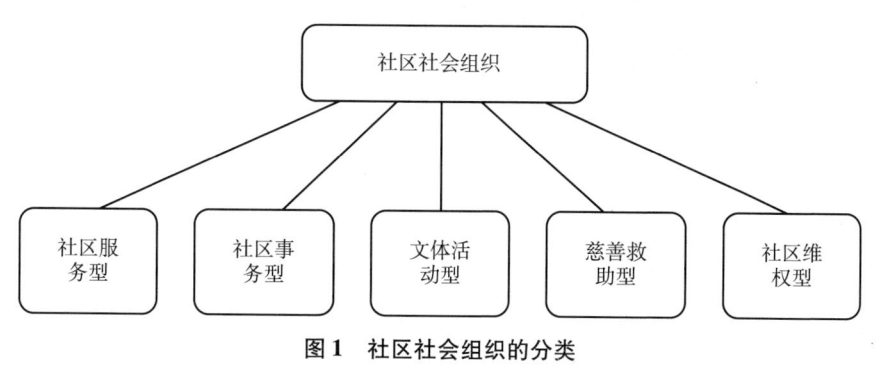

**图1 社区社会组织的分类**

## （二）社区社会组织发展管理模式

当前社区社会组织发展与管理的有效模式是"一级登记、两级备案、三级管理"。"一级登记"是依据《社会团体登记管理条例》和《民办非企业单位登记管理暂行条例》，对基本符合规定条件的，适当放宽准入条件，简化登记手续，由区（市）民政局统一登记。"两级备案"是对尚不符合准入条件的，实行由社区居委会初审、报街道办事处备案的制度。"三级管理"是以区（市）民政局为主导、街道办事处为主管、社区居委会为主体的三级管理模式。

## （三）社区社会组织的地位和作用

### 1. 社区社会组织是建设和谐社区的有效平台

社区社会组织利于促进社会和谐、稳定和安全。社区社会组织扎根社区，通过整合社区内的各种资源，满足社区居民的不同需求，改善社区居民的生活条件，增强社区的凝聚力和向心力，增强居民的社区归属感、认同感，提高居民的社区满意度，在社区建设和社区事务中激发和调动了社区居民参与的积极性，为和谐社区建设提供了有效载体和平台。长期以来，我国解决矛盾纠纷的主要形式是人民调解、行政解决和司法解决。这三种解决形式在当前利益关系多变的城市社区治理中都存在一定局限性。社区社会组织来自民众，代表不同的利益群体，在一定条件下能够在政府与公众间充当社会利益关系的调节器，在化解社区居民矛盾纠纷中具有自身的优势。其中，较为典型的有社区调解组织，它在调解社区居民之间的矛盾方面，可起到较好的作用。

### 2. 社区社会组织是适应政府职能转变的承接平台

社区社会组织承接政府转移职能和购买服务，已经成为政府和社区居民在公共生活中沟通交流的重要载体。随着政府职能的转变，社区事务性、服务性工作从政府职能中剥离，确立了以政府引导、政府购买、社区社会组织为主导的形式，由社区社会组织承接社区公共服务项目，如社区居家养老服务中心。公民与政府之间的信息沟通非常重要，直接沟通虽有信息传递环节少、信息保真程度高等优势，但存在资源消耗多、成本大、社会负担重等问题；沟通不畅，又会使公民对政府产生怨恨情绪，造成政府的合法性资源流失。通过社会组织来有效沟通，既能及时、准确地向政府转达民众对政府的要求、建议，又可方便、集中地把政府的政策意图和处理意见传达给居民，如在社区选举中，一些社会组织积极与政府合作，承担了政策宣传、诉求传递、公民教育、选举观察等工作，使选举工作在民众的理解支持下有序开展。

3. 社区社会组织是实现社区服务的关键载体

在基层社会管理创新中，服务是必要的方式，也是最终的目标。社会组织具有提供公共服务、保护弱势群众的作用。社区社会组织通过向社区居民提供众多服务，承担一些政府部门不该做或做不好、企业愿意做却未必有效的社会事务，增加了社区公共服务主体间的竞争压力，促进了社区公共服务主体服务水平的提升。社区社会组织向社区居民提供日常便民利民服务、向社区弱势群体提供社会救助和福利、向社区待业人员提供就业服务等，既满足了社区居民简单的物质需求，又满足了他们复杂的精神文化需求；既满足了特殊群体的特殊需求，又满足了一般群体的多样化需求。社区社会组织拓展了社区服务空间，提升了社区服务的内涵，推动了社区服务向多样化方向发展，从而提高了社区居民的生活质量。

4. 社区社会组织是社区民主自治的转移平台

社区社会组织在加强和创新基层社会治理中发挥着积极作用，是拓展多元主体参与社区治理的新渠道。社区社会组织接收原本由社区承担的行政性事务，还社区自我教育、自我服务、自我管理、自我监督功能，激发和调动居民参与社区建设、社区管理的主动性和积极性，加快社区民主自治化建设，推进社区民主自治进程。社区社会组织通过整合社区资源，利用社区居民和社区内外资源推动社区发展。社区内资源既包括离退休人员的剩余劳动力、社区企事业单位、居民的小额闲置资金等有形资源，还包括居民的公益心、慈善心等无形资源。社区外的社会资源，包括社区外的基金会、企业和其他社会组织等投入社区的资源。社区社会组织充当中介组织平台，使这些闲置的资源得到有效利用，体现其价值。

## 二 白纸坊街道推进社区社会组织发展的创新实践

社会组织在激活社区自治、提升社区服务、繁荣社区文化、维护社区稳定等方面发挥了积极作用，已成为加强社会建设、构建和谐社区的重要力量。白纸坊街道以社会组织孵化器为依托，继续做好"1+1"社会组织助推，完善街道社会组织制度建设，协助社区社会组织完成规章制度规范化工作，加大社区社会组织领头人的培训力度，重点帮助探索精品社会组织发掘亮点服务，提升组织的服务能力，推动大型主题活动的开展，扩大社区社会组织的社会影响力。

### （一）街道社区社会组织基本情况

白纸坊街道积极搭建平台，从政策、资金、场地等各个方面大力培育和创新社区社会组织，带动了特色社会组织的孵化培育。社区社会组织遍布各社区，主动承接公共服务，积极参与互帮互助。现有备案的社区社会组织有107个，人数12780人，覆盖18个社区。按照社区社会组织类别划分，其中38个属于社区服务福利类，12个属于社区治安民调类，4个属于社区医疗计生类，30个属于社区文体科教类，6个属于社区环境物业类，17个属于社区共建发展类。公益性社会组织比例达到35%，主要提供扶困助老助残、便民维修、服务咨询等服务。街道社会组织管理办公室负责对社区社会组织进行一年一度的备案审验复核，公共服务协会负责通过年检系统逐步完成各项资料的申报、年度无纸化年检工作，并严格按照标准对社区社会组织档案进行及时的登记归纳整理，做到所有信息资料都能规范归档。特别是备案复核工作档案资料，更要详细收集存档，以确保每次备案复核工作的完整性。

## （二）培育发展精品社区社会组织

1. 建立社区社会组织的培育孵化基地

为进一步促进街道社区社会组织健康有序发展，2014年10月，白纸坊街道成立了社会组织孵化基地，把培育、扶持、孵化社会组织作为核心重点，把公益性、示范性、专业性作为主要特征，通过"孵化"的形式和规范的运作，发挥社会组织功能优势，孵化培育、整合资源、提升能力、合作交流、展示风采。同时，基地结合"1+1"（即专业社工助推社会组织）工作，在专业社工的协助下，深入社区了解社会组织的发展现状、存在问题和特色活动，逐步引导社区社会组织发掘其亮点服务，强调居民的参与，注重扩大组织在社区的影响力，促进组织的持续性发展。

2. 推进"1+1"专业社工助推社区社会组织工作

白纸坊街道以社会组织孵化基地为依托，全面推进社区社会组织挖掘、培育和发展，并针对社区的工作特色详细制订社会组织活动计划，确保活动有效落实。根据街道社区社会组织发展状况，2014年首次推选建功南里社区的暖心志愿服务队和菜园街社区的开心农庄两个社区社会组织，参加申报区级"1+1"助推项目。街道18个社区连续四年全部完成助推工作，每个社区都有特色助推项目通过区里批复及民政局联合社工委的验收评估。自"1+1"实施以来，街道高度重视此项工作，将该工作与街道社会组织整体工作相融合，根据发展重点精心挑选社区与社区社会组织。街道制订工作实施方案，设置街道项目领导小组，明确项目负责人，积极签订合作协议，落实配套资金和社工办公场地，社区和社会组织积极配合开展助推工作。街道对每个社会组织给予活动资金支持，各组织根据实际设置活动项目，开展为民服务。

随着社区与专业社工等力量的加入和参与，社区社会组织变得更积极，服务更专业。通过社区、社工、社会组织"三社联动"的服务机制，白纸坊街道在18个社区培育了18支社区社会组织，开展"1+1"专业社工助推社区社会组织发展项目，它不仅推进了社区社会组织的规范发展，而且在提高社区公益金绩效、扩大社区受益人群范围等方面起到了积极的促进作用，使社区社会组织更加完善，更加规范化，更好地服务居民。例如，右内西街社区阳光天使乐园，志愿者基础比较好，志愿者由社区积极分子、党员组成，服务理念是"关心青少年心理健康，关爱青少年健康成长"。参加"1+1"助推后，该组织活动更丰富、服务更专业，举办了环保知识竞赛、手工艺品制作、萌娃萌照比拼、参观消防博物馆、北京天文馆、暑期运动会等多种活动，丰富了社区青少年的节假日生活，调动了孩子积极性，让孩子在快乐中学习和成长，同时促进了社区年轻父母之间、家长孩子之间的交流。

其中，白纸坊街道社区社会组织的"1+1"助推项目见表1。

表1 社区社会组织"1+1"助推项目

| 启动时间 | 助推项目 |
| --- | --- |
| 2014年<br>（共2家） | 建功南里社区——暖心志愿服务队<br>菜园街社区——开心农庄 |
| 2015年<br>（共6家） | 光源里社区——风雨同舟志愿者服务队<br>建功北里社区——扶老助困队<br>清芷园社区——环境整治队<br>樱桃园社区——爱心驿站<br>右内西街社区——阳光天使爱心乐园<br>自新路社区——区域协调服务组 |
| 2016年<br>（共6家） | 半步桥社区——志愿服务队<br>右内后身社区——姐妹之友<br>万博苑社区——心连心社区志愿者服务队<br>新安中里社区——安心为民志愿服务队<br>里仁街社区——养老助困服务队<br>右北大街社区——志愿服务队 |
| 2017年<br>（共4家） | 平原里社区——平原里社区扶老助困志愿者服务队<br>双槐里社区——双槐里社区志愿互助队<br>崇效寺社区——崇效寺社区夕阳红之家<br>新安南里社区——新安南里扶老助困志愿者服务队 |

资料来源：根据白纸坊街道办事处提供资料整理。

### 3. 扶持社区社会组织提供优化发展条件

一是专业力量扶持。近年来，街道办事处与睦友社会工作事务所、大林志华爱心服务中心、"助行动"志愿服务机构等合作多个项目，包括社区社会组织培育发展、社区工作者培训、纸文化博物馆运营等，专业力量的引入提升了社会组织管理、发展的专业化水平。二是专项资金扶持。街道办事处每年专门设立一项社会组织定向培育资金，已连续多年，每年出资近20万元用于社区培育和扶持公益性服务型社会组织。三是专门场地扶持。街道办事处建设三处市民活动中心，为社区社会组织开展活动提供场地，为社会组织的健康发展创造良好的服务环境。四是政策扶持。街道在公益金使用管理办法中明确规定，各社区60%的公益金用于社区提供便民利民服务，购买社会公共服务项目。另外，对那些富有社区特色、居民受益广泛、社会反响较好的便民利民项目拨付额外专项资金进行扶持。

### 4. 发动社区社会组织参与社会服务管理

2015年社区社会组织累计开展活动697次，服务46819人次。一是参与街道重点工作，如春节、两会安保工作，全国文明城区、卫生城区创建工作，街道拆除违章建设等。二是参与社区事务，如右内西街扶困助老志愿者队，作为街道服务福利类社区社会组织的典范，以志愿者和困难党员一帮一的方式，面向社区老年人，尤其是生活困难的空巢老人，为他们提供形式多样的帮助；菜园街"开心农庄"主要服务社区内的青少年、流动儿童及其家庭，开展一系列"低碳护绿"主题的种植活动和"绿色环保"主题的其他相关活动，目前已成为菜园街社区最受居民欢迎的活动项目。三是引领社会风尚。一方面，活跃在社区内的文体组织，由拥有共同爱好的居民自发组织在一起，起到了丰富文化生活、增进情感友谊、构建和谐共融氛围的良好作用；另一方面，分布在社区内的生态环保公益人士为街道的"四美"生态环境建设、社区环境美化做出了较大贡献。

### 5. 推进社区社会组织参与社会建设项目

街道以购买服务的形式，与睦友社会工作事务所合作，于2016年开展了"新势力社区工作者能力提升项目"，项目包括调研工作18次、能力提升工作坊3次、团队建设活动4次等，全年参与人员450人次，通过专业社工的指导和培训，提高社区工作者的专业服务能力和社区建设能力。针对社区社会组织管理不规范、服务能力偏低、持续发展能力不高的现状，社会办与睦友社会工作事务所联合申报了西城区2016年社会建设项目——"聚能力，促发展"社区社会组织能力提升项目。区社工委批复金额为17万元，在12个社区组织社区社会组织骨干、社工、社区居民开展活动，主要目的是提升社区社会组织的自我管理及自我服务能力，促进社区社会组织的持续发展。项目设计开展了"我的地盘我做主"组织管理制度工作坊、"社区帮手"骨干培育小组活动、"齐参与、促发展"素质拓展团队建设活动、"领袖之家"社区社会组织服务能力提升示范系列活动等共计24次活动，参与人次达746人次（其中社区组织骨干420人次，社区社工326人次）。通过丰富多样的活动形式，不同组织之间能够相互交流学习，既提升了社区老人的社区参与意识又增强了社区社工的服务能力。

### 6. 推进社区社会组织承接专业活动项目

2016年，街道引进益联社区事务中心，组建了地区乒乓球、足球、台球、太极拳、广场舞五支体育团队，聘请专业老师对活动和队员进行指导，提升了业余团体的技术水平；街道在菜园街棚改区修建了1200平方米的临时便民运动场，为街道居民开辟了规范的体育健身场地；引进北京斯福社区安全服务中心，在街道12个社区开展了安全社区培训系列活动，活动内容包括居家安全知识宣传、讲座，亲子课堂等，参与人次达700余人次，提升了街道居民的安全意识，倡导安全的生活方式；街道同睦友社工事务所合作，在纸文化博物馆开展了"科普总动员"品牌项目活动，全年举办低碳环保知识竞赛、青少年体验纸雕制作艺术等科普活动20项，惠及街道约500名居民。

### (三)培育和发展社区社会组织的成效

1. 构建起有效扶持社会组织的途径

街道发挥自身优势,建立政社合作机制,重点做好服务模式的总结推广、服务资源的引进激励、服务项目的购买推动,以"政府职能转变和政府购买服务"途径扶持社区社会组织,通过购买社会组织多样化、专业性的服务,满足居民对政府的一些新要求和新需求。为居民提供更专业化的服务,为在社区生活的老年人提供更精准到位的服务。

2. 搭建起支撑服务能力提升的平台

街道从提高社会组织的服务能力入手,制定政策措施规范社会组织发展,完善相关机制,促进社会组织的自律运营。优化环境氛围,建立社会组织孵化培育基地,搭建支撑服务大平台,为居民找到了一个表达意愿的渠道,居民能够通过平台,向社会发出声音,体现价值,推动社区社会组织更好地发挥作用。

3. 建立起助推社会组织发展的模式

街道注重推广成熟的服务模式,开展专业社工助推社区社会组织发展"1+1"行动,培育多元主体,建立社区、社工、社会组织"三社联动"机制,培育和发展社区社会组织及服务管理的工作模式,帮助一些优秀的社会组织做强做大,扩大覆盖面,在更大范围内服务群众。

## 三 社区社会组织发展存在的问题与困难

培育和发展社区社会组织,发挥其在社区服务、社区管理、社区建设、社区和谐等方面的作用,是推进社会体制改革、扩大公共服务、完善社会管理的要求,但在社区社会组织的培育和发展过程中还面临一系列亟须解决的问题。

### (一)社区社会组织仍处于发展初级阶段

为了培育社区社会组织,各地降低准入门槛,简化社区社会组织登记程

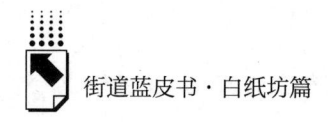

序，采取"先发展、后规范、先备案、后登记"的管理办法，促进了社区社会组织的发展。部分社区社会组织在发展初期可能出现一些不规范的行为，有时甚至出现利用社会组织身份谋取不当利益的现象。社区社会组织管理制度处于动态调整阶段，相关政策法规有待细化和扎实实施。

### （二）社区社会组织自身能力发展不足

社区社会组织在发展培育中由于"先天性"因素或外部环境的影响，忽略了自我成长过程，自身能力发展不充分，质与量没有得到双重兼顾，服务能力和公信力相对弱小，无法充分发挥其在社会建设与社会治理中的应有作用，缺乏必要的社会基础，缺乏与政府牢固的合作，制约和阻碍了社区社会组织的发展和壮大。

### （三）社区社会组织管理模式亟待完善

一些社区社会组织是由社区居民自发成立的，它源于民间，具有组织松散、人员复杂、缺乏管理等特点，还有一些社区社会组织既没有登记也没有备案，需要对其进一步规范。要完善社区社会组织的"一级登记、两级备案、三级管理"的管理机制，街道可以根据不同社区社会组织的实际情况实施分类管理。对在社区内活动的且满足居民生活需要的社区服务类社会团体可以直接进行登记；对尚不具备登记条件的，街道要认真备案；对备案的社区社会组织按照业务范围、服务对象和规模不同进行归类，由街道办事处进行分类管理。

### （四）社区社会组织系统扶持尚不到位

大多数社区社会组织目前处于塑造品牌、铸造能力的发展阶段，在参与政府职能转移、政府购买服务等项目竞争时处于相对弱势，迫切需要建立针对性强、切实可行的扶持体系。同时，社区社会组织是非营利性的组织，任何运作必须由资金支撑，这些资金可以是社区社会组织自我积累、公民个人或组织捐助等。其中，政府的扶持是必不可少的，但是财政支持尚未制度化，扶持政策碎片化，仍须优化制定政府扶持的条件、标准，通过绩效评估让政府投入的资金达到效益的最大化,为社区社会组织发展创造良好机制。

## 四 推进社区社会组织发展建设的对策与建议

### (一)提高认识,加强社区社会组织党建工作

发展快速的社会组织是基层党建工作的一个重要领域,已成为社会主义现代化建设的重要力量。按照应建尽建的原则,对具备组建条件的社区社会组织要建立党组织,加强党对社会组织工作的领导;对暂不具备组建条件的,可以通过建立工会、共青团、妇联等组织,也可以通过选派党建工作指导员,指导开展党建工作,宣传党的政策,贯彻党的决定,待条件成熟时及时建立社会组织党组织。在坚定协调推进"四个全面"战略布局中,社区社会组织承担着十分重要的任务,需要加强社会组织党建工作,选优配强社会组织党组织书记,专兼职结合,多渠道、多样化选用,建设一支高素质的党务工作者队伍,引导社会组织正确发展,确保党的路线方针政策在社会组织中得到充分落实。加强社会组织党建工作,不仅能够有效激发社会组织的内在活力,确保社区社会组织健康发展,还能够推进国家治理体系和治理能力现代化,促进经济发展和社会事业的繁荣,创新社会治理、提供公共服务等。同时,高度重视社会组织党建发挥的政治核心作用,保证政治方向,团结凝聚群众,推动先进文化的建设和发展,有利于全面从严治党要求的落实,有利于进一步发挥社会组织党组织的战斗堡垒作用和党员的先锋模范作用,从而增强社会组织党组织的创造力、凝聚力和战斗力,促进全面提升社会组织党建工作水平。

### (二)创新机制,营造社区社会组织生存发展环境

培育和发展社区社会组织,强化政策衔接,完善扶持政策措施,街道社会组织培育孵化机构要紧密结合社区社会组织联合会,做好社区社会组织的备案管理,为社区社会组织提供精准的个性化、专业化服务和项目支持。对

从事为民服务、养老照护、公益慈善、促进和谐、文体娱乐等活动的社区社会组织，要取消不必要的或降低相对次要的门槛条件。探索多种有效方式，推动社会组织承接政府购买服务、职能转移和授权委托事项。建立政府对社区社会组织的扶持机制，通过政府购买服务，优先把转移职能移交给诚信度高、具有一定社会声誉和影响力的社区社会组织；采取财税支持政策，大力支持社会组织提供公共服务，健全社会组织人才培养体系，支持社会组织服务首都发展等举措。扶持社区社会组织发展，特别是把为老年人、妇女、儿童、残疾人、失业人员和其他特殊群体服务的社区社会组织作为重点支持培育对象，发挥在社区服务、社区事务、社区福利、社区救助等工作中的载体作用，提高服务水平。支持社区社会组织开展形式多样、内容丰富的活动，展示社区社会组织的风采和水平，提高社区社会组织的社会认可度和发展质量，为社会组织的有序成长创造良好的社会环境。

### （三）多方联动，优化社区社会组织发展工作机制

社会组织为政府与市场连接搭建桥梁，能够推进公共服务的市场化、社会化。以促进社会组织发展为抓手，以培育形成政府、市场、社会组织良性互动局面为己任，健全推进社区建设、社会组织培育、社工队伍建设"三社联动"的工作机制，形成政府扶持监督、社会组织承接、社工参与的模式，全面促进社区社会组织健康、规范、有序发展。社会组织孵化基地要抓好对社会需求度高、影响力大、品牌效果突出的社区社会组织的培育服务，提供党建指导、能力建设、教育培训等支持，促进社会组织参与地区产业发展和区域定位服务项目。在社区社会组织中引入专业社工，提高对社会的服务引导能力，发挥社区社会组织在社区建设中的重要作用。社区社会组织在服务社会、服务群众方面具有独特优势，发挥社会组织及其从业人员的专业特长，开展专业化志愿服务。通过社区的专业社工队伍，在社区学校、社会救助、调解民间纠纷、社区矫正服务、慈善超市、公益性服务等社区社会组织开辟多个义工志愿服务点，为辖区内的不同群体提供专业服务，助力社区和谐稳定。

## （四）跨界融合，形成强有力复合型社区社会组织

强化街道社会组织培育孵化机构在体系化建设中的功能作用，依托社区服务中心和社区服务站，建立社区社会组织综合服务平台，在组织运作、活动经费、活动场地、人才队伍等方面为社区社会组织提供支持。综合考虑社区建设和社区服务，培育和发展复合型社区社会组织，能够形成多界联动、跨界融合、多方共赢的组织模式。复合型社区社会组织主体对象主要由党政界、行业界、知识界、媒体界、社会组织等构成，把多功能的组织、不同功能的组织，围绕一定的战略目标需求组合在一起，除了自治管理，还能够更好地激发社会力量推动社区的建设、地区的治理、社会的发展。复合型社区社会组织有益于聚集各方面的力量，尤其是社会力量达成社会发展、市场发展的目标，以及政府发展的目标，使政府的行政导向和政策保障更加切合社区发展实际。复合型社区社会组织既能够加强社会之间更多的横向联系和横向合作，又能够促进内在协商以及协商民主机制的有效运行，更能够实现政府与社区的协作互补，推动行政管理与社区自治的有效衔接。

## （五）规范管理，提高社区社会组织自身发展能力

制定和完善社区社会组织管理的相关法律法规或办法，确保社区社会组织的发展有法可依，借鉴各地在社区社会组织培育和发展中的成功经验，使社区社会组织管理步入规范化、制度化的轨道。通过为社会组织搭建孵化培育、能力建设、资金支持、资源对接以及宣传推广的平台，开展社区社会组织的培训、学习、交流等活动，推进社会组织规范化建设，提升社会组织管理能力和服务水平，提高社会工作者综合素质和业务能力，提高社区社会组织服务百姓的能力，实现社会组织的价值。如举办社区社会组织能力建设"名师讲堂"培训活动，邀请相关领域专家通过理论解析、实务指导等方式，围绕品牌视角下社区社会组织发展与管理策略、政社互动下的社区社会组织发展、如何系统运营微信公众号等方面的内容进行集中授课、交流互

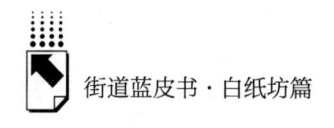

动。进一步提升社区社会组织从业人员业务水平，加强社区社会组织队伍能力建设，激发社会组织参与社区治理和服务创新的活力与积极性。

### （六）创新载体，加强社区社会组织信息化建设

加强载体建设，通过线上联动、线下发力，推进管理和服务体系建设，规范引导社区社会组织健康发展，为社区建设、社区居民提供更加优质高效便捷的服务。一是打造线下孵化平台，本着"立足居民需求，创新社会治理"的理念，通过强化扶持培育地区社会组织孵化服务中心，结合区情社情实际，有选择、有重点地入壳孵化一批与百姓生活最密切相关的社区社会组织，打造一批贴近居民、辐射面广、具有示范效应的枢纽型组织。二是创新线上服务载体，采取纵向与横向相结合的理念，加强社区社会组织信息化建设，实现社区社会组织全过程管理、综合性服务。建立纵向到底的全链条管理社区社会组织，建设社区社会组织服务管理网站，实现全方位、系统化的服务和管理，开通登记备案、信息审核、活动监管、服务评估等功能，对社区社会组织做好事前审批、事中监管、事后评估。横向到边的多途径互联社会资源，是通过开放社区社会组织网，促成包括政府、驻地单位、企业、专家学者、社区居民等多元主体的资源联动。社区社会组织网站能够对空间数据信息动态更新和处理，为管理者提供科学监管决策。线上线下互动，促进不同社区社会组织交流共享、不同政策体系挂靠对接，增强社区社会组织的公信力和满足居民需求的精准性，推动社区社会组织发展社会化和组织监管智能化。

### （七）加强监管，确保社区社会组织健康发展

在注重社区社会组织发展的同时，要进一步强化管理。有效的管理是保证社区社会组织健康发展的前提。建立政府行政监管、社会公众监督、社区社会组织自律的综合监管体系，通过建立监督评估机制，对负责人、资金、活动、信用等进行监管，强化对社区社会组织监督管理。建立以诚信为基础的社区社会组织自律机制，保证组织的非营利性，根据社区社会组织参与社

区建设、守法诚信等记录情况，政府部门制定考核办法，进行绩效评估，并根据评估结果采取相应的奖惩措施，表彰先进，宣传先进典型，探索社区社会组织管理的新模式，从规范化管理角度，尝试街道、社区居委会监督管理社区社会组织的新途径。对直接登记的服务类社区社会组织，按照"谁主管谁负责"的原则，督促主管单位有效加强事中事后监管。对已经成立的服务类社区社会组织，本着审慎推进、稳步过渡的原则，通过试点逐步按照对直接登记社会组织的管理方式进行管理。对直接登记范围之外的其他社会组织，继续实行登记管理机关和业务主管单位双重负责的管理体制。此外，还要重视新闻舆论和社会公众监督，促进社区社会组织健康有序发展。

## 参考文献

顾春华、庄韧：《社区社会组织培育发展的若干思考》，2010年11月2日。

卢文则：《深圳市社会治理实践探索及改革创新建议》，《社会治理》2016年第2期。

施庆：《城市社区社会组织在社区治理中的功能研究》，硕士学位论文，华东理工大学，2014。

潘修华、龚颖杰：《社会组织参与城市社区治理探析》，《浙江师范大学学报》（社会科学版）2014年第4期。

许静：《我国社区社会组织培育与发展的研究》，硕士学位论文，宁波大学，2013。

杨婷婷：《社区社会组织培育的路径研究》，硕士学位论文，苏州大学，2016。

吕京蒙：《地区发展模式视角下培育发展社区社会组织的研究》，硕士学位论文，首都经济贸易大学，2015。

盛若蔚：《大力加强社会组织党建工作——中组部负责人就〈关于加强社会组织党的建设工作的意见（试行）〉答记者问》，《人民日报》2015年9月29日。

# B.6 城市社区居民自治路径探析

## ——以西城区白纸坊街道居民参与群防群治为例

**摘　要：** 随着社会治理的多元化发展，社区作为构成城市社会的基本单元，既是激发社会活力的重要载体，也是社会治理重心下移的落脚点。白纸坊街道加强社区建设，充分凝聚社区群众力量，特别是在群防群治中发挥居民自治作用，推进了地区社会和谐稳定发展。本报告通过论述社区居民自治的相关理论和发展历程，分析上海、深圳、沈阳三地社区居民自治典型模式，结合白纸坊地区的实际现状和探索实践，剖析社区居民自治中存在的问题，就实现规范化和制度化的居民自治管理提出一些建议，以期为探寻城市社区居民自治的路径提供一定的借鉴。

**关键词：** 白纸坊街道　社区治理　居民自治　群防群治

## 一　社区居民自治理论概述

### （一）社区居民自治的相关理论基础

1. 城市社区治理与社区居民自治

社区是人们依据自然地理位置和人文地理环境形成的社会生活共同体，在一定程度上具有相似的思想认识和共同的利益，并且交往较为密切。社区作为人们参与社会活动的基本场所，具有地域性、系统性、自治性、认同性等特征，对化解居民矛盾，促进社会和谐发展具有重要意义。

城市社区治理是指在一定地区内，政府、社区居民、非营利组织和非政府组织、辖区单位通过互相协调与合作，共同管理社区公共事务，推进社区发展、优化社区秩序的活动和过程。其目标就是平衡居民、政府、社区组织、辖区单位等各多元主体之间的利益，优化社会资源配置，促进公共利益最大化，其核心就是基层民主。而居民自治作为基层民主的一种表现形式对推动社区发展具有重要意义。同时，社区居民自治是推进社区治理的重要手段和内容。

社区居民自治是指社区居民通过民主的形式进行选举、决策、管理、监督等，形成统一的、标准化的治理体系和制度，实现社区内日常的公共事务和一部分职能由社区居民自己管理的治理模式。社区居委会作为社区自治组织，依法开展居民自治，是政府和居民之间联系的纽带，也是社区实现自治的基础。在《城市居民委员会组织法》中明确表示"居民委员会是居民自我管理、自我教育、自我服务的基层群众性自治组织"，并指出社区内有选举权的居民公开选举产生居民委员会，社区内的相关事务由居民委员会依法自主处理。由此可见，社区自治要坚持依法治理、政府管控、人民自治和管理的原则，在各项事务活动中，充分发挥居委会自治管理的基本职能和基础作用，满足居民日益增长的物质文化需要，维护整个社区的和谐稳定。

2. 居民参与与社区自治

实现社区自治的现实基础是社区居民的参与。同时，居民参与社区治理的广度与深度又是衡量一个社区居民自治水平的标准。居民参与是指个体参与社会公共事务的管理与决策，进而培养居民对社区的归属感和认同感，促进社区民主与自治，有效推动城市社区治理。而社区民主本质是人民当家做主，无论是民主选举、民主决策，还是民主管理和民主监督都离不开居民的积极参与，只有社区居民真正参与社区公共事务的治理，才能够实现真正意义上的社区民主自治。因此，培养社区居民的参与意识和主人翁意识，调动其参与社区公共事务的积极性、主动性十分重要。只有居民养成自愿且积极参与社区建设的习惯，才能彻底改变社区自治参与不足的现状，才能完善城市社区自治，进而推动基层民主政治建设。目前，我国城市社区居民参与自治的热情不够、意识不足，究其原因是利益驱动、传统因素影响以及参与机制不够完善。只有让居民切身感受到自身利益与社区建设息息相关，才能够调动他们参与社区治理的积极性。由此可见，强化社区与居民之间的利益关系，消除影响社区居民参与和阻碍社区居民自治发展的主要因素，对推动社区建设、社区发展和社区治理具有重要意义。

## （二）社区居民自治的发展历程

### 1. 萌芽阶段

中华人民共和国成立后，全国各地对基层管理模式进行了实践探索，杭州、天津、北京等地区居民自发成立了"居民委员会"或"居民小组"等群众性组织，协助基层政府开展治安管理、生产服务等工作。

### 2. 恢复发展阶段

党的十一届三中全会以后，市场经济体制开始替代传统的计划经济体制。随着改革开放的发展，大量农村人口涌入城市务工，传统的单位制管理体系已经不能很好地管理和服务这部分人员，这就需要发展社区居民自治管理来联系、管理和服务广大人民群众。

### 3. 持续推进阶段

21世纪后，社区建设进入全面推进阶段。社区居民自治作为社区建设的根本方向和目标，受到党和政府的高度重视，全国各地加强街道社区党的建设，推进基层自治组织和民主管理制度的建立健全，居民直接选举、社区议事制度等成为社区居民自治的亮点。

### 4. 逐步完善阶段

党的十八大后，管理有序、服务完善、文明祥和的新型社区不断壮大。社区党组织、协商议事委员会等社区自治组织不断建立，社区议事制度、业主代表大会制度、决策听证制度等基层民主制度不断健全，社区居民自治制度体系逐步得到完善，在城市基层社会管理与服务、基层协商民主中发挥着重要的作用。

我国城市社区居民自治发展历程中的大事记见表1。

表1 城市社区居民自治发展历程

| 阶段 | 大事记 |
| --- | --- |
| 萌芽阶段 | 1953年6月,中共北京市委书记彭真向中共中央递交了《城市应建立街道办事处和居民委员会》的报告,并表示"群众自治组织不是政权组织",明确了居民委员会的性质<br>1954年12月,《城市居民委员会组织条例》颁布,明确了社区居委会的任务是"办理有关居民的公共福利事项、向当地人民委员会或者它的派出机关反映居民的意见和要求、动员居民响应政府号召并遵守法律、领导群众性的治安保卫工作、调解居民间的纠纷",首次以法律形式明确居委会是群众自治性的居民组织,肯定居民委员会的地位和作用,为居民自治的发展奠定了法律基础<br>1956年底,在全国范围统一且规范的居民委员会建立起来。但是这一时期城市社会管理是以"单位制"为主体,居民自治只是对未纳入到单位制的人群进行管理并提供基本公共事务服务<br>1958年,"大跃进"开始,这一时期居民自治在曲折中有一定的发展。但是到了"文化大革命"期间,居委会沦为阶级斗争的工具,居民自治被迫中断 |
| 恢复发展阶段 | 1982年第五届全国人民代表大会通过的《中华人民共和国宪法》,规定了居委会是基层群众性自治组织,确立了居委会的宪法地位,极大程度上促进了居民自治的发展<br>1987年10月,党的十三大报告指出"在党和政府同群众组织的关系上,要充分发挥群众团体和基层群众性自治组织的作用,逐步做到群众的事情由群众自己依法去办"<br>1989年12月,第七届全国人大常委会通过并颁布了《城市居民委员会组织法》,代替了原《城市居委员会组织条例》,标志居民自治进入了新的发展阶段 |
| 持续推进阶段 | 2000年11月,中共中央办公厅、国务院办公厅转发了《民政部关于在全国推进城市社区建设的意见》,提出"扩大民主、居民自治……在社区内实行民主选举、民主决策、民主管理、民主监督,逐步实现社区居民自我管理、自我教育、自我服务、自我监督""加强社区居民自治组织建设",为城市社区建设指明了发展方向<br>2002年,党的十六大报告提出"扩大基层民主……健全基层自治组织和民主管理制度……完善城市居民自治,建设管理有序、文明祥和的新型社区",丰富了社区居民自治的内容<br>2004年,中共中央办公厅转发《中共中央组织部关于进一步加强和改进街道社区党的建设工作的意见》,强调社区党支部"领导社区居民自治组织,支持和保证其依法充分行使职权,完善公开办事制度,推进社区居民自治""充分发挥社区居民自治组织协调利益、化解矛盾、排忧解难的作用",明确了党组织在社区自治中的领导地位<br>2007年10月,党的十七大报告指出"人民依法直接行使民主权利,管理基层公共事务和公益事业,实行自我管理、自我服务、自我教育、自我监督,对干部实行民主监督,是人民当家做主最有效、最广泛的途径,必须作为发展社会主义民主政治的基础性工程重点推进",首次将基层民主自治制度纳入社会主义政治制度<br>2009年11月,民政部发布《关于进一步推进和谐社区建设工作的意见》,提出"进一步健全以基层群众自治为基础的新型社区管理体制机制,不断提高基层治理水平……推进基层群众自治制度化、规范化、程序化"<br>2010年,中共中央办公厅、国务院办公厅印发了《关于加强和改进城市社区居民委员会建设工作的意见》,进一步明确城市社区居民委员会的主要职责,规范了社区居民委员会的建设 |

续表

| 阶段 | 大事记 |
| --- | --- |
| 逐步完善阶段 | 2012年,党的十八大报告明确指出"加快形成政社分开、权责明确、依法自治的现代社会组织体制",为居民自治营造了良好的政策环境<br>2013年,十八届三中全会提出"推进协商民主广泛多层制度化发展,发展基层民主"<br>2015年7月,中共中央办公厅、国务院办公厅出台了《关于加强城乡社区协商的意见》,要求明确协商内容和主体、拓展协商形式、规范协商程序、运用协商成果,进一步丰富了基层群众自治的内容,表明我国社区居民自治体系逐步完善起来<br>2017年4月,中共中央、国务院下发《关于加强和完善城乡社区治理的意见》,指出加强和完善城乡社区治理要以基层党组织建设为关键,以居民需求为导向,健全完善城乡社区治理体系,提升城乡社区治理水平,补齐城乡社区治理短板,推动形成党领导下的政府治理和社会调节、居民自治良性互动格局,全面提升城乡社区治理法治化、科学化、精细化水平 |

资料来源：根据互联网公开资料整理。

## 二 我国城市社区居民自治的三种典型模式

尽管城市社区居民委员会自治管理体系的建立已经有半个多世纪，但是直到2000年之后社区居民自治才得以发展并且逐步完善。可以说进入21世纪后，我国城市社区居民自治管理体系才真正发挥其相关作用并履行职能。在全国各地大力发展社区居民自治进程中，上海、深圳、沈阳三个城市的社区居民自治模式较为典型。

### （一）上海市：社会性+行政性

上海市城市社区居民委员会自治管理模式有社会性和行政性两个方面的特征。上海市在发展和创新社区居民自治管理模式的过程中，首先，把社区建设与"两级政府、三级管理、四级网络"的城市管理体制改革相结合，做好基层民众的管理和协调工作，确保社区的稳定发展。其次，根据上海市的实际情况，将基层治理的重心下移到各个街道，推动街道从主要依靠行政手段实施社会管理转化为充分动员社会各方力量参与社区治理，推动社区实施自治管理，再对整个区域实施政府管理。在这样三级管理网络体系之下，街道和社区作为社会治理的基层，是与民众对接和交流的主体，收集和了解群众意见及需求。最后，政府部门发挥宏观调控和领导的作用，通过一系列政策规定、法律法规来健全和完善各级社区居自治管理体系，培育社区居民参与意识，引导居民参与社区的决策和管理。对于社区内的重大事务，在充分调研基层民众的意见和建议的基础上，由社区党组织和社区居民委员会共同协商制定。通常情况下，社区公共事务的决策和执行，由社区党组织、社区委员会、人民代表、事务执行部门或单位召开专题研讨会议，共同提出建设或解决方案，这体现了社区自治管理的公平性、公正性和透明性。

### （二）深圳市：搭建平台＋党建引领＋民主议事

深圳市罗湖区通过搭建平台，使社区居民、流动人口、非政府组织等多元主体参与社区建设，激发社区自治与与共治活力，推动社区自治发展。首先，搭建公益服务平台，由社区居民会组织开展公益服务项目，低收入群众参与公益服务，为其他困难群体提供服务，根据服务时间给予一定的服务补助，实现"自我服务"，全面推进社区自治。其次，坚持以党建为引领，将党组织建设和流动人口管理、服务有机融合，以党员带群众的形式推进社区共治，实现流动人口的自我管理和服务，并创建了"楼宇＋物管""两新"组织党建模式，将楼宇物业管理处作为基础建立党支部，为包括"两新"组织党员和员工在内的白领流动人群提供全方位公共服务，形成社区共治合力。最后，推进民主议事制度。在出台《关于全面推进社区自治的指导意见》的基础上，建立社区民主议事制度和民意诉求表达机制，成立自治议事机构，定期召开居民议事会议，把广大人民群众最关心以及与居民利益息息相关的问题纳入议事范畴，解决居民群众的各种合理诉求，实施有序议事和决议，逐步形成了居民共建共享的民主自治氛围。

### （三）沈阳市：大居委会＋公开承诺＋组织体系

在沈阳市社区居民自治管理体系中，首先，扩大居委会规模，明确社区定位：规模小于街道办事处，大于原来社区居委会。让社区居民委员会成为政府行政管理体系之外的核心管理组织，直接对居民进行管理和服务，上接政府部门，下接基层民众。其次，实行差额直接选举，建立公开办事和服务承诺机制。最后，建立社区自治组织体系，它由领导层、决策层、议事层和执行层构成，社区党组织作为领导层，引领居民参与社区自治；由辖区居民和企事业单位代表共同组成的社区居民代表大会作为决策层，定期对社区内的重大事项进行讨论并决策；由社区居民代表、社区内人大代表、辖区企事业单位代表组成的社区协商议事委员会作为议事层，拥有对社区管理委员会的监督权；由户籍民警、物业公司负责人、招选人员组成的社区管理委员会作为执行层，承担教育、管理、服务、监督的职能。在这个组织体系中，社区党组织、居民委员会、居民代表大会三级组织相互联系、相互协调、相互促进，确保了社区自治管理的公平、公正、公开、透明。

## 三 白纸坊街道社区居民自治助推群防群治的探索实践

群众性、互助性自防自治活动的简称为群防群治。具体说来，是广大人民群众指在各级党委、政府领导和专门机关指导下，自发组织起来的，预防和治理违法犯罪行为、维护辖区安全的一种活动，在社会治安综合治理工作中，它是一项重要工作原则。目前，群防群治工作多以政府组织开展，居民根据时间自愿参与的形式为主，并且较多的是开展社区治安巡逻、邻里互助等一些基本的形式，覆盖整个社区乃至街道，但对社区的最末端——一栋栋楼宇、一个个小区——缺乏关注。白纸坊街道有效地开展小区居民自治成为群防群治工作的"最后一公里"。

### （一）自新路社区旁门2号小区的现实环境

白纸坊地区老旧小区多，物业管理缺失，小区基础设施落后，管理无序，造成许多居民矛盾。但是在街道自新路社区有这样一支居民自治队伍，他们在同一栋楼不同单元居住，却有共同的目标：为居民营造一个更好、更温馨和谐的居住环境。

自新路社区白纸坊东街旁门2号小区，是一个30多年的老旧小区，只有一栋6层高的老楼，7个单元门，84户居民在此楼居住。产权单位由于亏损，几经合并，远离首都中心区，目前注册地在通州张家湾，企业无钱、无能力为小区做任何事，也无法对该住处的居民进行服务管理。小区院内还有当年厂里临建的板房，9户居民在此居住，使原本就不宽的道路，只有一人可以通过，环境脏乱。小区没有物业，环境、安全等方面无人管理，造成很大的治安隐患。

在这种情况下，该小区9名退休老人自发成立了小区自管会，他们最年轻的53岁，最年长的已经80岁。通过自管会的主导作用以及社区居委会、社区社会组织——区域服务协调组[①]、楼长、楼门长等共同努力，实现了小区的良好治理。自管会成立以来，该小区从未发生过治安问题、邻里矛盾，营造了小区各项事情有人管、件件问题有人问的和谐环境。

## （二）社区居民自治助推小区群防群治的实践

### 1. 成立"车友会"，解决停车难题

随着居民生活水平的提高，轿车进入千家万户。但是旁门2号是一个老旧小区，只有一栋楼，由于场地有限，停车难问题日益凸显。居民提议想把楼前通道利用起来同时加以管理，方便大家有序停车。几位楼门长听到居民的这种呼声后，及时与临近的一家物业进行了沟通，征求他们的意见，得到"没有意见"的答复后，又向居委会进行请示汇报，经研究同意管理方案，成立"车友会"。居民自发出钱出力，划好停车线。由于地方有限，容不下所有车，大家一致同意先到先停的原则，没有车位自行解决。这件事通过区域服务协调组组长协调沟通，事情得到很好的解决。该小区宣传工作做得比

---

① 区域服务协调组是自新路社区由社工助推成立的社区社会组织，该组织把社区划为4个区域，每个区域都有相关志愿者负责，利用"协调"的方式帮助解决居民的大事小情。其服务理念是"点滴服务，和谐居民"，坚持小事可以协调的就协调解决，大事协调不了的及时反映给社区。

较好,成立"车友会"群策群力,使车友们相互礼让仅有的停车位,实现了有序停车,先到先停,无一人安装地锁。6年来,未发生任何纠纷,停车自治管理取得了很好的效果。

2. 担当"公证人",化解矛盾纠纷

近年来房价飞速增长,因房产引起的纠纷也逐渐增多。一对老夫妻为防止儿女纠纷,去公证处办理遗嘱公证,同时还请几位楼门长做遗嘱执行人。还有一户居民家里情况较复杂,生前也立下自书遗嘱,找到志愿者高淑文为代书人。老人去世后,叔侄因房屋分配对簿公堂,代书人高淑文也被邀出庭作证,庭后她还为双方做思想工作,反复讲事情经过及老人生前为什么这样做,为双方和解打下良好的基础。

3. 做好"贴心人",关爱小区老人

社区居民志愿者在关爱老人、和谐邻里美德方面也做了大量工作。旁门2号小区是1983年建的老旧楼房及当年厂里临建的板房,90多户居民,就有90多名老人,行动不便、寡居、空巢老人居多,生活上多有不便,对此社区内志愿者及时予以帮助。对经常发生的水龙头漏水、灶台打不着火、灯不亮、洗衣机不工作、暖气不热、马桶不通等一系列问题,志愿者了解情况后马上帮助解决。由于管道年久失修,锈蚀严重,漏水情况时有发生,楼上洗澡,楼下滴水不断,墙壁大片水渍,居民自己找到楼上,如果不能够顺利配合解决,就可以通过区域服务协调组来帮助协调解决,协调组的工作人员及时去做楼上居民的工作并听取他们的意见,讲明道理,把双方的条件问题及时协调好。

4. 成为"沟通者",推进惠民工程

近年来,政府为提升居民生活品质,花费了不少财力、物力,做了很多利民工程,为小区通上天然气,为楼道安装门禁对讲机,换水表、智能电表、节能保温的暖心工程等一系列好事,但总有人不配合、谈条件,每当这时,楼门长总会挺身而出,做居民思想工作,摆事实、讲好处。安装门禁时每户须缴纳一定的费用,有的居民不同意,为了此项工作能顺利进行,几位志愿者和居委会一起研究,决定工程正常进行,安装好的门禁，既安全，又方便，用事实说明问题，不配合的居民最终交齐了费用。

在小区做节能保温工作中，需要所有居民配合。当工程项目贴出通知后，楼门长几次开会，研究如何动员全体居民积极行动起来，才能确保此项工作顺利进行。此后他们挨门挨户通知，做工作，讲清要求，尽快清理楼道内堆放的杂物，耐心劝解老人清理杂物。经过他们耐心细致的工作，两天时间楼道内多年堆放的杂物清理一空，为节能保温工作的顺利进行奠定了基础。为感谢居民的配合，施工方掏钱为楼顶水道进行了扩装，居民与施工单位的协调与配合充分体现了居民自治的积极作用。

为使楼道堆放物不反弹，楼门长们积极出主意、想办法，在居委会的支持下，印刷了"告之书"张贴在楼道内，并将"告之书"发放到各户，要求楼内居民为了大家的安全，树立讲卫生，爱清洁的良好习惯，严禁在楼道内堆放杂物，为小区居民营造了良好的居住环境。

5. 当好"信息员"，掌握楼门动态

楼门长及志愿者是社区安全稳定的中坚力量，充满了正能量，极富敏锐性，哪户居民出租房屋或是卖了房，他们都能及时了解新入户人员的信息。正因为他们善于观察，有位楼门长发现3单元6号正在打隔断，客厅已安装完毕，楼门长积极反映了此问题，几位楼门长向施工人员了解情况后，把中介的领导找来，几次沟通，宣传国家四部委文件，严禁群租房，最终制止并且拆除已打的隔断房。当发现有居民买了五六扇旧门回家，居民及时向楼门长反映，阻止了可能发生的违建问题。

6. 称职"楼门长"，起到表率作用

旁门2号小区是老旧小区，空巢老人多、高龄老人多、病号多。几年来，只要得知老人家需要帮助，楼门长就送去关怀；为了防止火灾，楼道内每年须更换灭火器，都是楼门长搬上搬下；当春节值班时，打扫烟花爆竹的工作都由楼门长承担。在日常的卫生清扫时，每个楼门长都是不怕脏、不怕累，在他们的影响带动下，更多的居民也自发参与。

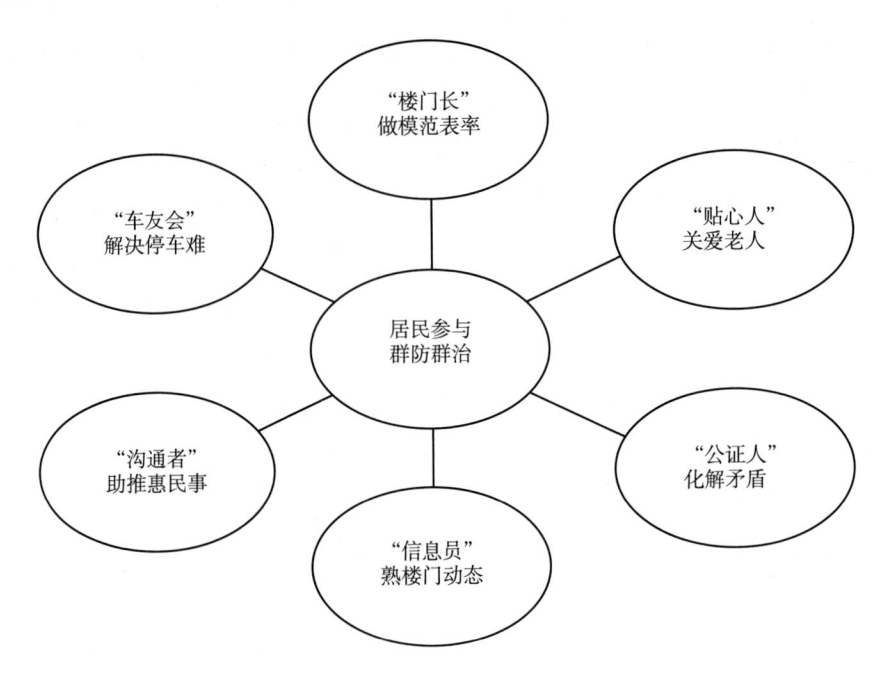

```
                    "楼门长"
                   做模范表率

      "车友会"                    "贴心人"
      解决停车难                   关爱老人

                    居民参与
                    群防群治

      "沟通者"                    "公证人"
      助推惠民事                   化解矛盾

                    "信息员"
                   熟楼门动态
```

图1　自新路社区旁门2号小区居民参与群防群治

### （三）居民自治发展普遍存在五个"缺乏"

群防群治工作近年来得到了很大的发展，但在和谐社区建设的更高要求面前还是存在一些差距。目前的群防群治工作以政府组织、居民参与的形式为主，很少有志愿者团体参与小区自治工作，主要依靠政府的力量，很难形成群防群治工作的多样性与自主性。阻碍居民自治发展进程的因素主要有以下五个方面（见图2）。

1. 缺乏统一管理

目前群防群治工作大多是一些临时性的工作或者某一项活动，没有根据个人的特长、意愿进行选择，也没有实际意义上的主管部门和业务指导部门。而社区志愿者也大多没有进行很正式的志愿者登记，登记在册的人寥寥无几，造成这种现象的主要原因就是平时大多数社区志愿者没有统一的部门管理，不能以居民需求为导向提供服务，只能盲目、被动地服务。同时，没有科学的志愿服务机

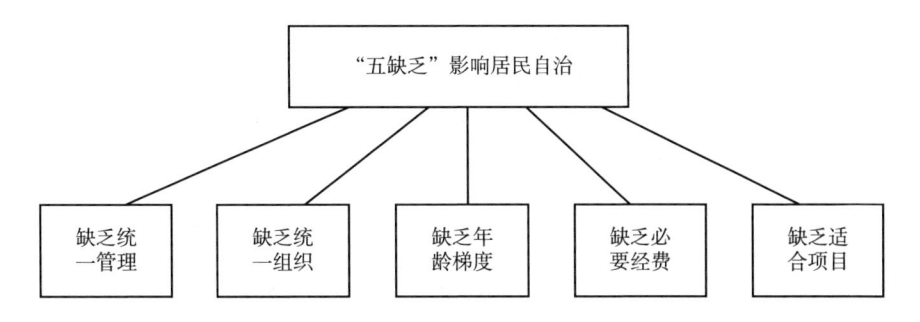

图 2　阻碍居民自治发展进程的五个"缺乏"

制，只是简单地进行分派服务任务，忽略了个人的服务意愿。另外，社区志愿者参与志愿服务活动的随机性较强，能够长期坚持提供志愿服务的人员不多。

2. 缺乏统一组织

由于没有分门别类的组织机构安排统一活动，不能有效整合志愿者服务资源，在社区里散兵作战、"各自为政"的志愿者活动普遍存在。这部分志愿者有良好的思想道德素养和业务才能，但缺乏组织造成大量优秀志愿者资源的浪费，使志愿服务长期徘徊在单一类别的重复之上。

3. 缺乏年龄梯度

目前社区志愿者队伍多为退休的老年人，很多新进退休的社区人员参与意愿较低，造成志愿者队伍年龄结构偏大的问题，出现青黄不接的现象。志愿者年龄逐年增加，而后续人员不能良好衔接，容易造成志愿者队伍人员不断减少。同时，缺乏必要的管理手段、奖励机制对长期坚持参加活动、乐于奉献的志愿者给予鼓励。

4. 缺乏必要经费

一些志愿活动需要一定的资金来购置必备工具，这给社区志愿者带来了一定的负担，因为他们没有长期花钱为别人和社会提供服务的经济条件和义务；由于社会信任等因素，又很难得到任何社会组织的定向捐助。经费的缺乏导致很多志愿项目的开展虎头蛇尾，或者不能完全开展，缺乏长期有效的解决办法，还需要社会、政府从实际情况出发，为社区志愿活动设置专款专项，提供相应的经济扶持和资助。

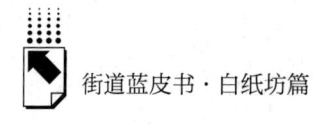

**5. 缺乏适合项目**

目前志愿服务形式较为单一，一般以社会治安、环境卫生、解决邻里矛盾、少数文艺活动为主。志愿服务涉及领域不够广，一些社区志愿者服务队伍只是依附社区开展的各类组织活动。虽然具备一些市民课堂、社区文化团体等一批活动载体和阵地，但是很多人重叠参加各项活动，真正适合社区居民广泛参与的活动载体并不多，还需要进一步挖掘释放志愿者活动的能量。另外，还缺乏针对不同特点、特长的人群、特定的服务人群开展适合的服务项目。

## 四 推进社区居民自治的几点建议

加强群防群治工作中社区居民自治的建设，要积极在社区志愿者工作的地方，在人员配置、管理手段等方面的问题切实进行解决，促进志愿活动自我良性运转，使每一个人都愿意在社区内从事服务、贡献力量。

### （一）政府主导建立规范化管理制度

当前我国的群防群治工作总体上和形式上都还比较单一，需要发挥政府的主导作用，建立一支规模宏大的志愿者队伍。与此同时，还要充分发挥社区自治组织的作用，对志愿者队伍的建设和发展给予一定的支持和关心。另外，社区志愿服务工作需要有无私奉献的精神，政府、相关部门可以通过制定一些规章制度或者出台政策法规，来培养居民的公共责任意识和义务观。例如建立社区义务服务制度，根据社区居民的情况，规定部分人群承担一定量的义务服务或者公益事务；建立社区志愿者队伍管理制度，在志愿者登记注册、执证上岗、服务记录、行为规范、培训、表彰等方面，街道、社区的志愿者组织可以建立一定的规章制度来实现志愿者队伍的规范化管理。另外，还可以加强志愿者的信息管理，协调和配置社区内的公益服务资源，有效设计和开展志愿服务项目，培育发展志愿者服务人才。

## （二）加强社会舆论宣传与舆情引导

加强群防群治工作和志愿者队伍的建设，有助于动员居民参与社会建设，及时弥补某些缺位，缓解社会矛盾，促进社会和谐。因此，基层政府应该借助各类宣传阵地，利用不同的宣传形式，通过纸媒、影视媒体、网络媒体以及社区宣传栏等方式，对开展社区志愿活动的意义进行宣传，并树立典型，扩大其影响力，使社区志愿者的美好形象在广大人民群众心中扎根，逐步培育社区居民的公共意识和责任意识，进而使广大人民群众积极参与社区建设和社区治理。

## （三）组建专业社区志愿者服务队伍

社区志愿者工作应该从居民的根本利益出发，围绕热点和难点问题，结合社区的实际情况，确立志愿服务项目，把最困难、最需要帮助的群众作为优先帮扶对象，并针对志愿服务对象的不同需求和所需服务时间的长短，将社区志愿者组成不同的服务队伍，从而增强志愿服务的实效性。同时加快社区社会组织的进入，正规、系统、专业地开展社区志愿工作，形成多元、多样、多形式的志愿工作。社区可以根据服务对象的不同需要，将其划分为不同类型，与社区所驻单位共同开展服务活动。可以将社会救助、养老服务、绿化、法律援助、社区治安巡逻等作为重点服务领域，在双休日和节假日期间开展公益活动，并明确服务主题，提前做好宣传，让社区居民知道活动的时间、地点和内容，让更多的居民享受到志愿服务。

## （四）充分发挥辖区单位的资源优势

要想保持群防群治工作长久的生命力和活力，就要调动辖区单位和居民参与的积极性，确保最大限度的群众力量自愿参与其中。充分发挥驻区单位人员的技术、特长、特点的优势，挖掘多样志愿服务。这就要建立相应的制度和政策，让辖区单位每年拿出一定的时间积极参与志愿服务活动。同时，

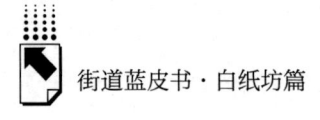

挖掘、调动、整合驻辖区企事业单位丰富的资源，通过共建、联谊等多种形式，让辖区单位自愿为志愿服务提供技术和人员的支持，从而实现资源共享。

### （五）引进专业化正规化的社会组织

目前我国有很多专业化、正规化的社会组织，他们大多长期从事志愿服务工作，有工作基础，也有工作热情，愿意投身社区志愿服务工作。通过政府购买或合作等形式，加强街道群防群治工作的开展，促进专业化与志愿服务相结合，更加合理地开展群防群治工作。

**参考文献**

牛清河：《在群防群治工作中如何发挥居民自治的几点思考》，白纸坊街道办事处，2016。

蒲柯竹：《城市社区居民自治管理研究》，硕士学位论文，西藏大学，2015。

《全区115个社区选举议事委员》，《南方日报》2015年7月27日。

《罗湖社区自治共治双轨并行创新推进》，新浪网，http：//news.sina.com.cn/o/2014-03-07/043929643779.shtml，2014年3月7日。

《深圳罗湖获"全国社区治理和服务创新实验区"》，中国经济导报网，http：//www.ceh.com.cn/shpd/2014/02/312334.shtml，2014年2月11日。

缪燕敏：《优化上海市社区管理模式的实证研究——以静安区为例》，硕士学位论文，复旦大学，2010。

# 调研报告

Survey Reports

## B.7
## 白纸坊街道创新党员管理模式的调研与思考

**摘　要：** 党员是党的肌体细胞，党员的教育管理是一项基础性、经常性工作，其成效如何，直接影响党在人民群众中的形象，关系到党能否保持先进性，关系到党的领导和路线方针政策能否得到贯彻执行。因此，必须下大力气抓好党员教育管理，努力把每一位党员培养成为理想坚定、活力显现、作用明显的先锋战士。在全面从严治党的新形势下，对党员管理提出了更高的要求，基层党务工作者必须在传统管理模式基础上进行探索和创新，融入新时期、新任务下新的理念和需求，让党员作用、党员面貌在新形势下有新的展现。本报告在对白纸坊街道创新党员管理模式进行调研的基础上，针对白纸坊街道党员管理工作中遇到的问题提出相关建议。

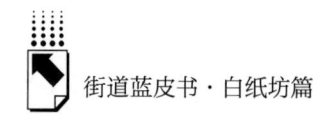

**关键词：** 白纸坊街道　党员管理　党组织　党建

# 一 加强党员管理是全面从严治党的必然要求

2012年，党的十八大报告提出："坚持党要管党、从严治党，全面加强党的思想建设、组织建设、作风建设、反腐倡廉建设、制度建设，增强自我净化、自我完善、自我革新、自我提高能力，建设学习型、服务型、创新型的马克思主义执政党，确保党始终成为中国特色社会主义事业的坚强领导核心。"2014年10月，在党的群众路线教育实践总结大会上，习近平总书记首次提出"全面推进从严治党"。同年12月，习近平总书记在江苏调研时第一次将"全面从严治党"同全面建成小康社会、全面深化改革、全面推进依法治国并列提出。2015年2月，习近平总书记首次提出全面建成小康社会、全面深化改革、全面依法治国、全面从严治党的"四个全面"战略布局。2016年10月，党的十八届六中全会进一步提出"党要管党必须从党内政治生活管起，从严治党必须从党内政治生活严起"。2017年，习近平总书记"7·26"讲话指出"全面从严治党永远在路上"。在党的十九大报告中，习近平总书记明确强调"坚定不移全面从严治党，不断提高党的执政能力和领导水平"，在谈到"加强基层组织建设"时，特别强调"党支部要担负好直接教育党员、管理党员、监督党员和组织群众、宣传群众、凝聚群众、服务群众的职责，引导广大党员发挥先锋模范作用"，进一步明确了加强党员管理的重要性。

## （一）加强党员管理有助于夯实党建基础

党组织是党全部工作的基础，是党执政能力发挥的载体。党员作为党组织的基本单元，是党组织活动的具体执行者，加强党员队伍管理是党组织建设的基础工程，也是一项非常长期的系统工程。治国必先治党，治党就要加强党员教育管理，让每一名党员干部适应从严治党新常态、转变作风树立新形象。面对中国特色社会主义进入新时代的新形势、新任务、新目标，只有提升党员素质和党的战斗力，才能提高党组织的创造力和凝聚力，才能保证党的路线、方针和政策得以贯彻和实施，才能团结和带动广大党员干部和群众完成新的挑战、新的任务。

### （二）加强党员管理有助于保持党的先进性

抓好党员队伍建设、提高党员素质是党建工作的重要课题，党员管理直接关系保持党的先进性，因为党的先进性除了体现在党的方针、政策上，还体现在每一个党员发挥先锋模范作用上。因此，要不断推进党的政治建设、思想建设、组织建设、作风建设、纪律建设，全面加强党员教育管理，加强对每个党员进行马列主义、毛泽东思想、邓小平理论教育，特别是加强对习近平新时代中国特色社会主义思想的学习。教育引导全党牢记党的宗旨，解决好世界观、人生观、价值观这个"总开关"问题，严格遵守政治纪律和政治规矩，让每个党员用这些先进思想武装自己的头脑，指导自己的行动，经得起各种风浪的考验，经得起各种不良思想的侵蚀，防止他们堕落为破坏党和人民事业的腐败分子。教育提高全体党员的思想政治觉悟，保有全心全意为人民服务的思想和本领，在社会主义建设事业中发挥党员的先锋模范作用，为实现全面建成小康社会而奋斗。

### （三）加强党员管理有助于密切党群关系

人民群众是我们党治国理政、推动社会进步的力量之源和胜利之本，只有密切联系群众，"从群众中来，到群众中去"，才能更好地服务群众以及发动群众、带领群众完成各项工作任务。而每一个党员都来自人民群众，生活在人民群众之中，他们每个人都代表着党的形象，他们与群众的关系直接影响党与人民群众的关系。加强党员教育管理，可以提升党员的素质和服务能力，让党员在群众中树立良好的形象，人民就会亲近党、信任党、拥护党、爱戴党，服从党的领导。因此，要加强党和人民群众的联系，就要不断提高党员素质，抓好党员队伍教育管理这个基础环节，进一步加强党员联系群众、服务群众、影响群众的能力。

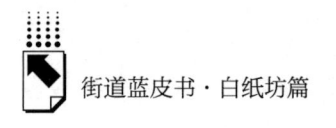

## 二　白纸坊街道五举措创新党员管理模式

党员教育管理是党的建设最基本，也是最重要的组成部分。2016年中共中央开展"两学一做"学习教育以来，启动了两项专项检查工作，一项是党员党组织关系排查工作，一项是党费收缴工作专项检查。通过专项检查发现，党建管理工作中存在党支部对党员的具体情况掌握不详、党员对基本党规的了解程度不高、组织生活对党员的吸引力不大等问题。白纸坊街道工委结合两个专项检查工作中发现的问题以及辖区的特点，积极创新党员教育管理模式，着力推行党员教育管理的制度化、规范化。

### （一）严抓基层党组织日常教育管理

长期以来，在党员教育管理方面形成了一些行之有效的好的传统和经验，如"三会一课"制度、党员民主生活会、"争先创优"活动、党员主题实践活动等一系列好的方式方法，对此，白纸坊街道继承发扬好的传统做法，并在此基础上进行创新。其中，"三会一课"制度是党基层支部长期坚持的重要制度，也是健全党的组织生活，严格党员管理，加强党员教育的重要制度。"两学一做"学习教育中的"六个一"要求，也是在"三会一课"基础之上的具体延伸。白纸坊街道工委在党员教育管理工作中，牢牢抓住"三会一课"这一根本制度，严格要求，规范管理，打牢党员教育管理的基石。

一是充分发挥支部党员大会、支部委员会、党小组会民主议事机制，要求涉及党员、群众切实利益的事必须上会讨论，并要求做好详细的会议记录。

二是建立"月填写、月报送"工作机制。要求社区按照"两学一做"学习教育"六个一"（见图1）的要求，专门设计制作了《直属党组织"两学一做"学习教育活动计划表》和《直属党组织"两学一做"学习教育活动月报表》，以支部为单位量身定制了学习计划，对每一次学习讨论和组织活动制定了一份明确的"时间表",即每月3日上报活动计划表,当月25日上报活动月报表。详细备案每月党员集中学习、交流研讨、党员活动、支部书记讲党课及以灵活方式开展学习的次数和人次。

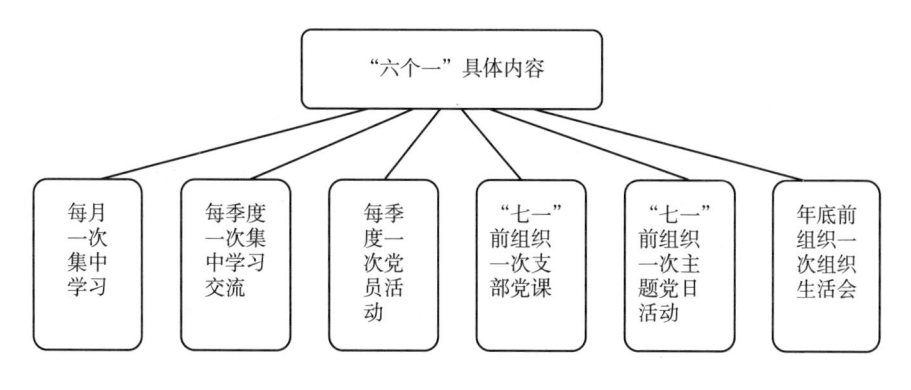

"六个一"具体内容

- 每月一次集中学习
- 每季度一次集中学习交流
- 每季度一次党员活动
- "七一"前组织一次支部党课
- "七一"前组织一次主题党日活动
- 年底前组织一次组织生活会

**图1 党员学习教育"六个一"**

三是规范党组织活动信息报送制度。要求社区在开展完党组织学习和活动之后,及时上报信息,并抄送给宣传部、《白纸坊》报。用信息报送制度督促社区开展好、落实好"三会一课"等制度。

## (二)试行党员服务积分管理新机制

针对党员参加党组织活动积极性不高的情况,白纸坊街道工委利用基层党组织服务群众项目,采用项目制,在右内西街、平原里、建功北里、右内后身、新安南里、菜园街六个社区试点推行了积分制管理模式。街道工委、党建指导中心、社区党委共同设计制作了《党员服务管理手册》,党员们通常叫它"小红本"。《党员服务管理手册》的主要功能就是记录党员参加党组织活动、服务群众的次数,按次数累计积分。积分一方面可作为年终党员评优评先的依据,另一方面也可兑换相应的党员学习用品。为了方便《党员服务管理手册》的记录和管理,根据每个社区对管理手册使用的不同需求,街道制定了富有社区特色《党员服务管理手册使用管理办法》,对手册使用主体、管理主体、积分方式、兑换方式进行了详细的说明。此外，为了确保积分准确性和有效性，社区党委建立了《积分备案表》，实行积分双向认证，党员参与活动由社区党委在"小红本"上盖章认证的同时，在备案表上也进行相应的登记，确保了积分管理的台账清楚。

"小红本"不单是党员参与党组织活动或者服务群众活动的一个记录本，也是党员亮身份的一种形式。携带"小红本"参加活动，让党员们有一种组织认同感。社区党员绝大部分是退休人员，从单位退休之后他们都面临着从"单位人"到"社区人"的心理转变，之前"单位人"的组织认同感和归属感会逐渐减弱，"小红本"的使用弥补了退休党员们急缺的组织认同感，有利于退休党员积极发挥余热，为社区建设贡献力量。例如，试行积分管理的平原里社区中的一名老党员说："自己虽然是党员，但是实际上看起来与别人没有什么区别，而有了小红本之后，它一直提醒着我的党员身份。"另外，"小红本"的使用对党员参加活动确实起到了一定的激励作用。建功北里社区的一名党员说："之前接到党员活动通知都没有当回事，现在有了这个积分制度对我很有激励作用，每次想到我参加的学习活动和服务活动都会被记录下来，我就很兴奋。"可以看出，在党员教育管理方面，任何激励机制、督促机制单有规章制度、单靠"耳提面命"的说教，都不如有实实在在的、能让党员看得见摸得着的实物载体更有效。

为了全面了解"小红本"的使用状况，白纸坊街道还对六个试点推行的社区进行了问卷调查和实地访谈。60.98%的受访者表示参加活动经常携带小红本，并且使用满意；只有4.88%的极少数党员"不知道"有小红本。通过反馈数据总体来看，小红本使用效果良好，已经达到预期成效，可以继续推广到其他社区，逐步形成白纸坊街道党员服务群众的常态化机制。

### （三）采取多种方式确保棚改党员管理

棚改党员的管理是党员管理中的特殊案例，也是较为困难的一部分。

2016年，白纸坊地区有光源里、崇效寺、菜园街、半步桥、自新路五个社区启动棚改拆迁，上千名党员面临着离开原来社区分散到北京各个地方居住的现实状况，给党员们参加组织生活、按时交纳党费、及时与党组织保持联系带来一定的困扰。棚改启动之初，街道工委就提前谋划，及时召集组织部和五个社区党委书记进行座谈，研讨涉及棚改拆迁党员如何管理的问题。经过研讨，白纸坊街道结合五个社区以往党员管理的方式方法，采取多种方式对外迁党员进行管理，尽最大努力确保不因棚改出现失联党员，让党员做到离家不离党，确保棚改党员管理到位。

一是制作了1000份党员联络卡。上面印有社区党委、各个支部以及街道组织部的联系方式，发到每一名棚改党员的手中，以方便他们随时与党组织取得联系。

二是部分社区结合以往的工作方法建立了"分级认领"制度。由社区党委成员每人认领一个党支部，党支部委员每人认领几名相对活跃积极的党员，每个相对活跃积极的党员再认领其他党员。通过这种逐级认领的方式，建立了党员联络管理的网格，把社区党委管理分散居住党员的压力进行了有效分解。此外，部分棚改社区根据党员外迁后居住情况重新划分党小组，由一名或几名党员负责联系与自己居住较近的党员。

三是严格管理涉及棚改拆迁社区党员党组织关系的转入转出。根据中共中央组织部《关于进一步加强党员组织关系管理的意见》的有关规定，党员外出地点或者工作单位相对固定，外出时间6个月以上的党员应该办理党组织关系转出。棚改党员无论是外迁还是回迁，中间周转的时间很长，都在6个月以上。党员在拆迁搬家的时候往往意识不到要转出党组织关系，五个社区党委在党组织活动和学习的时候，向党员讲解党组织关系管理的相关要求，要求党员安定之后及时办理党组织关系接转。同时，白纸坊街道与棚改指挥部配合，把握拆迁签约这一契机，对党员组织关系接转相关事项进行说明。另外，在五个社区党员转入时，街道工委组织部和社区党委也进行严格审核，确定党员具体的居住地之后，再予以接收。

### （四）搭建党员教育管理网络新平台

针对新形势下对增强网络阵地建设的要求，白纸坊街道工委拓宽工作思路，运用"党建+互联网"的思路，开设了党建微信公众平台"坊间微动力"，由党建指导中心协助组织部进行平常信息推送、线上活动开展等各项工作。"坊间微动力"作为白纸坊街道党员教育管理的新平台，每一期微信推送和更新的内容都是精心准备，层层审核。目前，"坊间微动力"分为三个栏目：微课堂、微心愿、微社区。

"微课堂"是学习党建知识的课堂，是党员网络活动新阵地，下设三个板块："两学一做"专栏，定期推送有关"两学一做"学习知识；"知识竞答"可以温故而知新，配合本周推送内容答题，参与答题即可积分，鼓励党员们充分利用零碎时间学习；"党史博览"可以追溯党的光辉历程，了解伟人风采。

"微心愿"是基层党组织服务群众项目成果的展示窗口，在心愿成立前期寻找居民的留言和建议，并将居民心愿收集在"星语心愿"中；"心愿树"里可以看到18个社区的项目情况，红五星代表已完成的心愿，黄五星代表进行中的心愿，蓝五星代表已经立项的心愿。

"微社区"是白纸坊的新闻窗口，在这里可以看到地区发生的大情小事。"精彩白纸坊"里有社区最新动态，"坊间人物"里都是值得尊敬的白纸坊榜样人物，有参加过抗战的女红军，有飞叉舞出北京精气神的老艺人，有相识40年的互助闺蜜，还有奉献社区的党员夫妻等。

另外，为了加强与党员们的互动和鼓励党员们利用微信公众平台开展自学，"坊间微动力"设立了"个人中心"，党员可以"签到簿"中进行每日学习打卡，并且参加知识竞答累积积分进行积分兑换。为了推进信息化建设，各个社区结合街道"坊间微动力"也搭建了自己的微信平台，在"坊间微信"点击社区微信号可以实现链接跳转，实现街道和社区之间信息的相互连接。

## （五）履行对党员干部监督执纪责任

白纸坊街道把遵循"四种形态"作为基本，认真履行好监督执纪职责，对基层党员干部进行"近距离监督"，发挥基层纪检干部作用，推进基层正风反腐，打通全面从严治党"最后一公里"。

一是深入走访调研。根据群众反映、廉政检查等线索来源，本着有则改之无则加勉的原则，对街道工作人员的违纪苗头性问题进行廉政教育约谈，对慵懒散现象、有制度漏洞问题做到及时警示提醒，将违纪的苗头性问题控制在萌芽期，防小错酿大错。

二是充分发挥纪检干部作用。纪检干部必须勇于担当，做到逢会必讲。领导班子会上必讲领导责任的担当，要层层传导压力和责任，对廉政监督不能当甩手掌柜；工委会上三重一大事项必提醒，有疑问必质疑；全体大会必教育，宁可烦不能犯。

三是强化廉政文化宣传。充分利用《白纸坊》报办廉政专刊，弘扬正能量，强化警示教育。充分利用社区党员微信平台作为反腐倡廉的宣传阵地，协助工委教育管理区域党员。

四是不断创新纪检工作方式。采取四种形式开展工作：耳听，走访调研，听群众反映；眼看，观察、监督、巡查；嘴说，提醒谈话警示（互相鼓励，激发正能量，树立人生观）；治理，找问题、提出问题、解决处理问题。

五是严格落实惩罚措施。严格按照《中国共产党章程》（以下简称《党章》）和《中国共产党纪律处分条例》的相关规定，对违反党纪和八项规定人员，给予严肃处理。用真实案例诠释对"微腐败"坚决"零容忍"的理念。2015年至2016年9月，街道共完成初核案件线索12件，立案4件，党内警告处分2人，严重警告1人，留党察看1人，做到了有信、有线索必查必上报，有反映必查必谈话。同时，白纸坊街道也经常与其他街道互相切磋交流，举一反三，警示教育引以为戒，取长补短，提升工作质量，达到问责一次教育警醒一片的目的。

## 三 白纸坊街道在党员管理过程中遇到的问题

党员教育管理是一项长期性、系统性的工作，它需要基层党务工作者坚持不懈的努力、积极勇敢的创新，不断探索和运用新的党建载体和方法。虽然白纸坊街道工委在党员教育管理方面采取的一些做法取得了一定的成绩，但仍存在一些问题。

### （一）党支部的主体作用发挥不够

党支部是党员队伍建设的重要组成部分，上级党委工作部署的执行、日常党务工作的开展、新党员的发展、党员队伍的建设都是支部工作的重要职能。同时，党员作用的充分发挥也离不开支部的协调和组织。发挥党支部主体作用和基本功能，推动思想政治建设抓在日常、严在经常，是"两学一做"学习教育的一大特色。而在社区实际开展过程中，党支部的作用发挥还是相对有限的。

一是支部层面的党员管理不主动。主要靠社区党委的"推"和"压"，一个党委的党员基数相对较大，在支部管理不够积极的情况下，难免会出现"照顾不周"的现象。社区换届过程中，为了加强社区党支部作用的发挥，有部分社区党支部书记由社区党委委员兼任，这种工作模式确实起到了发挥支部基础作用的效果，但同时也给社区党委的工作加重了负担。

二是存在"重组织建设、轻党员队伍管理"的倾向。部分党组织把主要工作精力放在开展党组织活动和一些硬性考核指标上，再加上一些党组织设置不够合理，党员人数较多，党组织对党员的管理不能面面俱到，忽视了党员管理这一组织建设最基本最重要的环节，没认识到只有党员教育管理好，党组织凝聚力强，才能更有利于组织建设。

### （二）党员管理监督惩治措施缺位

在党员党组织关系排查和党费专项检查的过程中，发现基层党组织在进行党员管理中最感无力的问题,就是缺乏对党员的基本权利义务履行情况的监督和惩罚。除《党章》外,目前党内的规章、规则、条例等绝大多数是对党员干部,甚至是对党员领导干部的约束,对普通党员的监督和惩罚不多。《党章》规定:"党员如果没有正当理由,连续六个月不参加党的组织生活,或不交纳党费,或不做党所分配的工作,就被认为是自行脱党。支部大会应当决定把这样的党员除名,并报上级党组织批准。"在实际工作中,有部分党员确实满足除名条件,但是基层党组织在处理过程中,在无上级明确指示和要求时,秉承着积极教育的原则,对这类党员的处理是慎之又慎。在这种情况下,对党员的约束性弱了,部分党性较差的党员就会"有恃无恐"。

### (三)党员主体复杂管理难度加大

随着社会的发展,社区的党员主体发生了变化。过去,社区里有许多年岁已高的离退休党员。随着"大众创业、万众创新"浪潮的推进,一些大学毕业生、军转干部,甚至一些在职人员都选择自主创业或者灵活就业,绝大多数人没有固定的工作单位。依照方便党员参加组织生活的原则,此类党员归入社区管理。街道18个社区,共有6363名党员(见表1)。其中,20~30岁和31~45岁的党员人数和比例较前两年有所增长。2016年街道全年转入党员459人,其中45岁以下的党员有83人,也就是说转入党员中有近五分之一的党员为无固定工作单位的党员。随着社会形势的发展,在全面从严治党这一大背景下,这个比例也将逐年上升。

表1 白纸坊街道各年龄段党员情况

单位:人,%

| 年龄段 | 党员人数 | 占党员总人数的比例 | 党员基本情况 |
| --- | --- | --- | --- |
| 20~30岁 | 122 | 2.0 | 大学生毕业未就业党员 |
| 31~45岁 | 390 | 6.1 | 军转自择业、无业,或者自主创业的党员 |
| 46~75岁 | 4098 | 64.4 | 退休在家赋闲的党员 |
| 76岁及以上 | 1753 | 27.5 | 高龄无法参加组织生活的党员 |

社区中这类党员比例的增长给党员管理增加了难度。一方面，该类党员的流动性大，存在党组织关系接转跟踪脱节现象。该类党员工作单位和居住地变动的可能性大，在其有稳定的工作单位或者更换了居住地址之后，往往没有及时办理党组织关系接转。该类党员本身在心理上就有一定程度的失衡或生活压力过大，导致他们对待组织关系的态度总是不想转、不便转。这类党员稍有不慎就容易出现失联现象，需要社区党组织对其投入更大的精力，密切关注他们的动向。另一方面，该类党员的活动范围大，存在不便参加集体学习和活动的情况。虽然社区党员主体发生了变化，但其构成还是以离退休党员为主。离退休党员赋闲在家，时间相对宽裕，活动范围相对固定，还能按时参加党组织生活。但是该类党员面临着生活压力，对在工作日组织的活动基本不可能按时参加。

## （四）党组织自身建设还有待加强

一是基层党组织设置还须继续完善。白纸坊街道18个社区74个党支部，91人及以上的党支部有25个，81~90人的党支部有7个，71~80人的党支部有13个，61~70人的党支部有13个，其余16个党支部人数均在50人以上。根据《中国共产党党和国家机关基层组织工作条例》《中国共产党农村基层组织工作条例》的规定，50人以上100人以下的可成立党总支，100人以上的可成立党委。从方便管理的角度来看，党支部人数在20人左右为宜，目前社区这种党员数量多、支部数量少的情况，实在不便于党员管理。

二是基层党务工作者青黄不接。每隔三年基层党组织换届一次，一些党组织的党务工作者频繁更换，有经验的人留不住，"新手"学习、摸索、熟悉的过程又会占用比较长的时间，他们不熟悉业务，又缺少管理经验，工作效果大打折扣。已聘用的社区退休党务人员，虽经验较为丰富，但是时代的发展和新形势下对党务工作的要求不断提高，急需足够数量的专职党务工作者充实基层党组织力量。2018年社区三年届满面临换届，届时大量社区工作者面临退休，特别是党务工作者招聘的速度、培养的时间与流动的比例不协调，将会对基层党建工作造成不良影响。

## 四　白纸坊街道创新党员管理模式的几点思考

新形势下如何做到"党要管党、从严治党必须落实到党员队伍的管理中去"的要求，对基层政府来说是一项考验。白纸坊街道需要更新党员教育理念，创新党员管理模式，形成大教育、严管理的新格局。

### （一）抓住根本，加强规章制度建设

党员教育管理是落实党要管党、从严治党的一项重要工作，需要建立一定的规则制度，确保党员教育管理的规范有序发展。在工作中，要对党内长期以来形成的好规章制度做好落实，同时，各个基层党组织也应该结合自身实际情况，制定适合、方便的管理制度。街道在实行《党员服务管理手册》的初期，只在平原里和建功北里两个社区使用。在使用过程中，其他社区认为这个办法切实有效可行也开始采用这种积分管理模式。但其他社区在使用《党员服务管理手册》的时候都结合了自己社区以往的管理特色。例如，右内后身和菜园街社区将《党员服务管理手册》与《党员志愿服务手册》相结合，将党员组织活动积分与志愿活动积分统一管理。而其他目前未使用积分制管理的社区，对党员管理都有自己的一套方法，如"分级认领""党员互助结对"等。街道要对工作中好的经验和做法进行归纳、总结，将其上升为既可遵循又实用的规章制度，实现对党员的科学化、规范化管理。

### （二）抓住基础，加强组织自身建设

合理设置基层党支部。根据工作的方便程度，党支部人数不宜过多。应规范支部设置，将人数较多的党支部拆分成多个党支部，或者支部下面多设立党小组，以方便党员管理。

建立党务工作者的培养机制。党员管理的任务最终要落在管理者的身上，也就是基层党务工作者，因此，加大对基层党务工作者的教育培养也十

分重要。在社工招聘过程中，要加大党员社工的招聘比例。新招入的党员社工纳入"366"党组织负责人阶梯培养体系，不断完善社区党务工作者后备人才库，充分利用"名书记工作室"① 这一平台，形成基层党务工作者"传帮带"的良好格局。

### （三）抓住关键，建立监督惩罚机制

没有监督就没有落实，没有惩罚就没有效用。对于党员权利义务履行情况的监督和约束，要像建立个人信用记录一样，严格规范管理，不仅要告知党员不履行相应的权利义务会有什么样的惩罚，也应告知党员该项惩罚会对本人，甚至本人亲属会有什么样的影响。像《党员服务管理手册》其实就是一种监督，以一种实物载体、物质奖励的方式鼓励党员参加活动、履行权利和义务，但是这种监督是一种软性监督，对党员的约束力有限。对党员权利义务履行情况的监督和惩罚措施应像"菜单"一样罗列清楚，才会对党员形成有效的约束力。只有知后果甚重，才会有行为慎重。另外，从党组织管理的角度来说，应明确党员处理的流程，支部有处理的主体责任，报上级党组织备案，备案到哪一级、上级党组织对支部处决是否有驳回的权利、党员处理是否要入档案、要入档案的材料有哪些，这些问题的答案越明晰、越统一，基层党组织在党员管理处置的过程中才更有把握。

### （四）抓住保障，丰富党建活动载体

在全面从严治党的新形势下，探索和运用新的党建载体，有助于提高党员教育管理水平。基层党员数量较多，规模庞大，党支部分布广泛、情况各异，基层党组织要根据自身的实际情况，运用一切有利于党员学习、有助于党组织建设的载体，加强党建工作。同时要勇于创新，特别

---

① "名书记工作室"的成立，源自北京市西城区委组织部关于构建《"366"基层党组织负责人阶梯培养体系》的工作要求，旨在发挥街道优秀社区书记在社区建设、党建创新、服务群众、人才培养等方面的示范、指导和引领作用，加快中青年骨干书记培养步伐，推进社区书记整体素质的提高，进而实现党建带头人和党建精品项目的双丰收。

是利用互联网技术，丰富党员管理载体。当然，创新不能搞形式主义，要有具体内容、明确活动宗旨、具有可操作性，做到内容和形式统一，动机和效果一致。扩大"党建+"内容，将党建工作与其他领域有利于党组织发展的东西相结合，坚持大党建思维，切实做到"从群众中来，到群众中去"。另外，还要充分利用好"北京市党建工作平台"这一载体，统计好、使用好辖区内党员的大数据，做好党员网上信息的及时更新，善于根据数据库信息进行分析，对自身工作进行查漏补缺，实现党员的精细化管理。

### （五）抓住趋势，实施精细化管理

社区党员主体的身份越来越复杂是未来的趋势，要想对全体党员实现有效管理，要对社区党员进行划分，对不同群体、不同年龄段的党员采用不同的管理方法，实现精细化管理。

对于45岁以下非退休无固定工作单位的党员，可以考虑成立单独的党支部，集中管理。在开展党员活动时，针对这类群体多采用灵活形式，也可采用在职党员回社区报到的模式充分发挥他们的特长。

对于75岁以上的高龄党员，这类党员绝大多数身体不好，或已卧床不起，或行动不便，已不能正常参加组织生活，社区应该加大对老党员的关心关怀，多开展送学送书上门、送温暖上门的活动。

对于45~75岁离退休党员，这类党员是社区党组织活动的主体，社区应该充分把握这部分党员的模范作用，对年轻党员形成示范，与高龄不便行动的党员结对帮扶。对党员的精细化管理取代以往"大而化之"的管理模式，是在社区党员主体精细化、从严治党形势下党组织服务质量精细化的必然要求。

在完善党建工作责任制时要将党员教育管理纳入其中，坚持"书记抓、抓书记"，确保社区党组织书记履行好第一责任人职责，将党员教育管理工作作为党组织的重要政治责任和任务，做到真管严管，不断增强党组织的战斗力和凝聚力。

# 参考文献

马光明：《关于创新党员教育管理模式的探索》，白纸坊街道办事处，2016。

王丽娟：《履行监督责任，践行"四种形态"》，白纸坊街道办事处，2016年9月。

白纸坊街道办事处：《白纸坊街道工委组织部2016年工作总结及2017年重点工作思路》，2016。

陈军：《浅谈新常态下如何加强党员管理》，《人力资源管理》2015年7月8日。

陈玲玲：《试论党员管理对基层单位党组织建设的促进作用》，《中小企业管理与科技》（下旬刊）2017年2月25日。

蒋清学：《提高对党员队伍教育管理意义的认识》，人民网，http://theory.people.com.cn/n/2013/0318/c107503-20819762.html，2013年3月18日。

# B.8
# 白纸坊街道残疾人事业发展情况调查研究

摘　要： 残疾人事业是一项崇高的人道主义事业，是重要的民生工程，也是衡量一个国家、一个地区文明程度的重要标志。提升残疾人基本公共服务水平是"十三五"期间的一项重要工作任务，白纸坊街道积极贯彻落实党中央、北京市和西城区的要求，不断推进残疾人事业健康发展，提高残疾人生活水平，初步形成了政府主导、残联协调、部门合力、社会参与的全方位残疾人社会保障工作格局，但在残疾人社会保障体系和残疾人就业等方面还存在一些问题。为了解当前白纸坊街道残疾人事业工作进展情况，课题组对白纸坊街道残疾人事业发展情况进行了调研。本文总结了当前白纸坊街道推进残疾人事业健康发展的主要做法，梳理了残疾人社会保障工作中面临的问题和困难，并提出相关建议，以期为白纸坊街道推进残疾人事业工作提供决策参考。

关键词： 残疾人事业　基本公共服务　社会保障　残疾人就业

残疾人作为弱势群体中的特殊人群，更加需要社会各界的关爱和帮助，同时，推进残疾人事业发展也是各级党委、政府以及全社会的共同责任。当前我国社会处于转型时期，科学合理地构建残疾人社会保障体系，无论是对促进现代化发展还是构建和谐社会都具有重要的现实意义和深远的历史意义。2010年国务院办公厅转发的《关于加快推进残疾人社会保障体系和服务体系建设指导意见》要求推进残疾人"两个体系"（社会保障体系和服务体系）建设，实现残疾人共享改革发展成果。2016年国务院颁布的《"十三五"加快残疾人小康进程规划纲要》提出"保障残疾人基本民生、大力促进城乡残疾人及其家庭就业增收、提升残疾人基本公共服务水平、依法保障残疾人平等权益、凝聚加快残疾人小康进程的合力"的任务。同年，北京市人民政府残疾人工作委员会与北京市发展和改革委员会联合发布《北京市"十三五"时期残疾人事业发展规划》，围绕"四个全面"战略布局和首都城市功能定位进一步明确了"持续加强残疾人民生保障、大幅提升残疾人基本公共服务水平、加快推进残疾人工作体制机制现代化、依法保障残疾人平等权益、着力构建残疾人平等融合社会环境"的主要任务，进而让改革成果更多、更公平、更实在地惠及广大残疾人。

## 一 推动新常态下残疾人事业健康发展

### （一）发展残疾人事业是社会文明进步的一个重要标志

发展残疾人事业是一个社会从低级到高级转变的必然结果。当经济总量快速增长，社会贫富有一定差距，为追求共同富裕和谐发展的目标，弱势群体得到社会的重视，残疾人问题才会得以解决。因此，如何对待残疾人事业是衡量一个社会文明程度的重要标志之一。在过去不发达的封建社会，残疾人被认为是因果报应，遭受歧视和压迫，生活十分艰辛。中华人民共和国成立后，尤其是改革开放后，残疾人事业受到党和政府的高度重视，残疾人的基本生活得到保障，生活状况得到了很大程度的改善，平等、参与、共享的理念成为社会新的价值理念，在建立和完善社会保障体系中，维护残疾人合法权益，促进残疾人参与社会生活，成为社会主义事业全面发展的一项重要内容。

### （二）发展残疾人事业是全面建成小康社会的必然要求

全面建成小康社会的核心是全面，强调的是人群的全面覆盖，是不分地域、阶级和种族的全面小康。残疾人作为社会的一员，没有他们的小康就不能称为全面小康社会，然而由于残疾人自身能力的限制，生存和生活状况比较困难，因此需要政府把残疾人实现全面小康作为重点任务，大力推进残疾人事业发展，着眼残疾人最关心、最直接、最现实的利益问题，统筹规划、科学布局，推进残疾人社会保障体系和服务体系建设，补上残疾人事业的突出短板，建成覆盖全领域全人口的小康社会。

### （三）发展残疾人事业是推动社会持续健康发展的需要

长期以来党和人民政府都十分重视残疾人事业，采取了一系列政治、经济、法律等手段保障残疾人权益，改变残疾人生活状况。残疾人作为社会中的一员，同样能推动社会发展和进步，如张海迪、霍金等名人虽然身体残疾，但是仍然为社会做出巨大贡献，因此不能忽视残疾人的劳动力和创造力。大力发展残疾人事业，可以提高他们的社会参与能力及经济参与能力，增加社会人力资本供给，减轻社会负担。尤其是人力资源日益紧张的当今社会，需要挖掘残疾人当中的劳动潜力，让他们为社会经济发展做出力所能及的贡献。同时发展残疾人康复、托养等残疾人服务业可以拉动经济增长、带动社会就业，进而推动社会发展。可见发展残疾人事业，既可以为残疾人营造平等参与的社会环境，又是实现残疾人事业与经济社会协调发展的有效途径之一。

## 二 白纸坊街道推进残疾人事业发展的主要做法

白纸坊街道残疾人数量较多，在西城区 15 个街道中排序比较靠前。街道残疾人中经济生活困难的又占相当大的比重，给残疾人社会保障各项事业带来了不小的压力。2017 年白纸坊街道调查数据显示，在册残疾人 3505 人，约占街道户籍人口总数的 3.5%。其中，重残 1207 人、精神和智力残疾 721 人、享受低保困补待遇的残疾人 16 人、无业残疾人 219 人，分别占街道残疾人总数的34.43%、20.57%、0.46%和6.25%。残疾人特别是重度残疾人和精神智力残疾人往往给家庭带来沉重的负担，也给社会管理带来较大的压力。在此背景下，白纸坊街道为提高残疾人生活水平，初步形成了政府主导、残联协调、部门合力、社会参与的全方位残疾人社会保障工作格局。

### （一）积极落实残疾人优惠政策

一是发放生活补助。街道贯彻执行《北京市残疾人生活补助办法》，截至2016年，为369名残疾人发放各种生活补助费1024700元。其中，为93人发放无业重残生活补助费747200元；为3人发放无业轻残生活补助费2800元；为273名享受低保困补待遇的残疾人发放生活补助费272700元；为1名0~16岁低收入残疾儿童发放生活补助2000元；为479名享受助残券的残疾人发放助残费479000元；为1146名残疾人发放护理补贴2216400元；为23名残疾人办理个体就业社会保险补贴，每人948.01元，共计21804.23元。并完善临时救助政策，对经济困难家庭中的残疾人在生活、医疗、教育等方面遇到的困难给予及时救助。

二是节日走访慰问工作。2016年全年共走访701户残疾家庭，发放慰问金251200元。其中元旦、春节期间慰问219户，发放慰问金154800元；"全国助残日"走访慰问辖区特殊困难残疾人家庭200户，发放慰问金40000元；国庆节慰问282户，发放慰问金56400元。为15名残疾人家庭向区残联申请特事特办，发放特事特办补助18300元，减轻残疾人家庭因病和意外伤害导致的经济负担。

### （二）稳步推进残疾人就业工作

一是全面落实西城区残疾人灵活就业社会保险全额补贴政策，让残疾人没有后顾之忧。街道根据残疾人的身体健康情况，采取"集中与分散相结合"的方式，促进残疾人劳动就业，开展包括残疾人培训、能力评估、就业登记、就业介绍等在内的系列化服务工作。贯彻落实《残疾人就业条例》，形成多渠道、多层次、多形式的残疾人就业服务体系，并积极宣传按比例安置残疾人就业政策，推荐残疾人就业。

二是积极宣传北京市扶残助学工程，对符合救助条件的残疾人子女和残疾学生及时办理救助手续，帮助他们完成学业。依托北京市、西城区举办的各种职业技能培训班，积极做好残疾人职业教育和技能培训，提高残疾人的就业和创业能力。

三是完成残保金审核征缴工作。密切配合、周密部署，通过张贴宣传画、逐单位发放宣传材料和《一封信》、电话催办等方式积极进行宣传、催缴。鼓励劳动年龄段内有就业意愿的残疾人积极参加职业技能培训，学习一技之长。推荐有就业意愿的残疾人参加招聘会，实现就业。

### （三）加强温馨家园职康站建设

一是开阔思路，拓展康复内容。为残疾人提供正确的康复指导器械训练，让辖区残疾人享受到器械康复、文化学习、作品展示、辅助器具的使用和一站式办事窗口等优质服务；开展各项文体活动，吸引广大残疾人参与，让政策更多地覆盖残疾人；以职康站为基地，开展职业康复劳动项目，安排残疾人参加职业康复劳动训练，解决智力和精神残疾人的就业和康复问题，帮助他们回归社会。联合白纸坊街道社区卫生服务中心以及社会各种资源，开展精神残疾和智力残疾的预防、康复、治疗等活动，完成残疾人社区康复的任务指标。

二是注重关爱，提供人性化的服务。与餐饮供应单位建立良好的关系，进行经常性的沟通，确保学员午餐质优价廉、健康美味；组织职康站师生进行身体检查；与阳光百姓大药房合作开展助残日关爱残疾人活动，为职康站学员讲解日常保健知识、配发爱心卡、发放小礼品等。

### （四）分类确保残疾人康复服务

一是贯彻落实《北京市残疾儿童少年康复补助暂行办法》（以下简称《办法》）。按照《办法》要求，做好残疾儿童减免康复服务费工作，确保有康复需求的残疾人都能得到康复服务。为0~16岁残疾儿童申请入住康复机构补贴，并报销入住康复机构费用；为残疾人发放阳光家园计划居家养护残疾人家庭补贴；为符合条件的残疾人办理贫困精神智力残疾人入住康复机构的手续；免费配发轮椅、听书机等辅助器具；做好精神残疾人居家康复活动的人员筛选工作；组织精神残疾人员参加居家康复活动；举办精神残疾人员家属精品课程讲座等。

二是携手悦群社工事务所及西城区南区精防所开展了精神残疾人家庭康复培训服务。为通过评估筛选的稳定期精神残疾人开展居家康复指导和社区康复系列活动，通过曼陀罗彩绘减压、沟通训练、手工珠艺等项目，增强精神残疾人生活、学习和工作的能力。同时开展精神分裂症家属培训，提高家属对日常服药、看护等康复护理常识和技能。进一步完善精神残疾人康复服务体系，解决了精神残疾人及其家庭的培训需求。

### （五）加强无障碍设施建设管理

一是开展无障碍设施改造工作。积极配合西城区残联以及施工部门，妥善处理改造进程中出现的各种矛盾和问题，高质量完成残疾人家庭无障碍环境改造任务。

二是加大力度宣传公民道德素质培养的重要性，培养辖区公民对无障碍设施保护的意识。同时，相关部门对无障碍设施加强管理，发现自然损坏的设施进行及时修复，对那些人为破坏和占用、移用无障碍设施的行为及时纠正和处理，确保无障碍设施的安全实效。

### （六）开展丰富多彩的文体工作

街道充分发挥残联"弘扬人道主义思想，发展残疾人事业，促进残疾人平等，充分参与社会生活，共享社会物质文化成果"的作用，通过有效措施，吸引社会各界人士对残疾人事业的关心、支持，并动员他们参与残疾人事业，引导和激励残疾人发扬顽强拼搏、自强不息的精神，挖掘自身潜能，积极参与社会生活，不断改善自身和家庭的生活水平。街道残联为残疾人创造更多机会，组织残疾人参与更多的活动。

一是为丰富地区残疾人文化生活，在辖区内的4个社区温馨家园建立了图书阅览角，购买图书2000余册，并配置了书柜、桌椅，方便残疾人阅读使用。

二是组织开展残疾人电影专场，通过组织观影活动，鼓励广大残疾人更多地融入社会，丰富残疾人文化生活，提升残疾人参与社会活动的积极性。

三是组织社区残疾人开展康复实践采摘活动，增强了大家互帮互助、团结协作的精神，同时也得到了良好的社会适应能力训练。

四是积极组织残疾人参加各类文娱活动和比赛，如组织观看西城区第二届残疾人文化艺术节开幕式、西城区残疾人棋牌比赛、西城区残疾人台球友谊赛、西城区飞镖比赛等。

### （七）充分发挥残联主席团作用

一是每季度召开一次主席团会、加强与主席团委员之间的沟通和交流，听取他们对残疾人工作的意见建议，及时改进工作，提高工作水平。

二是为委员履职提供服务，包括订阅残疾人相关的报刊，及时了解残疾人各项社会保障和政策；公布电话、邮箱等联系方式，方便委员随时与残联进行沟通，更好地了解残疾人群体的需求。

三是与全响应、民政科、社保所等相关科室加强沟通，将残疾人工作与网格管理、困难群体保障等街道其他工作结合起来，更好地实现主动服务、全面服务的理念。

## 三 白纸坊街道残疾人事业发展存在的主要问题

近年来白纸坊街道残疾人社会保障工作确实取得了比较明显的成效，但总体来说，残疾人经济上的贫困性、生活质量上的低层次性和承受力上的脆弱性，仍未得到根本改变。在社会救助、就业、康复等多方面存在一些问题。

## （一）社会保障体系有待进一步完善

残疾人保障体系建设与社会经济发展水平是协调进行的，现有的保障体系水平有待提高，保障体系仍不完善。根据《北京市残疾人生活补助办法》政策，劳动年龄段内未享受低保待遇、无业无收入重残人可参照低保标准享受每月650元的生活补助。超出劳动年龄段后，此生活补助按照政策规定停发。目前有些残疾人在劳动年龄段内每月可以享受650元补助，过了劳动年龄段每月只有城乡养老300多元，低保水平偏低。另外，如重残、一家多残等特殊残疾人的困难没有得到有效解决。

## （二）残疾人就业依然存在较大困难

经济快速发展，市场竞争越来越激烈，对作为弱势群体的残疾人来说越来越不利。一方面，就业单位因为担心残疾人干不好工作以及担心残疾人影响企业形象等因素而不愿意雇用残疾人；另一方面，受自身身体因素的影响，残疾人工资普遍不高，而他们中的部分人希望有份工资高、相对轻松的工作，过高的期望值使他们不愿意工作。面对有技术含量的工作，由于各方面因素的制约，大多缺残疾人乏职业技能和实用技术的培训。多方面因素导致残疾人就业机会较少，就业难问题更加突出。同时，按比例安排残疾人就业，困难比较大。

## （三）残疾人无障碍设施监管不到位

残疾人无障碍设施建设是一个系统工程，需要各类公共场所、社区、家庭之间的互相衔接。社区内缺少无障碍设施也会影响残疾人的出行。目前白纸坊街道有许多老旧建筑物，由于建筑时间较早没有无障碍设施。另外，现有的无障碍设施没有得到很好地管理和修缮，如有的盲道成为停车和存放自行车的场地，甚至被破坏，有的无障碍设施被侵占等，导致这些无障碍设施无法发挥应有的作用，形同虚设。因此，需要进一步完善街道残疾人无障碍设施建设，方便残疾人出行，为他们走出家门、融入社会创造有利条件。

## （四）残疾人工作者队伍建设亟须加强

基层残疾人工作者是党和政府与残疾人之间的桥梁，是发展残疾人事业的有力保障。目前，辖区内从事残疾人工作的人员数量不足，且部分人员没有专业背景，但是残疾人的需求具有特殊性、复杂性和类别化等特点，需要专业的人员为其提供服务。因此需要通过加强培训、招聘专业人才等途径提升相关工作人员服务残疾人的专业化水平和能力，更好地满足残疾人的基本需求。

# 四 关于白纸坊街道促进残疾人事业健康发展的建议

## （一）搭建残疾人就业创业服务平台

就业是促进残疾人融合、实现可持续发展的最好途径，可以通过转变思路、创新服务，引导和鼓励残疾人创业，以创业带动残疾人就业。促进残疾人就业创业既可以减轻残疾人家庭负担、降低残疾人对政府的依赖性，又可以增强残疾人的生存能力，从而更好地融入社会，发挥残疾人在社会发展中的作用。但就业机会、职业技能以及劳动报酬等各种因素阻碍了残疾人就业，社区作为残疾人融入社会的第一个环节，应该发挥平台服务作用。首先，为残疾人就业营造良好社会氛围，对残疾人就业相关政策进行积极宣传，并为残疾人提供就业咨询服务，将社会对残疾人的排斥逐渐淡化、消除，帮助残疾人增强就业的信心；其次，开展残疾人就业培训服务，结合残疾人的身体状况和就业意向，开展具有针对性的职业技能培训服务；最后，加大岗位开发力度，可以为残疾人提供公益性就业岗位，建立面向残疾人就业的网络资源共享系统等，不断优化与拓宽残疾人就业的思路与渠道。

## （二）建立残疾人精准康复服务体系

康复是残疾人最迫切的需求，借助温馨家园职康站，建立"机构为主体、社区为基础，家庭为依托"的多元化康复服务体系。首先，大力发展专业的康复机构，鼓励机构进社区、进家庭，为残疾人提供上门服务；鼓励家庭成员之间提供康复服务，街道、社区为其提供相关的培训和条件支持。其次，鼓励社会力量兴办康复机构，为其提供良好的政策环境和运营环境，如提供机构用地、税收优惠、费用减免及运营补贴等方面的扶持，并且加大政府购买残疾人服务力度，为重度残疾人、失能老人等购买康复护理、日常照料等服务。最后，开展精准服务，结合家庭医生签约服务、社区康复服务等，确保困难残疾人和有特殊需要的残疾人得到基本医疗和康复服务。

### （三）创新载体丰富残疾人精神文化

在为残疾人提供各项基本公共服务时，要注意残疾人物质的满足与精神充实相协调，让他们在物质方面得到服务的同时，不断丰富精神文化，从而让残疾人更好地融入社会。一方面，给残疾人搭建一个能够展示自我、融入社会的平台，让残疾人在这个平台中可以认识更多的朋友，促进残疾人与其他人的交流，从而更好地融入社会。另一方面，组织丰富多彩的体育文化活动，可以结合地区特色文化，开展各类文娱活动，借助文体活动帮助残疾人打开心扉，共享社会发展成果。

### （四）推进融合教育保障残疾人平等

融合教育是残疾人实现平等参与的根本，是一种没有排斥、没有歧视的教育，成为现代教育的发展趋势。首先，推进融合教育，要有包容的态度，做好宣传工作让融合教育深入人心，让广大群众接纳尊重残疾人，特别是残疾儿童的受教育权，并包容他们的特异性，为残疾儿童融入社会营造良好的氛围。其次，为融合教育创造条件，如配备特教资源、无障碍设施等。破除入学环节的制度障碍，如入学体检考试招生环节中的不合理规定，最大限度减少普通学校对残疾儿童的排斥。最后，可以实施"双向融合，弹性安置"的形式推进融合教育，即让残疾儿童一周大部分时间在普通学校接受教育，小部分时间在特教中心接受专业化的特殊教育训练。

## （五）加强残疾人工作者队伍建设

建立稳定实干的残疾人工作者队伍，为残疾人群体提供优质高效的服务，有利于改善残疾人生存状况，推动地区残疾人事业快速健康发展。首先，举办基层残疾人工作者培训，残疾人教育、就业、扶贫以及残疾人维权工作等列入培训内容，对地区的基层残疾人工作者进行系统的培训。同时，可以采取以会代训、集中培训等形式对相关人员进行培训。其次，规范组织建设。通过公开招聘、竞争上岗的方式选拔残疾人工作者及领导干部，为基层残疾人工作者队伍补充新鲜血液。最后，优化岗位管理。根据地区常住人口和残疾人数量，合理设置专职委员岗位，建立考核、监督、管理制度，保证基层残疾人工作的规范性、稳定性。

**附录**

**表1 中国残疾人视力残疾实用评定标准**

| 类别 | 级别 | 最佳矫正视力 | 备注 |
| --- | --- | --- | --- |
| 盲 | 一级 | 无光感至0.02；或视野半径<5度 | 1.盲或低视力均是就双眼而言，若双眼视力不同，则以视力较好的一眼为准。如仅有单眼为盲或低视力，而另一眼的视力达到或优于0.3，则不属于视力残疾范畴<br>2.最佳矫正视力是指以适当镜片矫正所能达到的最好视力，或针孔视力<br>3.以注视点为中心，视野半径<10度者，不论其视力如何均属于盲 |
| 盲 | 二级 | 无光感至0.02；或视野半径<5度 | ^ |
| 低视力 | 三级 | 0.05至0.1 | ^ |
| 低视力 | 四级 | 0.1至0.3 | ^ |

**表2 中国残疾人听力残疾实用评定标准**

| 级别 | 分级标准 |
| --- | --- |
| 一级 | 听觉系统的结构和功能方面极重度损伤，较好耳平均听力损失≥91 dB HL，在无助听设备帮助下，不能依靠听觉进行言语交流，在理解和交流等活动上极度受限，在参与社会生活方面存在极严重障碍 |
| 二级 | 听觉系统的结构和功能重度损伤，较好耳平均听力损失在81~90dB HL之间，在无助听设备帮助下，在理解和交流等活动上重度受限，在参与社会生活方面存在严重障碍 |

续表

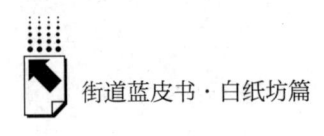

| 级别 | 分级标准 |
|---|---|
| 三级 | 听觉系统的结构和功能中重度损伤,较好耳平均听力损失在60~80 dB HL之间,在无助听设备帮助下,在理解和交流等活动上中度受限,在参与社会生活方面存在中度障碍 |
| 四级 | 听觉系统的结构和功能中度损伤,较好耳平均听力损失在41~60 dB HL之间,在无助听设备帮助下,在理解和交流等活动上轻度受限,在参与社会生活方面存在轻度障碍 |

表3 中国残疾人语言残疾实用评定标准

| 级别 | 分级标准 | 备注 |
|---|---|---|
| 一级 | 无任何言语功能或语音清晰度≤10%,言语表达能力等级测试未达到一级测试水平,不能进行任何言语交流 | 言语残疾包括:失语、运动性构音障碍、器官结构异常所致的构音障碍、发声障碍(嗓音障碍)、儿童言语发育迟滞、听力障碍所致的语言障碍、口吃 |
| 二级 | 具有一定的发声及言语能力。语音清晰度在11%~25%之间,言语表达能力等级测试未达到二级测试水平 | |
| 三级 | 可以进行部分言语交流。语音清晰度在26%~45%之间,言语表达能力等级测试未达到三级测试水平 | |
| 四级 | 能进行简单会话,但用较长或长篇表达困难。语音清晰度在46%~65%之间,言语表达能力等级测试未达到四级测试水平 | |

表4 中国残疾人肢体残疾实用评定标准

| 级别 | 分级标准 | 备注 |
|---|---|---|
| 一级 | 不能独立实现日常生活活动 | 肢体残疾包括:1.上肢或下肢因伤、病或发育异常所致的缺失、畸形或功能障碍;2.脊柱因伤、病或发育异常所致的畸形或功能障碍;3.中枢、周围神经因伤、病或发育异常造成躯干或四肢的功能障碍 |
| 二级 | 基本不能独立实现日常生活活动 | |
| 三级 | 能部分独立实现日常生活活动 | |
| 四级 | 基本上能独立实现日常生活活动 | |

表5 中国残疾人智力残疾实用评定标准

| 级别\分级标准 | 发展商(DQ) 0~6岁 | 智商(IQ) 7岁及以上 | 适应性行为(AB) | WHO-DAS Ⅱ 分值18岁以上 | 备注 |
|---|---|---|---|---|---|
| 一级 | ≤25 | <20 | 极重度 | ≥116分 | 《世界卫生组织残疾评定量表Ⅱ》(WHO-DASⅡ) |
| 二级 | 26~39 | 20~34 | 重度 | 106~115分 | |
| 三级 | 40~54 | 35~49 | 中度 | 96~105分 | |
| 四级 | 55~75 | 50~69 | 轻度 | 52~95分 | |

表6  中国残疾人精神残疾实用评定标准

| 级别 | 分级标准 |
|---|---|
| 一级 | WHO-DASⅡ≥116分,适应行为严重障碍;生活完全不能自理,忽视自己的生理、心理的基本要求。不与人交往,无法从事工作,不能学习新事物。需要环境提供全面、广泛的支持,生活长期、全部需他人监护 |
| 二级 | WHO-DASⅡ值在106~115分,适应行为重度障碍;生活大部分不能处理,基本不与人交往,只与照顾者简单交往,能理解照顾者的简单指令,有一定的学习能力。监护下能从事简单劳动。能表达自己的基本需求,偶尔被动参与社交活动;需要环境提供广泛的支持,大部分生活仍需他人照料 |
| 三级 | WHO-DASⅡ值在96~105分,适应行为中度障碍;生活上不能完全自理,可以与人进行简单交流,能表达自己的情感。能独立从事简单劳动,能学习新事物,但学习能力明显比一般人差。被动参与社交活动,偶尔能主动参与社交活动;需要环境提供部分的支持,即所需要的支持服务是经常性的、短时间的需求,部分生活需由他人照料 |
| 四级 | WHO-DASⅡ值在52~95分,适应行为轻度障碍;生活上基本自理,但自理能力比一般人差,有时忽略个人卫生。能与人交往,能表达自己的情感,体会他人情感的能力较差,能从事一般的工作,学习新事物的能力比一般人稍差;偶尔需要环境提供支持,一般情况下生活不需要由他人照料 |

资料来源：根据互联网公开资料整理。

## 参考文献

石凌超：《关于白纸坊街道残疾人社会保障工作的思考》，2014。
《残联2014年工作总结和2015年工作计划》，白纸坊街道办事处，2014。
《残联2015年工作总结和2016年工作计划》，白纸坊街道办事处，2015。
《残联2016年工作总结和2017年工作计划》，白纸坊街道办事处，2016。
乔尚奎、孙慧峰、李坤：《加快构建我国残疾人康复服务体系的建议》，《残疾人研究》2016年第1期。

# B.9
# 白纸坊街道推进街巷环境整治的调研报告

**摘　要：** 街巷作为城市内部的毛细血管、百姓之路，细微处反映着城市治理能力和水平，展示着城市的形象和气质。加强街巷环境治理是城市管理和服务品质的重要内容，是城市长效管理的薄弱环节和难点，做好精品街巷建设能够体现城市文化内涵和精致气息。在推进首都功能核心区疏解整治促提升和背街小巷整治的形势下，白纸坊街道围绕街巷环境整治工作，把改善辖区人居环境、创造和谐宜居生活环境作为重点民生工程，注重建设居民满意、品质高雅、功能多样的精品街巷，结合区域内街巷胡同现状和特点，因地制宜对街巷胡同存在的问题进行整治提升，并通过实施常态化管理和整治，探索适合街道实际情况的工作机制，实现地区环境治理的有序推进，有效地提升了城市环境品质。

**关键词：** 白纸坊街道　街巷　环境整治　精细化管理

## 一　街巷治理是城市管理的重要组成部分

### （一）街巷环境整治是展现首都城市品质的重要手段

街巷，俗称"背街小巷"，即城市主干道后面的小街巷，是通向以居民区为主的小街道、胡同等，是社区居民生活的大舞台、大空间。街巷治理直接关系着群众生活和人居环境，代表着城市精细化管理水平和城市发展品质，体现着首都城市形象。为此，必须坚持以习近平总书记视察北京重要讲话精神为根本遵循，既管好主干道、大街区，又治理好每个社区、每条小街小巷小胡同，不断提升区域品质，治理好街巷，推进国际一流和谐宜居之都建设。

### （二）街巷环境整治是推进城市街区治理的重要内容

通过精致规划、精心建设、精细管理、精准服务，健全和完善城市治理体系，提高精细化治理水平，把搞好背街小巷整治与推进疏解整治促提升专项行动紧密结合起来，与深化文明城区创建紧密结合起来，促进城市规划、建设、管理水平全面提升。推进街巷科学治理、街区空间优化、设施合理配置，持续加强精治、共治、法治和体制机制创新。坚持以街区为单元系统推进实施整理，注重提升与整治的紧密协调、精雕细琢、精益求精，改善环境、提升服务，实现街区环境面貌的整体提升。

### （三）街巷环境整治是事关居民切身利益的重要事实

街巷是百姓之路，街巷整治是贴近群众、服务居民、关系人民群众切身利益的民生实事。街巷环境整治既体现城市管理者的绣花功夫，又体现以人为本的执政理念。树立以人民为中心的发展思想，以居民群众最关心的问题为导向，坚持首善标准，落实好街巷长制，进一步完善各项配套机制和措施，建立长效管理机制，建设"十有十无"文明街巷，促进街巷环境整治提升。畅通街巷"微循环"，促进城市的"毛细血管"有机串联，让街巷胡同成为有绿茵处、有鸟鸣声、有老北京味儿的清净、舒适的公共空间，更好地增加市民生活的舒适度与幸福感。

## 二 白纸坊街道多措并举推动地区街巷环境整治工作

### （一）白纸坊街道街巷基本情况

白纸坊街道辖区面积3.1平方公里，共有12条大街、53条背街小巷。为落实北京市、西城区对背街小巷环境整治行动的部署，2017年4月13

日，白纸坊街道召开背街小巷环境整治提升启动大会，辖区每条街巷都有了街巷长。街巷长直接落实点对点，负责范围精细，"一人一街"，由街道处级领导、科室相关负责人担任。街巷长有针对性地发现解决居民身边的街巷环境问题，就存在的问题，定期召开街巷理事会进行决策、协调并监督整改。在日常工作中，街巷长定期进行街（巷）常态化巡查，督促落实"门前三包"责任制，教育、劝导街巷人员爱护环境，制止、举报违法行为。65条街巷通过定期召开会议，提出每个楼门以及街巷的具体问题，反馈到社区，经共同商议做出决定和处理意见。遇到重大问题，则由街巷长协调处理。

据调研，白纸坊街道的街巷主要存在以下问题。

1. 基础设施薄弱

由于以往城市建设多注重城市道路中的主干道与次干道的建设、管理和维护，对支路与街巷的整治缺乏系统全面的规划，许多街巷因修建时间长，建设与维护资金投入不足，墙体路面残破，多年来的老面孔依旧，有的甚至每况愈下，给百姓出行带来不便。

2. 规划标准低

街巷道路整治标准低，缺少专业设计，没有同步解决下水道、路灯、架空线、水电气热管线更新等问题，污水、雨水管网改造慢，垃圾收集点缺乏监管，环境卫生管理有死角，建设质量低劣。

3. 交通状况差

由于交通设施破损，车辆、共享单车停放杂乱，大件垃圾、违章建筑占用了原本宽阔的街道，车流、人流交错，街巷内交通拥挤、停车困难，时常堵得水泄不通。

4. 安全存隐患

有些街巷周边部分居民楼是20世纪50年代修建的，开墙打洞对楼体结构产生巨大影响，有的商户私自悬挂、加装广告牌匾，影响环境质量的同时，形成了一定安全隐患。

5. 空间环境差

一些店铺由于空间狭小，就将"车间"搬到室外，占据行人通道作业、经营，导致堆物堆料、噪声污染。而且商贩不能够履行责任，私自采取店外经营，占用公共空间，菜叶随地乱扔、海鲜摊污水横流、早点铺油烟污染，影响了地区环境市容和居民生活、出行安全。

### （二）街巷整治的主要做法

白纸坊街道针对街巷中存在的实际问题，以街巷环境整治和服务百姓为目标，以规划先行、综合整治、长效管理为原则，加强街巷整治，提高城市环境品质。

1. 党建引领，完善机制

为加强城市基层党建，强化党组织对基层治理工作的领导，更好地发挥基层党组织战斗堡垒作用和广大党员的先锋模范作用，充分发挥党组织在背街小巷环境整治提升行动中的引领作用，白纸坊街道以18个社区为单位组建了街巷治理临时党支部。临时党支部紧紧围绕背街小巷环境整治提升中心工作，健全完善工作机制，落实宣传动员机制、民意征求机制、问题会商机制、工作联动机制、巩固提升机制，逐步形成政策有人讲、反映问题有人听、解决问题有人管、后续问题有人盯的工作模式，做实做细背街小巷环境治理提升工作。右安后巷曾存在"开墙打洞"、违法建设、街头摊贩聚集、交通拥堵等问题，为解决右安后巷的环境难题，临时党支部多次开会研究，采取"化零为整"的工作思路，划定原天陶市场周边、右安后巷等五条胡同组成的重点区域，从整体上改善环境秩序。

2. 健全组织，促进自治

街道制订背街小巷整治提升实施方案和具体实施细则，明确街巷长、理事会的责任与分工。组织辖区单位代表、人大代表、政协委员、居民代表等组成理事会，共同促进街巷自治，提升环境水平。制订《社区公约》，制作街巷胡同管理公示牌，公示街巷长的姓名、电话和相关信息，并公示街道治理标准和拟达标时间，《街巷责任公示牌》、《十有十无一创建》（见表1）、《社区居民文明公约》等全部上墙，接受居民的监督。

表1　街巷"十有十无一创建"目标

| "十有"标准 | "十无"标准 | "一创建"标准 |
|---|---|---|
| 有政府代表(街长、巷长) | 无乱停车 | 开展文明街巷创建 |
| 有自治共建理事会 | 无违章建筑(私搭乱建) | 做到五个好 |
| 有物业管理单位 | 无"开墙打洞" | 公共环境好 |
| 有社会志愿服务团队 | 无违规出租 | 社会秩序好 |
| 有街区治理导则和实施方案 | 无违规经营 | 道德风沿好 |
| 有居民公约 | 无凌乱架空线 | 同创共建好 |
| 有责任公示牌 | 无堆物堆料 | 宣传氛围好 |
| 有配套设施 | 无道路破损 | |
| 有绿植景观 | 无乱贴乱挂 | |
| 有文化内涵 | 无非法小广告 | |

3. 联合执法，合力整治

街巷环境整治是系统工程，白纸坊街道整合地区管理和执法资源，组织公安、城管、工商、食药、消防、卫生监督、动监所等执法力量150余人，对右安后巷内、原天陶市场周边涉及违法建设和擅自"开墙打洞"的25家商户开展联合执法行动。通过拆除违法建设、封堵门洞、恢复楼体立面，消除安全隐患，治理环境乱象，加强"背街小巷"整治工作。联合执法行动共拆除违法建设13处共300余平方米，封堵门洞12个，恢复了楼体原貌，改善了市容环境。"综合性战役"最大的"战果"就是能够改善居民生活环境，违建拆除完毕后，右内后巷至少能腾出3米宽的路面，方便车辆通行，缓解了周边长期交通拥堵问题，还居民敞亮、整洁的胡同，不但环境得到改善，被禁锢20多年的大树也得以再见阳光、重获自由。

4. 动员参与，共建共治

为了解决街巷环境问题，街巷长和社区主动作为，倡导"大众参与"。里仁街社区针对监狱西墙外胡同环境治理，建立"里仁美巷志愿队"，由街巷长、理事长、辖区单位代表及党员代表、居民代表共同组成。一是统一服装。社区统一配发专用工具及服装。带有里仁街LOGO和"美巷志愿者"字样的蓝T恤成了里仁街社区一道亮丽的风景线。二是制订规则。首先是定点，志愿队约定每月召开理事会，讨论街巷存在的问题，并制订下一步计划。其次是定时，志愿队约定每周三为街巷集中治理日，开展专项整治活动。最后是定岗位，志愿队设立志愿岗位，安排志愿者开展日常维护及巡视，发现问题及时上报。三是扎实行动。联系城管小分队清运垃圾，携手辖区单位人员疏导车辆停放，保持路面卫生，居民志愿者们的身影遍布胡同每个角落。

5. 明确分工，落实责任

街道通过"一街一档，挂图作战"方式实行街道处级和科级干部分片包干，全面树立责任区域街巷的基础数据和环境问题，建立基础台账，形成街巷档案资料，摸细摸清情况问题。本着先易后难原则，"挂图作战"，分批次削减问题存量。同时，街道结合全国文明城区迎检工作，按照街道"两包两下"工作安排，机关干部全部到对接的18个社区，结合社区院落、街巷和胡同实际情况明确每个重点点位的人员，按照网格化管理，分工明确，责任到人。53名街巷长每天深入街巷进行巡查，组织街巷理事会成员积极开展志愿服务活动，对街巷、院落卫生死角进行及时清理，清运大件垃圾、利用海报美化墙面破损处、摆放共享单车等，对履行城市管理责任"门前三包"的单位、商户不定期复查，确保街巷干净整洁。

6. 快速处置，强化考核

由城管科、全响应、城管执法队、环境应急小分队、社区卫生巡查队、网格监督队构建的环境问题快速处置体系已经建立。特别是以"快速应急、服务为民"为宗旨的环境应急小分队，将巡查范围进一步向背街小巷和失管小区扩展，致力于解决城市管理中群众身边的"最后一件小事"，已成为白纸坊地区环境整治工作的一支重要力量。同时，主管领导牵头，城管科具体实施，从严从实推进科站队所月考核工作。编制《白纸坊街道城市管理联合执法工作手册》，明确考核评价标准和细则，组织针对执法单位的月度考核10次，并制定了环卫、绿化、环境应急小分队及网格监督队的管理办法，奖勤罚懒，形成了"自评、互评、日常检查"相结合、"日检查、周通报、月考评"的考核评价体系和管理制度。

## （三）街巷环境治理的主要成效

1. "组合拳"治理促进了街巷环境改观

白纸坊街道在背街小巷的整治提升工作中，形成了志愿者参与、辖区单位支持、街巷长履职、街道科室给力、街巷自治理事会负责的机制，多方联动，加大街巷整治力度。其中，城管科干部、各科站队所执法力量全部下沉到网格，实行实名制管理，分片包干，责任到人。街巷长、街巷理事会等成了重要推手，走访居民，摸底数建台账，联合多部门和居民代表开碰头会，整治工作不断推进；志愿队切实行动，联合城管小分队、携手辖区单位人员，让街巷越变越美，促进了坊间环境整治提升。被"开墙打洞"的民居恢复原貌，胡同里的私搭乱建被拆除，被无序占用的道路畅通了，油烟和噪音污染消失了，擅自改变建筑结构和规划设计用途的建筑被清理，无证照、超规范的小门脸儿被清除。这样有力、细致、精准的治理"组合拳"，瞄准了城市环境乱象，也给普通市民生活环境带来了大的改观。

2. "四字诀"提升了街巷治理效率

白纸坊街道在环境整治工作中，注重利用"四字诀"，提升街巷环境整治效率，使城市的"里子"井然有序且独具韵味。一是组织发动"快"。主管领导多次组织召开部署攻坚会，整治办快速拿出实施方案和应急保障方案，成立巡查组、宣传组、拆除组并立即投入排查拆除工作。二是宣传引导"细"。对涉及违建商户分片包干，责任到人，整治办利用休息时间加大入户约谈工作力度，并注重舆论宣传造势，营造氛围。三是排查梳理"准"。在背街小巷开展违建巡查工作，街巷长、巡查队、城管执法队对胡同内违法建筑全面核查、分类处置，为拆违奠基础。四是合力拆违"稳"。联合公安、城管、工商、食药、消防、卫监、动监等多部门做好拆除应急保障工作，扎实做好风险评估和矛盾调解，最后将胡同内违法建设依法顺利拆除。

3. "微环境"精细化管理提升了街巷品质

老城区里可利用的空间有限，更多的小巷因地制宜，以拆还绿，庭院花园新增了，绿化面积增加了。依托前期拆违腾出的空间，听取居民意见建议，除增绿工程外，右内西街还将东侧近300平方米的违建变成小花园，建设为"微公园"。除了进行植绿，还包含路面铺装，廊架安装，景观建设，栏杆安装等，用自然的缤纷扮靓背街小巷。此外，白纸坊西街、樱桃三条共增绿500平方米。街道还通过翻修路面、绿化补植、填埋树坑、规划停车位、粉刷楼梯楼道、增设便民设施等举措为居民建设更宜居家园。随着背街小巷整治提升行动的开展和治理工作的推进，居民们看到了城市环境的提升。

## 三 加强街巷环境整治工作的对策建议

白纸坊地区背街小巷整治工作全面进行，采取的整治方法随着工程实施的进程不断有新的探索。因此，街巷环境的整治将成为一项持续的建设内容，是营造特色城市空间环境与提升城市居民生活品质的必经之路。

### （一）深化城市管理和街巷整理理念

街道要以落实《北京城市总体规划（2016年—2035年）》为重点，依据《西城区街区整理城市设计导则》和《西城区街区公共空间管理办法》，立足街道实际，做好街区整理设计。按照"抓创建、治顽症、促提升"的总体要求，围绕"深入推进科学治理，全面提升发展品质"的主线，以《西城区街巷胡同整治提升三年行动计划》为指导，实施五绿工程，以实现"十有十无"环境治理为目标，认真落实政府与地区居民定下的"三年之约"，依法严格执行政策，加强持续性的精细化管理，严把标准，整治效果经得起百姓的审查，通过百姓的认可来提高政府公信力。拆除私搭乱建；封堵"开墙打洞"，恢复街巷原貌；治理各类房屋非法出租；全面消除无照游商、占道经营、店外经营；架空线具备入地条件的全部实施入地，不具备入地条件的进行规范梳理；整修或重新铺设破损道路；清除私装地锁；胡同中施划共享单车的停车范围。除了要着力打造硬件，政府还要在软件上下功夫，发挥党员的先锋作用，发挥街巷理事会、"街长"、"巷长"的桥梁和服务作用。持续做好"精品胡同"建设工作，坚持做精、做细、做优、做美，精致建设管理街巷胡同。

### （二）建立街巷整治长效管理机制

为避免集中整治、突出整治后的回潮，要建立和完善长效管理机制，严格落实街长巷长责任制，进一步完善组织、协调、配合机制，明确职能部门职责，发挥社区居委会、楼门院长、驻区单位和居民的能动作用，加强日常巡查督查，做好记录，总结经验，使街巷环境整治工作从应急式、瞬间性治标向长效式、常态性治本转变，推动街巷环境管理规范化、制度化、常态化，建设和谐生态宜居的街区。对街巷环境要疏堵结合管理，加强乱摆乱放摊点整治，按照"总量控制、统一标准、合理规划"的原则，规范设置一批便民服务点，采取定时、定点经营等方式，合理疏导街巷内的蔬菜水果摊点、流动摊点等便民性服务摊点，使一些严重影响市容市貌的行业退出街巷，提升城市环境整体形象。

### （三）引导和动员社会力量参与街巷治理

本着"群众呼声就是命令，群众诉求就是任务，群众满意就是目的"原则，通过"居民议事协商会"、走访调查和居民座谈等形式，倾听居民声音，了解居民需求，广泛调动群众参与，动员社会力量参与，宣传引导居民树立维护辖区环境理念，为美好生活环境献计献策，共治共管。探索实行治理创新奖励办法，有效搭建平台，鼓励社会多元参与，更好地激发社会组织活力和公众参与热情。建立社区、商户参加的自治管理组织，严格门前"三包"责任落实，督促商家文明规范经营。实现物业服务在街巷和老旧小区的全覆盖，督促地区单位和居民履行社会责任。引导社区居民自发成为环境管理员、监督员，加强自我管理，唤起居民家园意识，通过居民参与，保持环境品质提升，打造让群众满意的高品质环境。

### (四)挖掘文化价值创建文明街巷

街巷是百姓的连心路和民生路，街巷环境的整治，能够提升市民居住生活的公共空间，提升市民的获得感。街巷空间的活力中隐含着重大文化价值，街巷文化体现了多元开放的价值观。每一条胡同有自己的故事，每一条街巷有独特的文化底蕴。街巷胡同在提升绿化景观时，要融入特有的文化元素。进行环境的提升，不仅要突出硬件改造，还要提升文化属性，听取设计专家的意见，了解居民的声音，让地域文化更有认同感和归属性。抓好背街小巷环境整治，要立足重民生、树形象，精心组织建设，加强建后管养，开展文明街巷创建，打造文明示范街巷、精品胡同，推进国际一流的和谐宜居之都建设。

### (五)探索应用新技术科学治理街巷

街巷整治提升要积极应用先进技术手段。在对街巷的路面、人行道进行改造提升，改善沿街的排水设施，统一店铺招牌，利用边角地见缝插绿，停车管理、水电气热安全运行等方面进行精心设计和精心组织时，要应用新技术手段和先进城市装备，用好高清摄像、人脸识别、人流预警、物联网、大数据等新技术，以及传感元件、精确测控等技术手段，加大对院落和胡同内"海绵城市"的探索应用，逐步整合交通、市容等监控网络资源，形成资源共享、功能完善的街巷治理公共信息平台，推进城市地下管网安全运行实时监测，确保街巷的科学应急管理和持续的常态管理。

### (六)加大舆论宣传和考核力度

把背街小巷整治工作作为提升城市品质的重中之重来抓，加大力度通过传统媒体和多样化的新媒体宣传街巷整治的必要性与重要性，宣传整治过程中涌现出的好人好事和感人事迹，宣传街巷整治改造后呈现的新景观、新面貌，积极营造精品城市共建、美好生活共享的良好氛围，确保圆满完成整治任务。同时，积极开展市民群众评议评比活动，广泛听取和吸纳广大市民对

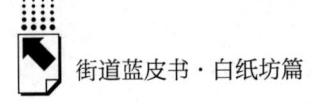

背街小巷整治工作的意见和建议，调动街道各部门各社区的创造性，鼓励市民群众积极参与。对街巷环境综合整治工作突出的街巷网格及时给予通报表彰，促进社会各界认可、关注和支持背街小巷综合整治工作。

**参考文献**

鲍聪颖、张海涛：《北京：西城出台三年行动计划全面整治提升背街小巷》，东方网，http：//news.eastday.com/eastday/13news/auto/news/china/20170405/u7ai6664871.html，2017年4月5日。

崔红、曹蕾、张海涛：《西城区1430条背街小巷设街长巷长》，《北京晨报》2017年4月6日。

曹蕾、曾鼐：《创新精细化城市管理北京核心区推出"街巷长"》，中国新闻网，http：//www.chinanews.com/sh/2017/04-05/8191761.shtml，2017年4月5日。

徐飞鹏：《集中开展背街小巷整治提升专项行动》，《北京日报》2017年3月28日。

# B.10
# 疏解非首都功能背景下白纸坊地区流动人口服务与管理的调研报告

**摘　要：** 随着城市化的发展和社会结构的变迁，越来越多的人向大城市涌入，从"单位人"逐渐转变为"流动人"。面对不断增长的流动人口，北京市的基本公共服务、城市管理、生态环境、各类资源等逐渐达到承受的临界点。党的十八大以来，以习近平总书记为核心的党中央对北京进行了重新定位，有序疏解北京非首都功能、控制人口规模成为新时期的重要任务。如何在疏非控人背景下做好流动人口服务和管理工作，成为摆在北京市各级政府面前的一项重要任务。本报告在对白纸坊街道流动人口管理模式调查的基础上，总结当前白纸坊街道加强流动人口治理工作中的主要做法，梳理对流动人口进行服务和管理中面临的问题，并有针对性地提出相关建议，以期为新阶段加强流动人口服务和管理工作提供参考。

**关键词：** 白纸坊街道　流动人口　公共服务　城市管理

## 一　新时期加强流动人口治理的重要性和必要性

### （一）流动人口综合治理是关系到城市发展和提升的重要课题

随着城市化的发展和社会结构的变迁，越来越多的人向大城市涌入，从"单位人"逐渐转变为"流动人"，有相当一部分流动人口成为城市户籍人口之外常住人口的重要组成部分。在当前户籍制度和公共服务捆绑紧密的制度体系下，这些流动人口给城市基础配套设施建设、基本公共服务、环境、资源等均带来了一定的压力和挑战，影响了城市的健康可持续发展。同时，流动人口综合治理作为社会治理创新的重要内容之一，长期困扰着政府和相关部门。目前，尽管流动人口治理的相关政策和机制在不断完善，但是由于多方面原因，流动人口问题仍然凸显，主要体现在政策法规、体制机制和流动人口管理与服务内容三个方面。在政策法规方面，公共服务政策多与户籍挂钩，使流动人口很难享受到基本公共服务；在体制机制方面，流动人口管理机制不健全，流动人口调查还需要"四处找人"，仍处于被动阶段，而且相关部门没有实现信息共享，管理机构统筹协调性也比较差，难以与公共服务部门进行协调；在流动人口管理与服务内容方面，目前还没有实现基本公共服务均等化，尤其是在住房保障、子女教育、就业服务、社会救助、养老、医疗等方面，流动人口公共服务供需不平衡，矛盾突出。

北京作为首都经济圈的核心，人口发展的相关问题和调控政策效果备受关注。改革开放以来，北京市流动人口数量增加迅猛，使"城市病"日益凸显，给城市的发展和运行带来了严峻的考验。总体来看，北京市流动人口治理经历了从开放到管控再到融合的过程。具体来说，初期侧重限制和控制；中期侧重管理为主，并辅以必要服务；后期强调管理与服务并重；新时期以服务为主，寓管理于服务之中。但是不同时期北京市流动人口治理的政策和制度在推行中都会出现一定的弊端和局限性，北京人口调控似乎陷入"越调人越多""越调越不均"的怪圈。

"十三五"期间，如何解决好由人口引发的相关问题，是北京市面临的重要课题。2015年，中共中央政治局审议通过了《京津冀协同发展规划纲要》（以下简称《纲要》），把推动京津冀协同发展作为重大国家战略之一，核心任务是有序疏解北京非首都功能。为此，《纲要》提出要严控增量、疏解存量、疏堵结合调控北京市人口规模，为北京市人口管理调控、区域有序转移和合理分布政策与研究提供了遵循。在此基础上，北京市提出通过"控"与"疏"双管齐下，严格控制新增人口，2020年人口控制在2300万以内，中心城区力争疏解15%的人口。人口作为一切发展核心要素，是协同发展的重中之重，应该放在宏观和基层层面考量。作为基层层面，街道如何做好辖区内流动人口工作，为实现北京非首都功能疏解贡献力量，需要街道提出有针对性的措施。为此，在调研的基础上，调查组针对白纸坊街道在流动人口管理与服务方面存在的困境提出了相应的解决措施。

## （二）北京加强流动人口服务与管理的重要意义

1. 有助于推动城市可持续发展

流动人口问题是每个城市发展过程中都会面临的一个问题，可以说它不仅是城市的"负担"，还是城市的"财富"。大量流动人口来到北京后为城市建设和经济发展提供了劳动力和人才支撑。街道作为社会治理的基层，加强流动人口管理可以缓解政府在公共服务和管理方面的压力，而且可以直接接触流动人口，能够更好地了解他们的实际困难和需求，可以为他们提供更有效的服务，满足流动人口的工作和生活需求，提高流动人口的生存质量。

2. 有助于维护社会和谐稳定

流动人口是一种客观存在的现象，会增加城市在医疗、卫生、教育等社会公共资源方面的压力。任由人口的盲目无序流动，会直接影响社会秩序和公共安全，这就需要加强流动人口管理。同时，流动人口户籍不在北京，但是长期在北京就业和生活，成为城市建设的参与者，应该像当地居民一样享有合法权益，要遵循公平对待、一视同仁、相互理解、相互尊重的原则，消除对流动人口的歧视，促使流动人口享有与本地居民同等的权利和义务。这就需要加强流动人口服务和管理，让流动人口同城市居民共享社会建设成果，这对深化和谐社区建设、创新社会服务管理、维护社会公平正义、推进改革发展稳定局面、构建和谐社会具有极其重要的意义。

3. 有助于促进流动人口的社会融合

一般情况下，流动人口文化程度偏低、缺乏专业技能，从事相对低水平的工作，工作环境相对较差，不仅缺乏社会保障，还经常受到不法侵害，在社会保护体系中与本地户籍人口有较大的差距。流动人口也是社会人，他们同样需要被认同、被接纳，当这种需求得不到满足时，有序引导、合理控制区域流动人口规模，就显得十分必要。因此，需要加强流动人口服务和管理，促使人们正视流动人口与本地居民之间在思想认识、生活方式、行为习惯等方面的差异，促进城市居民与流动人口互相尊重、互相帮助，推动包容式融入，实现包容式发展。

## 二 白纸坊街道流动人口现状和管理模式

### （一）白纸坊街道流动人口的基本特征

流动人口的数量、性别、年龄结构等特征在一定程度上决定了流动人口的基本需求取向。依据白纸坊街道流动人口服务管理办公室（简称流管办）2017年针对地区流动人口动态监测提供的数据，当前，白纸坊地区流动人口数量呈下降趋势，流动人口主要特征如下。

第一，流动人口的主体是农村户籍流动人口，性别比例较为均衡。数据显示，2017年白纸坊地区流动人口总数12578人，其中男性6288人，约占流动人口总数的50%；女性6290人，约占流动人口总数的50%（见图1）。

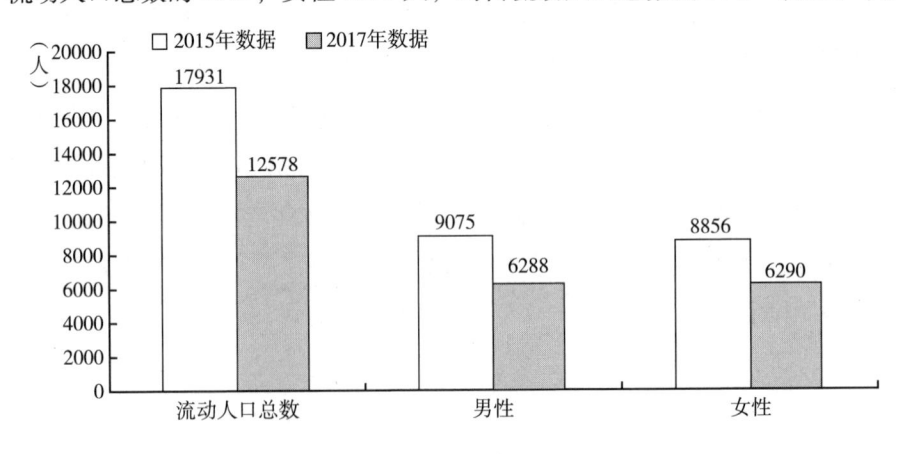

**图1 白纸坊流动人口**

资料来源：根据白纸坊街道办事处提供数据整理。

第二，从年龄分布来看，流动人口年龄跨度较大，以青壮年为主。2017年白纸坊地区流动人口中，6 岁以下的有 9 人，占流动人口总数的 0.07%；7~18 岁的有 459 人，占流动人口总数的 3.65%；19~35 岁的有 6080 人，占流动人口总数的 48.34%；36~60 岁的有 5125 人，占流动人口总数的 40.74%；60 岁以上的有 905 人，占流动人口总数的 7.20%（见图2）。

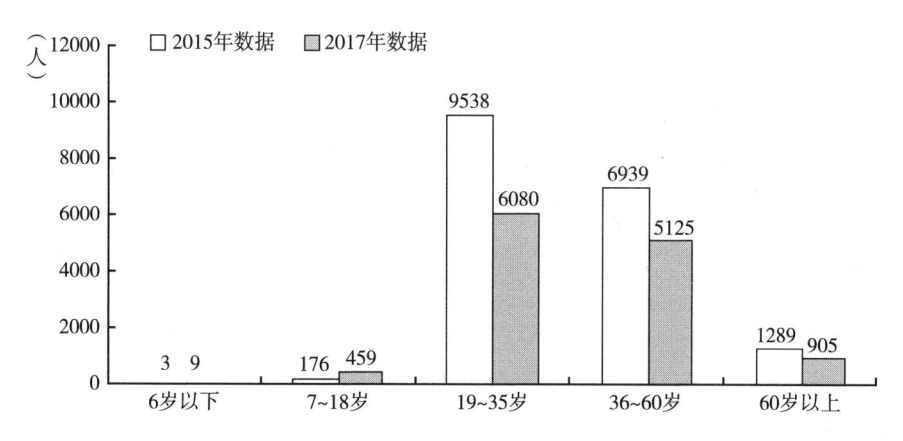

图 2　白纸坊流动人口年龄分布情况

资料来源：根据白纸坊街道办事处提供数据整理。

第三，流动人口整体素质不断提高。从流动人口受教育水平来看，初中文化程度的有 4717 人，占流动人口总数的 37.50%；高中文化程度的有 4019 人，占流动人口总数的 31.95%；大学专科和本科学历的有 2931 人，占流动人口总数的 23.30%；研究生学历的有 225 人，占流动人口总数的 1.79%。另有小学以下文化程度和不识字的流动人口 686 人，占流动人口总数的 5.45%（见图3）。

第四，流动人口就业渠道主要集中在服务业。从数据来看，白纸坊街道辖区内流动人口来京从事的行业，以住宿业和餐饮业最多，批发零售业和居民服务、修理以及其他服务业位居其次。另有部分流动人口从事建筑业、文化、体育和娱乐业、房地产业等其他行业。

第五，居住处所不固定。大部分流动人口没有固定住所，83%的流动人口居住在出租房内，居住条件差，存在"哪里方便住哪里、哪里便宜住哪

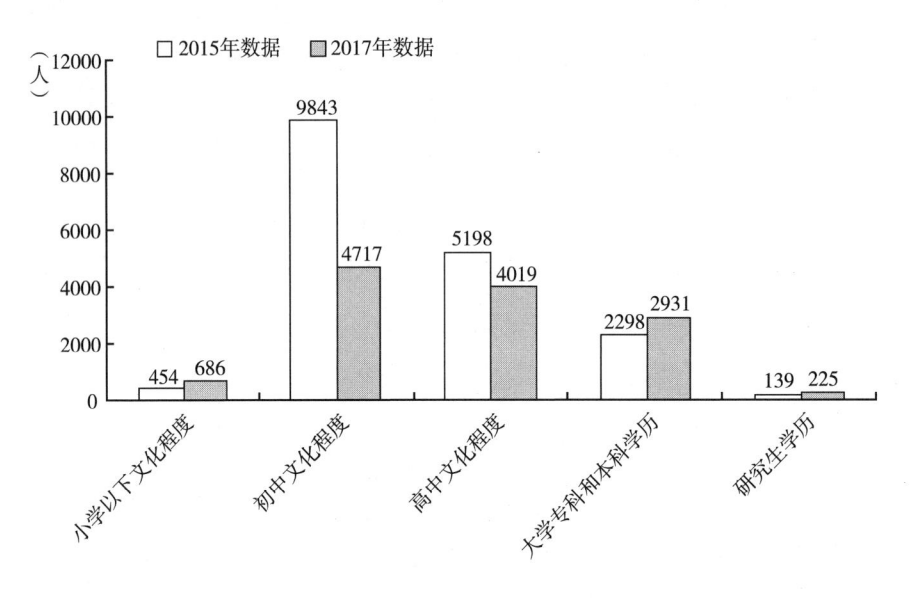

[图表：白纸坊流动人口受教育水平，2015年数据与2017年数据对比]
- 小学以下文化程度：454 / 686
- 初中文化程度：9843 / 4717
- 高中文化程度：5198 / 4019
- 大学专科和本科学历：2298 / 2931
- 研究生学历：139 / 225

**图3　白纸坊流动人口受教育水平**

资料来源：根据白纸坊街道办事处提供数据整理。

里"的频繁更换居所的情况，尤其是光源里社区和崇效寺社区这两个平房户聚集区，流动人口对集中且居住处所不固定，社区很难及时全面地掌握其居住地址，给基层的服务管理工作造成很大困难。

### （二）白纸坊街道流动人口管理和服务模式

流动人口管理和服务是一项复杂的、需要跨部门合作的系统工程，其中不仅涉及流动人口的单向管理问题，也涉及为辖区内流动人口做好服务工作的问题。为此，白纸坊街道成立流管办，以此为依托，保障流动人口信息在相关部门之间的共享，同时在流动人口服务方面，以流管办为窗口，实现资源的汇集。

1. 加强流动人口管理组织建设

白纸坊街道流管办成立于2008年5月，白纸坊街道综治办委托街道社保组织面向社会公开招聘流动人口和出租房屋管理员。街道综治办在对应聘人员逐个政审，集中应聘人员进行相关技能考试及体检后，对应聘人员择优录用，组建了当时白纸坊街道流动人口和出租房屋管理的38人队伍。街道流管办为街道办事处和街道派出所双重管理，人员分配至办公室、派出所及各社区居委会。

2008～2015年在职流管员队伍人数峰值达到41人，经过不断整合，调整后的街道流管员的整体面貌已得到很大改观。2015年在职流管员的平均年龄为42岁，相比组建流管队伍时的平均年龄48岁，更加有活力。而且在职流管员的最低学历，也从初时的初中学历提升至大学专科学历，相比流管员队伍组建之初的在职人员，2015年队伍的整体素质有了明显提升。

2. 推进流动人口公共服务均等化

2012年，为贯彻落实北京市、西城区流管办提出的"民生为本、服务为先、融合为要"新理念，白纸坊街道流管办以"一个人不嫌少，一件事不嫌小"为宗旨，积极探索为流动人口办实事、做好事，更好地引导流动人口有序融入，切实增进流动人口与北京市居民的沟通联系和交往认同的新途径。

白纸坊街道流管办深入社区、学校、施工工地，组织了多次宣传服务活动，在为暂住流动人口解决实际困难的同时，现场宣传相关法规法律，并且以辖区内18个社区阅览室为教育基地，对辖区流动人口展开爱国爱党教育，使这些生活、工作在白纸坊地区的"新居民"更加了解白纸坊、更加热爱白纸坊。

在街道流管办组织的众多宣传服务活动中，还有为流动人口开展的以"送知识、送温暖、送服务"为内容的"三送服务"宣传月活动，发放《致来京流动人口的一封信》等政策宣传折页，发放防火、防盗、防诈骗、防煤气中毒、避免群租、生育政策等知识常识资料，免费提供流动人口图书角，免费开办健康讲座和法律讲座，维护流动人口的合法权益。同时，街道还通过细心询问流动人口生活与经营情况，了解流动人口生存、生活、生育状况，帮助他们解决生产、生活和子女入学、入托等实际困难，提供全方位的关怀和帮助。为辖区流动人口提供同常住人口"均等化服务"，举办流动人口健康体检、孕前优生健康检查、发放避孕药具、流动无业人员"四术"报销等多种形式的活动，促进流动人口融入当地居民生活，为流动人口提供

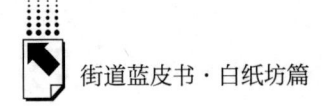

多层次、全方位的市民化服务。

3. 推进流动人口服务管理规范化

推进"以房管人"，以抓出租房屋管理为主，坚持由房屋出租人负责的原则，树立"谁出租谁负责"的安全意识，让房屋出租人在第一线把好关，筑起安全防线，做好租住人员登记。坚持"以业管人"，雇用外来务工人员较多的用工单位一般包括酒店、饭店、娱乐场所等，街道落实以用人单位为主要抓手，强化"谁用人谁负责"的意识，由用人单位做好人员登记，确保流管办能及时掌握用人单位的流动人口情况。

4. 推进流动人口服务管理制度化

建立联合清查制度，协同辖区派出所定期对流动人口开展专项清查活动。建立巡逻制度，在流动人口流动量大、治安案件高发的重点地段和重大节庆日期间，不定期组织工作人员开展治安巡逻活动，掌控社会面动态。建立信息化制度，建立健全流动人口信息台账，对流动人口的情况实时掌握，实现流动人口动态管理，全面掌握辖区流动人口的基本信息，为辖区社会稳定提供了强有力的保障和数据支撑。

## 三 白纸坊街道在加强流动人口治理工作中面临的问题

在流动人口服务与管理工作中，无论是宏观层面还是微观层面，白纸坊街道依然面临着一定的困难与挑战，具体表现在以下几个方面。

### （一）治理理念转变不到位

全面深化改革已进入攻坚期，政府职能在不断转变，对流动人口管理方式的改革也在不断推进，管理理念逐渐从过去的"重管理轻服务"向服务和管理并重转变。但在实际工作中，流动人口治理在一定程度上仍然表现为重管理、轻服务，忽视了对流动人口的服务，没有做到切实保障流动人口的基本权利。目前，我国大部分地区仍然采用以"治安管理"为主的流动人口管理机制，很难做到主动了解流动人口需求，并为他们提供所需服务，这与行政管理体制改革精神不符，影响了流动人口对城市发展的归属感和认同感。作为城市建设发展的需求，创新人才与体力劳动者都是城市建设不可或缺的人力资源，因此，以"堵"为主的人口调控政策必将转变为以疏解为主要手段。

## （二）管理部门协作配合不顺

流动人口服务与管理是一个系统工程，需要多个部门协调合作。但是由于定位不清、职责交叉、沟通协调不畅等原因，没有形成工作合力，使服务成本增加，管理效率不高。从近年来的工作情况来看，流动人口的流入地与流出地之间没有实现有效的对接，信息脱节，给流动人口的管理工作带来了一定的困难。同时，白纸坊街道在流动人口服务专业组织方面，与满足流动人口的实际需求存在一定的差距。

## （三）流动人口管理资源配置不够合理

2008~2015年，白纸坊街道流管办的主要工作，经历了从简单的流动人口人员信息采集和数据统计向档案化、系统化、数据化转变。其基础职能已从之前简单的流动人口和出租房屋基础信息采集、办理流动人口暂住证，逐渐演变成能为流动人口和出租房屋提供多功能管理服务的一个窗口。社区服务站的"从无到有"也进一步体现了基层基础职能和实效。按西城区流动人口管理要求，每个社区的流管站分配3人，目前只能达到1~2人。各流管站的工作人员，每个人需要承担一个社区的流动人员数据采集工作，其工作量大、工作时间紧，特别是在一些高档小区，入户调查难更是限制了流动人口工作的调查效率。人力资源的限制进而影响到流动人口调查数据更新的及时性和可靠性。

## （四）公共服务保障机制不健全

由于现行的政策和体制机制等原因，流动人口户籍所在地与北京市的公共服务保障机制不同，不能实现有效衔接。加之一些流动人口只看重眼前利益，而企业又想降低用人成本，没有为他们缴纳社会保险，导致他们中的很

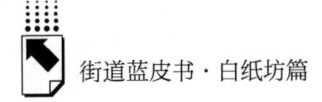

多人既脱离了户籍所在地的社保，又没有被纳入北京市的保障体系，辖区内流动人口的社会保障覆盖率不高，很多流动人口并没有享受到基本的公共服务。

## 四 流动人口服务与管理的路径选择

脱离传统的流动人口管理政策的路径依赖，实现社会治理创新是白纸坊街道治理改革重要的政策目标。与传统的政府单向管理模式不同，新的流动人口服务与管理的路径更加突出治理的特点，即多元主体参与和互动，对新流入的流动人口采取合理疏导，对存量流动人口采取社会融合的措施，从而真正实现流动人口的合理布局。

### （一）提升流动人口社会融合度

社会融合不仅可以减少流动人口给城市带来的社会治安、环境承载等方面的问题，同时可以为城市发展带来持续的人力资源，满足城市未来发展需求。

一是构建促进流动人口实现社会融合的平台。在推进城镇化和现代化进程中，增强流动人口的融合能力，推进基本公共服务均等化十分必要。就业难、工资待遇低、住房难、子女上学难、看病难、看病贵等问题是流动人口实现社会融合面临的普遍问题，尤其是农民工实现社会融合更加困难。这些因素既影响他们在城市中的生活和发展，又会降低他们的自信心，从而影响流动人口与当地居民的正常交往，令他们缺乏安全感和归属感，也影响他们对流入地的评价和认同。因此，流入地的政府、相关部门以及用人单位要为流动人口提供基本的公共服务，如就业信息和就业培训等可以免费或者低偿提供给他们，廉租房、基本医疗保障、法律援助等也应该纳入流动人口服务体系，帮助他们切实解决工作和生活中遇到的困难。

二是关注流动人口的心理健康。在城市生活的流动人口由于所处的生活环境和社会地位等因素，他们中的很多人不仅面临经济压力，还会存在生活满意度低、焦虑、忧郁等心理问题。因此，政府、用人单位及社会不仅要满足流动人口的基本生活需求，还要维护他们的自尊心和尊严，关注他们的心理情况和精神文化生活。采取积极措施吸引更多的流动人口参与社区的文体活动，多与他们进行沟通交流，提供心理辅导和心理干预服务，防止偏激心理和行为的出现。

三是实现流动人口的社区化管理。可以建立社区社会组织，以辖区流动人口为主要成员，并针对流动人口提供服务，从而实现流动人口的自我服务和管理。另外，还可以在流动人口中选择比较热心公益、有威信的人员作为居民代表，参与社区治理和社区建设，并通过这些居民代表反映流动人口的合理诉求，以这样的方式促进基层政府、社区与流动人口之间的有效沟通，进而提高社区管理和服务的针对性，增强管理和服务的效果。

### （二）加强流动人口管理的基层基础建设

在基层工作中要做到真抓实干，切实解决基层基础工作中的重大问题，在资源配置、技术支持、经费保障等方面做好统筹协调，贯彻落实好流动人口服务和管理工作各项措施。

在基础工作方面，可以建立流动人口管理服务机构，将民政、工商、计生、综治、派出所、司法等部门纳入其中，实现各部门协调工作，形成齐抓共管、共同为流动人口服务的局面。

在基层工作方面，要发挥街道和社区党组织的作用，统筹协调各方面的利益，化解社会矛盾，帮助流动人口解决生活和工作中遇到的困难，为他们排忧解难。另外，还可以将流动人口中的党员吸纳到党组织建设当中，通过党员带动周边群众等方法，激发流动人口参与社区各类活动的积极性，促进流动人口与本地居民的融合。

### （三）强化流动人口管理组织建设和资源投入

流动人口管理员队伍作为日常管理的主要力量，在综治办和派出所的双重领导下开展流动人口数据采集和服务工作。但是，由于投入资源有限，目

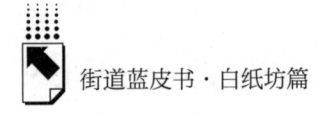

前流管办及下属流管站的工作效率受到限制,特别是在流动人口数据采集方面,数据难以确保及时更新。此外,由于流管员的精力主要集中在流动人口数据采集方面,限制了对流动人口的服务工作,流管办的工作依然为传统的单向管理模式,缺少社会融合内容。因此,应当加强对流管组织建设的资源投入。一方面,增加流管人员数量,确保每个社区增加的每一个流动人口都能够及时得到登记和更新;另一方面,重视流管员培训工作,提高他们的综合素质,提高流管员为流动人口服务的业务水平和意识。

**参考文献**

牛清河:《关于白纸坊地区流动人口服务与管理的思考》,白纸坊街道办事处,2015。

张慧玲:《白纸坊街道流动人口计划生育基本公共服务均等化现状及思考》,白纸坊街道办事处,2015。

汪波:《大都市流动人口管理政策评估与优化——基于北京市的考察》,《行政管理改革》2017年第3期。

胡玉萍:《改进北京流动人口服务管理的建议》,《中国国情国力》2016年第3期。

李阎:《京津冀协同发展背景下协商民主与公民政治参与意识的培育》,《文教资料》2015年第19期。

马冬梅、徐慧蓉:《多中心治理视阈下城市流动人口服务管理路径探析——基于上海、广州、武汉的调查》,《广西民族大学学报》(哲学社会科学版)2016年第2期。

# 案例报告

Case Reports

## B.11 白纸坊街道创建老旧小区"四有"准物业管理模式

摘　要：老旧小区物业管理涉及居民群众的切身利益，是一项重大的民生工程。提高老旧小区物业管理水平对改善城市居民居住条件、提高生活品质，以及对保障社会稳定、促进城市健康发展、增强人民群众对基层政府的认同感都有十分重要的意义。近年来，全国各地政府都在开展老旧小区综合整治工作，采取多种方式推进老旧小区物业管理，但仍存在一些问题。白纸坊街道以创建"四有"小区为目标，积极开展各项工作，通过建立定期联席会议制度、推动居民自治管理、组建业主委员会等方式破解物业管理难题，化解物业管理矛盾，提高老旧小区物业管理水平，改善居民居住环境、提升居民生活品质，让老百姓的生活更加方便舒适，为推进老旧小区物业管理工作提供了借鉴。

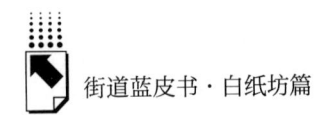

**关键词：** 白纸坊街道　物业管理　老旧小区　综合整治

## 一　从四个方面看推进老旧小区物业管理的必要性

### （一）改善老旧小区日常服务管理的需要

老旧小区建设的年代普遍比较早，而且设计建设的标准低、配套不全、设施设备落后、管理不善、人文环境较差，一些老旧小区由于历史原因存在设施设备严重老化失修，存在安全隐患，且物业管理缺位，环境问题层出不穷，这样的小区环境不仅影响城市的整体面貌，还给居民生活带来不便，由此引发的公共服务和社会心态问题也往往使政府处于被动地位。为了让广大人民群众的生活更加方便舒适，近年来，加强老旧小区物业管理成为政府部门的一项重要工作。2012年，北京市人民政府出台《北京市老旧小区综合整治工作实施意见》，将"1990年（含）以前建成的、建设标准不高、设施设备落后、功能配套不全、没有建立长效管理机制的老旧小区（含单栋住宅楼），1990年以后建成、存在上述问题的老旧小区"纳入综合整治范围，并提出"对综合整治后达到引入社会化物业管理条件的老旧小区，实施社会化的物业管理"的要求。2016年2月出台的《中共中央、国务院关于进一步加强城市规划建设管理工作的若干意见》再次强调"有序推进老旧住宅小区综合整治"，要求加快配套基础设施改造，推进老旧小区物业管理全覆盖。同年11月，北京市人大城市建设环境保护委员会主任委员郭普金在北京市第十四届人民代表大会常务委员会第三十一次会议上表示，要"探索建立老旧小区日常管理维护的长效机制。推动老旧小区完善物业管理……引入物业服务企业参与老旧小区日常服务管理工作。"

### （二）促进民生改善和社会稳定的需要

社区是城市的基本单元，良好的社区建设环境和治理环境，是助推社会运行、确保社会稳定的重要因素。然而老旧小区基础设施较差，给居民日常生活带来了很多不便，如小区道路年久失修，路面低洼不平，影响居民出行；电线老旧，存在安全隐患；私搭乱建，占用公共空间；楼道乱堆杂物，阻塞消防通道；下水管网年久失管失修，马桶堵塞；停车位有限，导致停车难、违章停车现象严重等。这些问题都会给居民生活带来困扰，甚至是纠纷，影响社会的和谐稳定。要想解决这些问题，改善老旧小区生活环境，就需要建立长效管理机制，将老旧小区物业管理工作作为一项重大的民生工程。改善老旧小区生活环境，为其提供良好的物业服务，对改善市民居住条件、提高市民生活品质有着立竿见影的效果，可以化解由居住环境问题引发的各种矛盾，进而促进社会稳定。

### （三）加强城市管理和环境建设的需要

随着城市现代化的发展，大量规划完善、设施先进、配套功能齐全、居住环境优美、管理先进的新建住宅小区如雨后春笋般崛地而起，人们的生活越来越舒适和方便，这些新建住宅小区更是成为城市面貌的重要组成部分。相比之下，老旧小区无论是配套设施、建设水平，还是运行模式和管理方式都比较落后，无法满足人们日益增长的居住需求。而且大多数老旧小区都存在"脏、乱、差"的状况，严重破坏了城市的形象。尤其是住房改革逐步实施之后，老旧住宅小区产权不明、小区维护管理资金逐步枯竭、管理水平降低等问题日益突出，因此需要全面提高老旧小区的管理水平，全面整治改善市容环境，来提高城市整体建设和管理水平，提升城市公共形象。同时，加强老旧小区管理水平，不仅能改善居民居住环境，还有助于完善城市治理模式，提高城市治理能力，进而促进城市的健康发展。

### （四）增强居民对基层政府的认同感的需要

改善生活环境、提高居民生活水平有利于增强广大人民群众对基层政府的认同感，塑造良好的政府形象，密切党和人民群众的关系。老旧小区物业管理关系到居民群众的切身利益。现阶段，老旧小区由于管理缺位、物业缺失，存在治理、管理以及治安等方面的问题，很多问题得不到解决。在此情况下，政府加强推进老旧小区物业管理工作，为居民提供良好的服务、解决实际困难，切实满足百姓的需求，有助于提高政府在广大人民群众心中的地位，提高居民对基层政府的满意度，政府在推进相关工作时也会获得居民的支持和拥护，有利于密切党群干群关系。同时有助于推进政府职能转变，优化居民生活环境，激发更多的群众参与城市治理的积极性。

## 二 白纸坊街道创建"四有"小区推进老旧小区物业管理

白纸坊地区存在的物业管理问题多而杂，可以简单地概括为"四多两杂"。"四多"是指老旧小区数量多、历史遗留问题多、老旧小区基础设施问题多及老旧小区物业公司管理失位多；"两杂"是指辖区老旧小区类型复杂及老旧小区产权单位结构复杂。针对这些问题，白纸坊街道办事处本着"夯实基础，求真务实"的工作原则，按照创建"四有"小区，即"有治安防范、有维护维修、有绿化保洁、有停车管理"的目标，积极开展各项工作，化解物业管理矛盾，破解物业管理难题，建立老旧小区长效管理机制，努力开创物业管理新局面。

### （一）发挥街道指导作用，明确物业管理思路

街道建立定期联席会议制度，为物业服务企业创建了一个沟通交流的平台，并以联席会为桥梁，抓好科室对物业服务企业的指导、监督和协调工作。在会议中，各物业企业可以畅所欲言，充分交流在各项目物业管理工作中遇到的各类问题，相互借鉴物业管理经验，并对共性的问题进行深入探讨，群策群力。坚持"按需求、分类别"推进的思路，探索通过"街道投一点、居民出一点"的方式，引入准物业管理，提升老旧小区物业管理水

平。以"居民自治、试点先行、分类实施"的方针来推动工作开展,结合老旧小区环境改造项目,将具备物业管理条件以及部分需求强烈且具备可操作性的小区进行物业管理资源配置,2016年上半年按不同类别同时推进永乐里10号院、南菜园街1号院及建功东里小区的试点工作。分类型实施物业管理,小区院内环境和垃圾清运由环卫部门代管,楼道内环境及装修垃圾由小区居民自行清理,公共设施维护、绿化及消防安全管理聘请专业物业公司管理,从而实现该小区"四有"管理目标,提升居民幸福指数。

### (二)制订自治管理规约,推动居民自治管理

街道在进行小区改造工作的基础上,按照"建管结合"的思路,在小区内开展了推动居民实现自治性管理的一系列工作。街道将永乐里10号院作为建设试点的居民自治类型小区。在工作开展的过程中,紧密依靠小区第一党支部党员的带领,发动小区各楼门层长、居民代表细致地做居民的思想工作,最终通过两轮挨家挨户的入户宣传,使小区内绝大多数居民感受到政府推动此项工作的决心与诚意,真正理解了小区自治管理的意义,从而接受了自治管理方案,签订了《业主自治规约》,实现了小区的自治管理工作。并将小区《业主自治规约》制作成宣传样板放入小区宣传栏中,督促每一名小区居民自觉遵守。同时,街道办事处积极与小区产权单位进行沟通协调,并多次召开协调会邀请产权单位领导座谈协商,与产权单位签订了房屋无偿使用协议,将小区内的一栋闲置房屋,改造为居民的活动室和小区自管会人员的办公室,管理权为小区自管会所有。并根据居民需求,与产权单位协商解决部分楼门的下水疏通问题;与公联公司协商,争取部分小区外停车位,解决小区居民的机动车辆停放问题。小区自管会由三名居民代表、一名居委会人员及一名街道办事处工作人员组成,进一步加大对小区的监督管理力度,在全区试点项目中率先实现小区准自治化管理。

### (三)启动四类小区试点,推进准物业管理

白纸坊街道在辖区的老旧小区中选取永乐里10号院、建功东里、建功

北里三区、南菜园街1号院、平原里小区共五个小区,在西城区街道系统中第一个启动了老旧小区准物业管理试点改造工作。为了更好地了解居民对物业需求的真实意向,街道在试点小区发放物业管理需求调查问卷2000余份,收集反馈意见,并进行数据分析,数据整理结果直接支持了后续宣传工作。街道稳步推进试点小区业主产权信息核查工作,截至2016年10月,已经通过第三方完成对永乐里10号院和南菜园街1号院改造后项目的评估工作,进一步增强业主对物业管理服务的需求,促进了后续物业管理合同的签订及物业费用的收取工作。

### (四)依法行政监督指导,组建业主委员会

针对有意愿组建业主委员会的小区,白纸坊街道在工作中积极做好指导和监督工作,保证小区的选举工作在公正、公开、公平的环境下进行。依法依规协助社区居委会及小区业主将此项工作顺利推进,让小区形成自治性组织,消除小区中存在的各类矛盾隐患,保证小区居民的和谐幸福。经统计,白纸坊地区此前只有泰然居小区和万博苑小区成立过业委会,街道的物业指导科针对各个小区的不同状况依照相关法律法规对其进行严格的指导监督,并针对万博苑小区业主大会等相关工作进行专题协商研讨,明确万博苑小区业主大会的相关工作方向。同时,多次召开研讨会,对万博苑小区业主大会业主委员会候选人增补报名、小区议事规则、管理规约及候选人资格公示审定、业主大会会议票箱设置及监管流程设定等相关问题进行了研究讨论,为万博苑小区业主大会工作提供了指导意见。

### (五)注重因事施策到位,切实破解物管矛盾

街道按照"注重协调,服务居民"的原则,充分发挥主观能动性,妥善处理物管矛盾。物业管理的工作直接关系到城市的形象和广大居民群众的切身利益,备受领导关注和百姓关心,基于此,街道对居民广泛关注的,如物业设施设备损坏维修、小区停车位出租等焦点问题保持高

度的敏感性，通过细致耐心的宣传解释、尽职尽责地帮助居民解决困难。

### （六）设立帮扶启动基金，保障物业企业运行

为规范辖区物业管理状况，促进老旧小区逐步实现物业管理服务，推动、支持辖区物业企业更多参与老旧小区准物业管理改造工作。街道启动实施《白纸坊街道物业企业帮扶启动基金管理制度》，旨在帮助扶持辖区内管理老旧小区的物业管理企业在管理初期阶段解决启动资金的问题，帮助管理老旧小区的物业企业逐步走向正轨，形成"良性循环"，为辖区内老旧小区实现"四有"管理目标提供有力保障。此外，街道还协助试点小区南菜园街1号院，配合其物业企业中水物业与水利部和北京市消防总队进行协调工作，为其提供促进资金，使物业公司可以更好地改善服务，并与居委会和小区积极分子一起做好小区居民的宣传和舆论引导工作，让更多的居民能够重新签订物业管理合同。

### （七）积极引导应对变革，做好物业管理转型

自国家机关事务管理局发布《关于在京中央和国家机关职工住宅区物业管理和供热采暖改革的意见》后，北京市政府也对市属单位的机关职工住宅区进行了相应的部署，这一政策的颁布将原先由政府机关进行组织和管理的小区推向社会。针对这一情况，街道一方面做好相应物业管理企业的安抚工作，另一方面积极配合相关单位及社区居委会做好物业管理知识的宣传工作，引导小区业主重新与物业公司签订新的合同，建立起法律上的直接联系。

### （八）重新梳理物业台账，解决后续管理问题

白纸坊地区两个棚户区改造项目正式启动后，街道按照改造后的规划，对已有老旧小区进行物业管理项目的重新梳理工作。到2016年底，梳理工作已基本完成，小区数量、物业管理企业信息及联系人员和相关电话都已全部更新，有力地保障了后续管理工作的开展。

## 三 加强老旧小区物业管理助推宜居街区建设

### （一）营造了和谐宜居生活环境

街道通过推动环境整治工程和规范物业管理，优化调整了小区总体布局，对小区绿化景观进行了升级改造，并增加一些便民设施，改变了老旧小区脏乱差的现状，使小区居民身边的环境面貌发生了明显改变，让社区居民拥有舒适、宜居的生活环境，让推进老旧小区物业管理工作成为惠民工程。街道建立和引进物业管理服务后，老旧小区的公共安全、秩序维护、停车管理、设施维护和保修、绿化养护等方面都有人管了，延长了改造治理成果的"保质期"。与此同时，小区居民真正把小区当成自己的家园，自觉遵守《业主自治规约》，摒弃不文明行为，用各自的实际行动维护小区的环境，营造了邻里团结和睦的人文环境。

### （二）规范了老旧小区管理服务

街道根据辖区实际情况，通过引入准物业管理，按照不同类别，分类实施，推进老旧小区物业管理试点工作，制订管理规约、组建小区自管会，建立老旧小区物业企业帮扶基金管理制度等多种措施规范老旧小区的管理和服务，将老旧小区的物业管理水平提升到一个较高层次，保障了小区各类设施正常使用与日常维护，确保了小区的持续安全、和谐、有序、环境整洁，将老旧小区变成一个体现现代社会文明价值的小区。

### （三）推进了社区居民自治管理

街道充分发挥小区自管会在自治管理工作中的重要作用。在进行日常管理的工作中，自管会代表认真履职，细致工作，多次组织小区居民自发开展环境清理工作，同时对违反小区自治规约的不文明现象进行及时劝导，保证了小区的环境整洁；社区居委会人员定期在小区内组织居民开展活动，同时对小区内乱停车、乱堆杂物的问题开展了专项治理，协调公安、消防、市政、城管等部门对小区开展专项清理工作。经过整治，小区恢复了井然有序的状态，进而推动了社区居民自治工作。

### （四）提高了居民认可度满意度

通过建立定期联席会议制度和组建业主委员会、小区自管会，增加社区、物业服务企业、居民之间的联系和交流，可以随时了解居民的意见和需求，并及时解决相应的问题。同时提高了物业服务人员的责任心和服务质量，使群众对物业管理的满意度不断提高。另外，在社区推进老旧小区物业管理工作中，因为有街道、社区的介入，这种不以赢利为目的的物业管理更容易得到居民的认可，加之其为居民提供了满意的服务，提高了物业费的缴费率。

## 四 从白纸坊经验看如何推进老旧小区物业管理工作

### （一）政府牵引是推进老旧小区物业管理工作的关键

由于历史原因，老旧小区一般存在基础设施差、管网老旧、生活环境不好、安全性差、绿地少、机动车位少等问题，维修压力大，维修成本高，因此大部分物业公司不愿意入驻老旧小区。从白纸坊街道的经验可以看出，由政府出面对老旧小区进行改造，可以为引进物业公司打下良好的基础。政府可以在了解居民合理诉求的前提下，明确老旧小区改造工作定位，全面统筹，推进老旧小区综合整治改造，修复完善基础设施和功能，提升居住品质，为物业公司入驻管理提供良好的物质基础和环境。

### （二）居民参与是推进老旧小区物业管理工作的基石

推进老旧小区改造和管理离不开广大人民群众的参与，从白纸坊街道建立小区自管的经验可以看出，只有不断完善居民参与机制，创新居民参与方式，充分调动辖区居民的积极性，鼓励他们参与小区改造和管理，并搭建参与和交流平台、召开协商座谈会等，才能更好地了解居民的需求，更好地维护小区环境。首先，建立业主委员会。小区的事情是所有业主的事情，而且业主之间利益相对一致，容易沟通，因此真正由小区业主选出来的业委会不但能很好地调解业主之间的矛盾，还能够较好地规范小区内的公共秩序，共同维护小区内的公共设施，提升小区治理水平。其次，明确物业公司、业主委员会、社区居委会三者之间的关系。小区物业管理的主体是全体业主，由业主委员会聘请物业公司，因此业主委员会与业主之间是聘用关系，物业公司需要按照业主委员会的要求，提供基础设施维修、绿化管理、卫生保洁、秩序维护、安全保障等服务。居委会在小区物业管理中承担协调、监督及配合的职责，需要承担业主委员会的选举、物业管理的监督等工作，来确保物业管理的有序运作。最后，拓宽业主参与物业管理的渠道，如网络参与平台，这样可以更好地了解居民的需求，还可以缓解邻里之间当面提出意见的尴尬，让每位业主都可以发表自己的意见，让每位居民都能参与小区物业管理。

**（三）政策扶持是推进老旧小区物业管理工作的推手**

资金短缺是大部分老旧小区推进物业管理工作中面临的问题，而且老旧小区物业费收取难，根本没有足够的资金对小区内的基础设施进行维护和维修，在这样的情况下，就会出现服务差导致收费难，收不上物业费又会导致物业服务水平低的恶性循环，依靠居民出资或者物业公司入驻实现老旧小区规范化物业管理很难实现。因此需要政府出资全方位改善老旧小区居住环境，鼓励物业公司入驻老旧小区。完善物业费用补贴相关制度，对入驻老旧小区的物业公司给予一定的财政补贴，用于弥补经营的亏损，提高物业公司的服务质量。并采取政府购买服务方式，引入社会组织参与小区管理，协助居委会为居民提供服务，为小区管理出谋划策。同时，建立物业管理规章制度，引导和规范物业管理公司的行为，完善监督制度，定期对物业服务质量明察暗访，对服务质量好的公司给予一定奖励，对服务水平低的公司进行惩戒，督促其整改，提高物业服务质量，提高居民满意度。

### （四）分类试点是推进老旧小区物业管理工作的实措

加强城市老旧小区物业管理，可以根据辖区实际情况，采取分层次、分区域、分类别的老旧小区管理标准，对有条件的小区引入专业化的物业管理，按照第三方评估的费用和服务标准来收取服务费；对不适合引入专业化物业管理的小区，可以实施准物业管理，为其提供基本服务，在扣除政府扶持资金后剩余的成本由业主共同分担，逐步实现无物业管理小区和准物业管理小区向专业物业管理小区过渡。

**参考文献**

《白纸坊街道物业亮点老旧小区管理工作汇报》，白纸坊街道办事处，2017年1月16日。

《2014年物业指导科工作总结及2015年工作计划》，白纸坊街道办事处，2014年10月30日。

《2015年物业指导科上半年工作总结及下半年工作计划》，白纸坊街道办事处，2015年10月30日。

《2016年物业指导科工作总结及2017年工作计划》，白纸坊街道办事处，2016年10月。

齐广君：《切实加强老旧小区管理让老百姓生活更加舒适》，《石家庄日报》2016年6月14日。

张丽妍：《承德营子区：巧解老旧小区物业管理难》，《河北日报》2016年12月18日。

李晓斌：《专题研究老旧小区物业管理有关事宜》，《邯郸日报》2017年7月10日。

黄天庆：《关于加强老旧小区物业管理的思考》，《内蒙古煤炭经济》2016年第23期。

# B.12
# 白纸坊街道群众性精神文明创建的实践与思考

**摘　要：** 精神文明建设是社会主义现代化建设的思想保证。以习近平同志为核心的党中央高度重视精神文明建设，始终把精神文明创建放在推动"四个全面"战略布局的重要位置，做出一系列重要部署，不断推进精神文明建设，促进社会和谐发展。白纸坊街道不断推进精神文明建设工作，在引导市民自觉遵守文明市民守则、养成文明习惯、共同维护和谐的社会环境等方面进行了探索和实践，取得了一些成效，为群众性精神文明建设提供了借鉴。

**关键词：** 白纸坊街道　精神文明创建　文明素养　社会和谐

## 一　精神文明创建推进社会文明进步

随着社会的进步和经济的发展，我国物质文明建设取得了很大的进步，但是精神文明建设相对较弱。《中华人民共和国国民经济和社会发展第十三个五年规划纲要》明确提出要"推动物质文明和精神文明协调发展，建设社会主义文化强国"。2017年4月中央精神文明建设指导委员会印发了《关于深化群众性精神文明创建活动的指导意见》，指出"社会主义精神文明是中国特色社会主义的重要特征，是实现'两个一百年'的奋斗目标、实现中华民族伟大复兴中国梦的重要内容和重要保证"，并提出"坚持用社会主义核心价值观引领群众性精神文明创建活动、推动群众性精神文明创建活动向纵深发展、提升全民科学教育文化素质和健康素质、营造精神文明建设的良好社会环境、加强党对群众性精神文明创建活动的领导"等要求。因此要实现物质文明和精神文明协调发展,就要深刻认识到精神文明建设的重要地位,不断加大精神文明建设的力度,推动社会主义社会和谐发展。

### (一)加强精神文明建设是社会主义建设的重要内容

文明是人类社会实践的产物。在物质文明高度发达的当今社会,精神文明建设就显得尤为重要,它是我国社会主义建设的一项重要内容,是推动社会发展的精神动力,只有提高全民的素质,才能减少人与人之间、人与社会之间的矛盾,才能营造更加和谐的生活环境,从而推动社会的进步。同时,精神文明也是一个国家综合国力的体现,综合国力不仅包括经济、科技等物质力量,还包括文化、居民素质、意识形态等精神力量。尤其是在国际环境更加复杂化的背景下,多元文化和思想的碰撞、交流、交融,要保留并传承中华民族优秀的传统文化和思想品德,就必须加强精神文明建设,结合社会主义核心价值观,引导群众树立正确的世界观和人生观,全面提升人民的思想道德素质,弘扬中华民族优秀传统文化,加强党风、政风、家风建设,营造良好的文化氛围,让中华民族优秀的文化基因根植在群众内心深处,为实现中华民族伟大复兴的中国梦奠定坚实基础。

### (二)加强精神文明建设是实现现代化的重要保障

精神文明为实现社会主义现代化提供智力支撑和思想保障。人是一切社会活动的主体,没有高素质的群众,就没有人民的较高觉悟和行动,也就无法实现真正意义上的社会主义现代化。实现现代化需要有正确的指导思想和意识观念,帮助人们树立正确的价值观,引导社会形成良好的思想文化氛围,提供安定、有序的社会环境。另外,精神文明建设还为社会主义现代化提供高素质人才保障。社会主义建设的各项事业都离不开人才的支撑,但是参与人员的觉悟不高,对社会主义建设贡献不够,甚至是破坏社会主义建设,这就严重阻碍了社会主义现代化的发展。只有参与社会主义现代化建设的人的素质提高了，人的精神文化素养与社会主义现代化建设需求相符合，才能充分发挥人在社会主义现代化进程中的作用。因此，要把精神文明建设贯穿社会主义现代化建设的全过程，渗透社会生活的各方面，从而保证社会主义现代化建设的目标顺利实现。

### （三）加强精神文明建设是提升人民幸福感的重要途径

人民幸福是社会发展进步的最终目标，而加强精神文明建设有利于提升人民的幸福感。一方面，加强精神文明建设可以满足人们的精神文化需求。随着社会经济的快速发展，在物质生活需求得以满足的基础上，人们就会对精神生活提出较高要求，加强精神文明建设可以丰富群众的精神文化生活，提高广大人民群众的幸福感。另一方面，加强精神文明建设还能为群众营造文明和谐的生活环境。人民素质提高了，就能较为理性地面对问题，贪污腐败、道德滑坡、道德绑架、诚信危机等社会问题就会减少，各类社会矛盾也会减轻，从而营造文明的社会生活环境，提升人民的幸福指数。我国社会主义精神文明建设发展历程见表1。

表1 社会主义精神文明建设发展历程

| 时间 | 内容 |
| --- | --- |
| 1979年9月 | 党的十一届四中全会首次提出了"社会主义精神文明"科学概念 |
| 1980年12月 | 中共中央工作会议强调要在建设高度物质文明的同时，建设高度的社会主义精神文明 |
| 1981年6月 | 党的第十一届六中全会在总结历史经验的基础上强调并进一步确认"社会主义必须有高度的精神文明"，并把它作为我国社会主义现代化建设的十条基本结论之一 |
| 1982年2月 | 中共中央办公厅转发中宣部《关于深入开展"五讲四美"活动的报告》指出"'五讲四美'活动是目前建设社会主义精神文明建设的一个重要组成部分"，并决定从当年起，把每年3月确定为"全民文明礼貌月" |
| 1982年9月 | 党的十二大确定了两个文明一起抓的方针 |
| 1983年1月 | 中共中央印发《关于加强农村思想政治工作的通知》要求加强党在农村的思想政治工作，是农村社会主义精神文明建设的中心环节，是坚持和改善党在农村的领导的重要组成部分 |
| 1983年3月 | 中央"五讲四美三热爱"活动委员会正式成立 |

续表

| 时间 | 内容 |
| --- | --- |
| 1984年1月 | 中共中央办公厅发出了《全国文明村(镇)建设座谈会纪要》农村社会主义精神文明建设实现了从面到点地深度推进 |
| 1986年6月 | 中宣部等八部委联合发出通知要求加强和改善农村"青年之家"建设 |
| 1990年12月 | 中共中央、国务院印发《关于1991年农业和农村工作的通知》提出把社会主义思想教育作为农村社会主义精神文明建设的基本内容,进一步明确了农村社会主义精神文明建设的方向 |
| 1992年10月 | 党的十四大把"社会主义精神文明建设为经济建设和改革开放提供强大的精神动力和智力支持,创造良好的社会环境"明确写进了党章 |
| 1995年10月 | 中共中央办公厅、国务院办公厅转发中宣部、农业部《关于深入开展农村社会主义精神文明建设活动的若干意见》 |
| 1998年10月 | 在党的十五届三中全会上审议并通过的《中共中央关于农业和农村工作若干重大问题的决定》又一次强调要大力加强农村精神文明建设,实现农村精神文明建设跨世纪的转移和跃进 |
| 2001年9月 | 中共中央印发《公民道德建设实施纲要》 |
| 2004年9月 | 中央文明委颁发《全国文明城市测评体系(试行)》 |
| 2006年3月 | 全国政协十届四次会议上提出"八荣八耻"社会主义荣辱观 |
| 2008年8月 | 中央文明办颁发《全国未成年人思想道德建设工作测评体系(试行)》 |
| 2011年10月 | 党的十七届六中全会提出把社会主义核心价值体系融入国民教育、精神文明建设和党的建设全过程 |
| 2012年11月 | 党的十八大强调"坚持贴近实际、贴近生活、贴近群众的原则,推动社会主义精神文明和物质文明全面发展" |
| 2015年10月 | 党的十八届五中全会通过的《中共中央关于制定国民经济和社会发展第十三个五年规划的建议》对推动"两个文明"协调发展做出专门部署、提出明确要求 |
| 2017年4月 | 中央文明委印发了《关于深化群众性精神文明创建活动的指导意见》指出"社会主义精神文明是中国特色社会主义的重要特征,是实现'两个一百年'奋斗目标、实现中华民族伟大复兴中国梦的重要内容和重要保证" |

## 二 白纸坊街道引导市民文明行为推进群众性精神文明创建

近年来,白纸坊街道探索在立法和道德约束外的文明行为引导手段,引导市民自觉遵守文明市民守则，养成文明习惯，共同维护和谐的社会环境，为市民参与教育实践活动提供各类平台，选出辖区身边榜样发挥示范引领作用，举办各类志愿服务活动，在辖区营造文明和谐的氛围，提升居民素养，促进精神文明建设和物质文明建设协调发展。

### （一）以文化活动为载体，引导市民文明行为

一是积极培养和践行社会主义核心价值观，大力加强公民道德建设。白纸坊街道扎根群众生活，通过教育引导、实践养成、舆论宣传等举措，创新工作模式，努力使社会主义核心价值观内化为人们的精神追求、外化为人们的自觉行动，让无形的价值观依托群众身边的有形载体，融入百姓日常生活。

二是吸收传统文化的精华，打造"特色+精品"的群众性文化活动。近年来，街道重视辖区文化的传承和保护，成功打造了"白纸坊太狮老会"非遗项目、白纸坊腰鼓邀请赛、高雅艺术进社区、家庭人口文化节等活动，这些活动已经成为街道特色品牌，充分发挥了文化的熏陶作用，提升了市民文明素质。

三是围绕立德树人的根本任务，加强未成年人思想道德建设。积极组织开展"讲家训、传美德、树家风——争当社区文明小使者"主题教育实践活动；整合辖区学校资源，以"俭以养德"为主题，社区居民和辖区学校共同开展"跳蚤市场"活动，吸引辖区未成年人参与，传承勤俭节约的优良作风；联合白纸坊小学、登莱小学、半步桥小学、西城实验小学等共同开展"践行社会主义核心价值观，做传递美德的好少年"活动，将白纸坊小学孩子们围绕社会主义核心价值观创作的画作制成七彩折扇，在学校和社区中进行广泛发放和宣传，对培养未成年人社会责任感、爱国热情、公平法治观念等起到很好的促进作用。

四是以坊间茶会为平台，结合"我们的节日"主题活动，开展各类弘扬中华优秀传统文化和传统美德的教育活动。如"爱绽放暖人心坊间茶会"开展"替儿女尽孝爱洒满人间"新春饺子宴，"清明追思、

缅怀先烈"咏诗忆先烈,"老少齐聚话端午,道德讲堂诵经典","志愿聚能量·其乐夕阳情"老年趣味运动会等,弘扬爱国精神、培养孝老爱亲的美好品德。另外,充分发挥道德讲堂的教育阵地作用,通过"身边人讲身边事、身边人讲自己事、身边事教身边人"的形式,传播凡人善举。

### (二)以典型带动为引领,形成社区和谐氛围

一是深化群众性精神文明创建活动,评选表彰一批优秀的文明单位、文明社区、文明楼院,动员他们带头参与保护环境、维持秩序、文明出行、绿色出行等群众性活动。近年来,街道在18个社区建立志愿者服务站,定期开展志愿者培训,建立志愿服务反馈机制。发展队伍同时,作为北京市社会动员工作试点,街道启动"1+1"助推项目,以社会组织孵化基地为依托,引进专业社工指导社区工作者开展活动,越来越多的楼门院长、积极分子、普通居民自愿加入志愿服务行列,为社区的和谐发展奉献力量。

二是推选出一批优秀先进典型,为更多的辖区居民树立起人心向善的社会公德标杆,成为自觉践行社会主义核心价值观的光辉典范。借助"道德讲堂"和百姓宣讲团,对辖区涌现出来的身边榜样和公德人物进行广泛宣讲。2015年,辖区共成立19个宣讲团,为辖区居民进行了30余场的宣讲活动。同时,向西城区文明办推选报送"北京榜样"等先进人物事迹,为有效推动地区精神文明建设和争先创优营造了良好氛围。

三是充分发挥党组织和党员先锋模范作用。街道组织开展"见贤思齐,我与身边典型比一比""身边百名先锋人物"系列评选活动,把在密切联系群众、维护社会和谐稳定、推动社区和谐发展,特别是在完成重大安全保障任务、应对突发事件中,冲锋在前、顽强拼搏、忘我工作、无私奉献的先进党员评选出来,广大的党员干部用自己的模范行为和为人民服务的诚心感召群众、带动群众,用榜样的力量带动更多人"见贤思齐",传播正能量。

四是支持民间文化人才队伍建设。街道以市民中心建设为抓手，为居民搭建文化娱乐活动交流展示中心。目前，街道已建成光源里、华龙美钰、樱桃园、右内西街四个市民中心，每个市民中心面积近1000平方米。鼓励、扶持各社区组建自己的特色群众文化团体，形成以市民中心为中点，以各社区文化站为据点，辐射回应，相互促进影响的文化网络。街道各社区还建立合唱队、戏曲社、手工编织队、秧歌队、舞蹈队等各种群众业余文艺团队，吸引辖区内的群众参与其中。

### （三）以形象宣传为重点，提高市民文明素质

一是加强"讲文明、树新风"公益广告宣传。充分发挥地区精神文明建设宣传栏、围墙围挡、LED电子显示屏、社区宣传栏的宣传阵地作用，旗帜鲜明地传播主流价值观，进一步推动正风正气的形成。

二是利用辖区宣传栏、《白纸坊》报、"精彩白纸坊"微博等宣传阵地对"道德模范""身边好人""最美北京人""白纸坊身边榜样"等先进典型进行大力宣传，突出身边道德模范的引领作用。2014年，街道崇效寺社区居民霍世亮入选"身边好人"中国好人榜候选人；樱桃园社区殷桂芝、右内后身社区蒋会增入选"西城好人榜"。其中，樱桃园社区居民殷桂芝与邻居间的"窗帘约定"被录制成《中国梦365个故事之心"帘"心》节目，先后在《北京新闻》《北京您早》电视节目中播放。同时，CCTV央视网、人民电视网、优酷网、土豆网、乐视网等各大网络电视媒体也纷纷转载播出，有效弘扬了邻里互助互爱精神，传播了社会"正能量"。通过宣传先进典型，增强了广大干部群众对社会主义核心价值观的认同感和践行力，形成了崇德向善、见贤思齐的良好社会氛围。

三是优化环境，发挥环境育人的作用。街道利用城市清洁日、垃圾减量日和环境志愿服务平台，激发居民参与环境建设的热情，发动群众参与城市清洁、义务植树和"最美阳台、最美院落"评选等一系列活动，提高辖区居民绿化美化和环保意识，共建美丽的白纸坊。

## 三 白纸坊街道推进群众性精神文明创建工作取得的成效

市民文明行为的养成不是一朝一夕的事，现实生活中还存在各种不文明现象，既需要政府的高度重视，又需要全社会每一个市民的积极参与。白纸坊街道在推动城市精细化管理的同时，将改革发展成果更多更好地惠及辖区群众，在引导居民文明行为、提高居民文明素养方面，取得了一定成果，与辖区居民携手一起共筑美好家园。

### （一）营造了良好的街区秩序

秩序是一个城市文明程度的重要体现，而城市的文明有序取决于人的行为，人自觉、自重，社会就会更加有序。白纸坊街道通过公益广告、辖区宣传栏、《白纸坊》报、微博等载体不断加强宣传，引导市民文明行为，传播真善美，弘扬社会新风尚，并开展群众性文化活动和优秀传统文化和传统美德的教育活动等，提升了居民的素质，居民们自觉遵纪守法、按章办事，对人恭敬有礼，营造了文明有序、安全顺畅的生活环境。

### （二）改善了优美的街区环境

抓好精神文明建设，加强爱国主义、集体主义、社会主义教育，在提高居民素质的同时，还可以增强居民环境保护意识，让居民爱护自己生活的环境，减少随意丢弃垃圾、乱写乱画、随处粘贴小广告等现象，号召广大人民群众参与城市文明建设，美化街区的环境。

### （三）形成了和谐的人际关系

人际关系以人的情感为纽带，人与人之间友好相处、互相理解、互相帮助，就会形成良好的人际关系。街道组织开展的各类活动可以增加人与人之间的交流。同时，在精神文明建设中传播真善美、弘扬新风尚，在全社会传

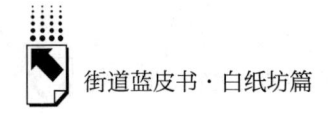

递积极向上的正能量，引导居民之间相互帮助、相互关心，在居民之间建立起友好的、和睦相处的人际关系，进而促进社会的和谐发展。

## 四　白纸坊街道通过精神文明创建引导市民文明行为的启示

### （一）注重文明教育，教育网络覆盖全辖区

挖掘潜在的教育资源，扎实推进"教育工程"。坚持从基本素质、基本行为、基本规范抓起，将各类文化教育、文明礼仪宣传引入居民日常生活、中小学校班团队日活动以及社区文化活动。同时，以社区家长学校为支撑，打造社区教育网络。坚持从家庭和社区实际出发，突出规范化建设，使每一项工作做到有人抓、有计划、有措施、有落实、有效果、有总结，减少随意性和盲目性，推进社区家长学校健康有序发展。深化创建活动，营造人人争做文明市民的良好氛围，让街道开展的各类创建活动更加适合各个层次人群的发展需求，让大家在参与中接受教育、在实践中提高觉悟。

### （二）加强体系建设，增强市民文明行为规范

无规矩不成方圆。同样，提高市民素质，必须有章可依，这就要求建立市民文明公约，建立覆盖城乡各类不同人群的文明行为规范体系，让大家知道哪些该做、哪些不该做，同时从细节抓起、从具体抓起，将市民文明行为要求渗透环境、秩序、服务、人际交往、网络等具体领域，体现在街道、车站、商场、医院、学校、旅游胜地等具体场所中，让每个市民熟知并遵照执行，在潜移默化中使市民自觉抵制那些不文明、不守法的行为。

### （三）整合辖区资源，落实市民文明教育措施

城市文明程度的提高需要全社会各方力量的共同参与和努力。一方面，街道要牵头研究探索资源整合的办法，并深入社区、单位进行宣传和工作指

导，争取得到各部门的支持、配合，更多地参与文明城市创建工作。另一方面，充分运用志愿者行动这样一个载体，包括社会组织、团体和社会个人，鼓励他们为文明城市建设提供各类志愿服务，民间与政府相互配合、整体联动，逐步形成齐抓共管的局面。另外，建立奖惩激励和考核方法，把教育职责分解到具体的职能部门，把任务落实到有关单位，严格责任考核，并把工作落实情况作为考核职能部门年度工作的重要内容，确保市民文明素质教育的各项措施落到实处。通过激励和舆论引导，整合一切可以整合的要素，利用一切可以利用的资源，调动一切可以调动的力量，达到共建共享的目的。

### （四）突出宣传引导，推进精神文明创建工作

推动传统媒体与新媒体相融合，利用微博、微信等对文明出行、文明旅游、文明餐桌、清洁环境等文明行为进行宣传，发挥各类媒体在引导舆论和传播文明方面的积极作用，引导广大市民做文明市民。同时，加大监督力度，对乱摆摊点、乱扔垃圾、乱停车辆、乱闯红灯等不文明行为进行曝光，警示人们自觉遵守各项规定。以宣传栏、建筑工地围挡、楼宇电视、辖区报纸等为载体，发布公益广告宣传"讲文明树新风"，并设立"遵德守礼"提示牌，深入开展"做一个有道德的人"主题活动，营造浓厚的社会宣传氛围。加大对各个领域涌现出的"最美人物"的宣传力度，通过举办道德模范进社区、进学校、进企业、进部队等活动，树立典型，增强说服力和感召力，引导市民自觉追求和践行守道德、讲文明的生活方式，形成见贤思齐、崇德向善的良好社会风尚。

**参考文献**

闫玉义：《关于推进城市建设中市民文明行为引导的若干思考》，白纸坊街道办事处，2015。

《白纸坊街道团工委2016年工作总结及2017年工作计划》，白纸坊街道办事处，2016。

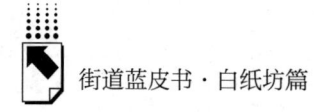

《白纸坊街道工委组织部2016年工作总结及2017年重点工作思路》，白纸坊街道办事处，2016。

中央精神文明建设指导委员会：《关于深化群众性精神文明创建活动的指导意见》，中国文明网，http：//www.wenming.cn，2017年4月。

卢汉龙：《对准现代化发展目标开创精神文明建设新天地》，中国文明网，http：//www.wenming.cn/wmpl_pd/zmgd/201610/t20161010_3779169.shtml？COLLCC=1617816405&，2016年10月10日。

张浩：《加强精神文明建设：实现中国梦的根本保证》，中国文明网，http：//www.wenming.cn/specials/zxdj/kxfzcjhh/hhcj/jswmjs/201404/t20140421_1884991.shtml？COLLCC=1617019524&，2014年4月21日。

# B.13
# 白纸坊街道构建城市社区邻里互助新模式
## ——以"窗帘约定"志愿服务为例

**摘　要：** 融洽的邻里关系既是一门学问又是一门艺术，用"远亲不如近邻"来形容最为恰当。构建邻里互助、和谐邻里关系，有利于弘扬中华传统美德、践行社会主义核心价值观、推进城市精神文明建设，促进城市社区治理和社会稳定。白纸坊街道发挥志愿服务精神，坚持守望相助、幸福同在的社区精神和价值观念，在一些社区试点"窗帘约定"，探索构建新型城市社区邻里关系，加强邻里之间的精神慰藉，使老人远离无助感、孤独感、失落感，增强获得感、幸福感、安全感，让社区志愿、邻里互助惠及更多的居民群众。这种邻里互助新模式对营造祥和安宁的居住环境、促进社区自治和治安改善，都有一定的借鉴作用。

**关键词：** 邻里关系　"窗帘约定"　坊间守望　志愿服务

## 一　城市社区邻里关系的内涵与问题

### （一）城市社区邻里关系的基本内涵

邻里关系是城市社区里人与人关系中最重要的部分。构建和谐的邻里关系，是社会和谐的重要内容，必须始终坚持以人为本，以政府推动为主导，通过举办各种各样的文化活动，服务群众，促进居民自治，加强社区建设，维护地区稳定。

城市社区邻里关系的特征主要表现为以下几个方面。第一，邻里交往关系肤浅、表象。邻里交往多体现在见面打招呼、娱乐、聊天等，特别是顾及人情成本与时间成本的意识上升，在物质层面，如人情往来、经济互助等方面的交往较少。第二，邻里交往由直接变为间接。现代社区住宅在设计中注重封闭，私密性强，邻里之间的精神情感联系缺失，直接交往成了遇见时的点头之交，甚至网络社区的产生，摆脱了面对面、近距离的要求，居民社区活动、社区管理等交往足不出户就可以通过论坛、QQ群、微信群讨论达到交流的目的，网络的间接往来取代了现实的直接接触。第三，邻里交往以趣缘为主。社区居民结合自身，形成兴趣、志趣相同的一些较为正式或非正式的满足人们精神需要的趣缘团队，在时间、组织结构上都比较自由、分散，主要利用节假日、周末及其他闲暇时间来进行交往。最常见的有学习型、扶助型、文体型、聊天型、兴趣型等邻里关系类型。

社区邻里关系的构成要素主要包括个人或家庭的交往活动。其中，邻里关系的主体是个人或家庭，手段是交往活动。邻里是由两个或两个以上相邻较近的社区主体通过沟通交往形成的。交往活动按照接触沟通的方式，可以分为直接交往和间接交往。按照具体交流的内容，分为三种层次：第一种是礼仪交往，通常表现为碰面点头、相互问候、打招呼等；第二种是实利交往，表现因涉及双方的利益取向，尤其是追求物质利益而产生的功利性交往、礼尚往来等；第三种是情感交往，是依据双方各自满意和好恶程度在感情方面的活动。

## （二）城市社区邻里关系的发展现状

随着现代城市快速发展，人们的居住环境改善，生活方式变更，传统的"熟人社会"逐渐向动态的"陌生人社会"过渡，邻里互助、和睦团结的相处之道发生巨大的变化。过去人们居住在四合院、平房院群、单位宿舍中，交往机会多，邻里关系紧密。现在，人们住进多层、高层楼房密集的综合住宅小区，邻里间的距离被升高的楼层逐步拉大、被独立封闭的空间分割，即便是在同一单元、同一楼层里居住好几年，居民对其邻居的生活情况也不清楚，不仅互相不认识，既没有说过话，又没有聊过天，也没有深入的交往接触，彼此之间存在提防与戒备，更谈不上互帮互助、互相关心、互相照应。再加上住宅小区内生活服务体系比较完善，物业公司和家政公司等能够有效地改善人们的生活，致使传统的守望互助的密切邻里关系日益衰落，人与人之间的关系变得松散而疏远。据调查，在北京35岁以下的中青年人群中，对邻居熟悉或知道情况的人数仅占20%，而即使与邻居有过交往经历的人群，大多数停留在点头之交层面。可见，邻里之间关系疏远淡漠、形同陌路正是城市社区居民普遍存在的现象。

### （三）城市社区邻里关系发展中存在的主要问题

社区居民由于在职业、教育程度、收入、生活水平、人际交往等方面存在差异，邻里关系紧张舒缓程度、相互信任程度、邻里问题表现形式也存在差别。居住形式、工作压力、生活节奏、信息网络等环境变化进一步加剧了社区邻里关系弱化，产生亲情淡漠、邻里陌生的恶性循环。不同职业的社区居民，工作、生活、交际等社会圈子分离，早上上班去单位，晚上下班回住处，累一天回家不愿意出门；留在家里的老人由于身体原因上下楼出行不便；当地人与外来流动人口的社会隔阂；居民对私生活强烈的保护意识；等等，直接导致了邻里之间交往频度低、对他人不信任、情感淡漠、责任意识差，以至缺乏相互沟通交流的机会，很少有共同的生活话题。在共同处理一些事情的时候，相互心存芥蒂、彼此提防，难以形成共识，甚至出现钩心斗角、纷争不断的现象，一个小的分歧就可能引发邻里矛盾，甚至是较为持续的邻里问题，给自身生活带来不必要的烦恼，同时给社会治安产生负面影响。

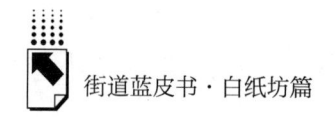

## （四）城市社区和谐邻里关系带动社会走向和谐

和谐的邻里关系是一种日常的生活关系，有利于个人的发展，有利于社会整合，培养共同的信仰、传统、友谊，建立相互信任的社会交往。邻里关系和谐，既是中华民族的优秀传统，又是社会主义精神文明倡导的一种美德。深化居民自治，注重开展社区交流活动，同住一个屋檐下的亲密生活方式虽然渐行渐远，但同住一个社区、共建美好家园的意识需要渐行渐近。需要从思想意识上加强重视，将和谐相处的邻里关系的重要性纳入文化教育。邻里关系的好坏决定着社区建设的成功与否，创新社区建设要利用好现有的丰富资源，从为居民营造一个良好的社区环境着手，以人为本，调动和发挥居民群众的积极性，构建和谐健康、守望相助的邻里关系，使之成为城市社区发展的动力源泉。邻里互助的主要优势见表1。

表1　邻里互助的主要优势

| 优势 | 具体表现 |
| --- | --- |
| 就近 | 社区居民的成长背景相近、生活习性熟悉、社区生活资料掌握 |
| 方便 | 在精神、情感方面得到关心照顾，"亲情化"服务，关系亲和 |
| 积极 | 主动参与社区内事务，对社区有较强的认同感、归属感、依恋感 |
| 奉献 | 互助扶持，扶贫济弱，解决急难，志愿服务，满足多方社会成员需求 |

## 二　白纸坊街道"窗帘约定"创新举措推动社区邻里互助

晚上拉下窗帘，早晨拉开窗帘，这个日常很普通的开关窗帘行为对每个家庭、每个居室的主人而言，几乎是举手之劳、不需要思考的动作，但在白纸坊街道邻里之间，特别是在行动不便、离开子女抚养的空巢老人眼里，却有着特殊重要的意义。正是这一扇小小的窗帘拉近了邻里距离，强化了邻里互助，加深了邻里情谊，为社区和谐发展贡献了一份特殊力量。

## （一）起源："窗帘约定"打开互助之门

在白纸坊街道有一个由社区志愿者与年迈的空巢老人之间的约定，这就是充满关怀和互助的"窗帘约定"，即一扇窗帘拉下来代表需要买东西，两扇窗帘都拉下来代表身体不适。窗帘的"拉起拉下"，传递着白纸坊街道对社区老年人的关爱，传递着社区邻里互助、人与人之间的大爱。这个简单易行的约定是2014年被媒体报道后传开的。

"窗帘约定"最早是由家住白广路东里小区的居民殷桂枝为照顾年过九旬的邻居姜信召发明的。72岁的殷桂枝是社区老年服务的志愿者，自2008年姜信召的老伴去世后，殷桂枝就6年如一日主动承担起照顾90岁老人姜信召的义务，并一直坚守着"窗帘约定"。两位老人虽是楼上楼下，却不是一个单元。开始，殷桂枝每天去楼上看望姜信召。一段时间下来，一方面，殷桂枝年龄也大了，身体吃不消；另一方面，作为知识分子的姜信召也不喜欢总被人打扰。殷桂枝想给姜信召安装门铃，但因门铃电线不好接，安装不成。两位老人经商量，确定以姜信召家厨房窗户上的窗帘为信号，窗帘拉开说明平安、没有什么需要帮忙的，窗帘一直关着说明有事发生需要帮助。即便后来姜信召老人请了保姆有人照顾，遇有烦心事，姜信召还会伸手去拽窗帘，会给殷桂枝打电话。殷桂枝也已经养成了习惯，作为社区志愿者，她同时照顾着几位老人。

## （二）试点："窗帘约定"结成互助对子

白纸坊街道以社会和群众的大义、大局为重，引导社区居民团结合作。为将殷桂枝和空巢老人姜信召坚守约定、邻里互助的典型事迹宣传，影响和带动更多的居民互帮互助，营造温馨的生活氛围，培育帮难应需的邻里关系，推动社区精神和文化建设，2016年，街道在建功南里社区设立"窗帘约定"试点，相识超过70年的老闺蜜，热心肠、互相挂念的老街坊等20余户居民心连在一起，结成互助对子，成为"坊间守望"的首批示范社区。同时，按照结对子的老人们自己挑选的窗帘样式和颜色，街道办事处和社区居委会帮老人们统一安装。街道还联合建功南里社区共同招募为老志愿者，并进行老人居家安全等相关讲座培训，结合时间节点开展主题为老服务活动，从而促进老人与社区、老人与志愿者间的交流互动，增强"坊间守望"项目对老人晚年生活的积极影响。

2017年，为了给地区内的空巢老人和高龄老人提供更好的服务，白纸坊街道在辖区18个社区全面推广"窗帘约定·访间守望"为老志愿服务模式，通过广泛招募为老服务志愿者，引导志愿者与高龄、空巢老人进行一一结对，约有200户居民自愿结成帮扶对子，并根据每对互助家庭各自情况与需求，给予解决一些实际问题，切实提高和改善受助老人的生活状态和邻里关系。

### （三）举措："窗帘约定"推动邻里守望

为了丰富社区为老志愿服务活动，深化"窗帘约定"品牌内涵，白纸坊街道主要采取了以下举措。一是制作《窗帘约定·坊间守望服务日志》，帮扶人员每人一册，用于记录日常帮扶情况。建立帮扶积分制，只要帮扶人员为老年人提供志愿服务，就能在帮扶日志中得到"爱心印章"，可以兑换其他帮扶服务。二是在传统节日，如端午节、中秋节、重阳节等，街道召集结对子的居民共同开展"我们的节日"聚会活动，让空巢老人在一起集体过节，不让他们感到孤单寂寞。三是针对许多只能在楼道里活动、下楼不便的高龄老人，街道根据同一单元居民的爱好和特点，打造楼门文化活动，展示手工艺品、艺术作品、楼门公约，开展"最美楼门"随手拍等系列主题活动，增强居民对楼门的认同感和责任感，构建和谐邻里。四是街道每季度在地区开办一次跳蚤市场，将闲置物品进行兑换，既可以减少物质资源的浪费，又可以通过以物换物、技能交换来增进邻里之间的互动。为了满足居民的不同兴趣，市场内建立了不同的主题或区域。除了交换物品，跳蚤市场还可以互相交换技能。

居民通过填写"技能置换"信息卡，展示自己的专长和技能，并与技能志愿者相匹配，组成一个技能志愿者互助小组。

"窗帘约定"志愿服务模式，搭建了为老服务沟通平台，完善了志愿服务机制。在"窗帘约定"为老志愿服务项目运作过程中，街道社区立足实际，贴近需求，细化服务，着力构建志愿者与空巢、孤寡老人的交流平台，为老人创造了方便实用、体贴入微的联系和交流纽带。虽然形式有别，但都是围绕解决老年人后顾之忧、使其安享晚年这一根本宗旨。此外，该项目还将聘请专业和社会组织对志愿者进行培训和监督，使之成为"社会组织＋社会工作者＋志愿者"的三级项目运作模式，志愿者服务更加系统化、专业化。志愿服务机制的不断完善，使更多居民形成共识并加入项目行动。

### （四）成效："窗帘约定"改善邻里关系

帮扶志愿者只要朝着老人家里阳台上的窗帘看一眼，就能够知道老人的需求，这种互助办法虽然在沟通联络方面看似有点老土，但是非常实用，很有效果，既不影响老人的正常生活和休息，还能及时帮助、解决老人的需求和困难。在街道的统筹下，社区的很多志愿者效仿，一对一互帮互助，与困难对象结对子，开创了"志愿服务＋为老服务"的新局面。

听说白纸坊街道打造的"窗帘约定"为老志愿服务项目后，居住在南菜园1号院刘英杰与相识15年的韩淑媛结成"一对一"守望对子。73岁的空巢老人韩淑媛与刘英杰夫妇同住一个单元，韩淑媛老人住1层，刘英杰夫妇住6层，原先夫妇俩下楼路过韩淑媛老人家门口时都会敲门向老人问候一声。为避免打扰老人生活，刘英杰就和韩淑媛做出约定：韩淑媛家里阳台上的窗帘，如果一扇拉下来就表示需要买东西，如果两扇都拉下来就意味着身体不适，没有问题就不打扰老人生活。每天刘英杰从楼下经过时通过窗帘拉下来判断韩淑媛的情况，以便及时施以援手。2016年7月20日上午9时，下着雨，韩淑媛忘记把阳台上的窗帘拉上去，刘英杰看到有一扇窗帘半拉着，以为韩淑媛老人需要买东西，就冒雨按照老人

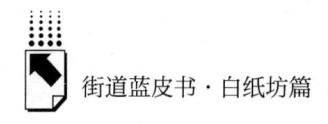

平常的口味去买了两样菜。韩淑媛老人为此事非常内疚、感激。在小区里，韩淑媛也尽已所能帮助他人，在院子里帮着"看"孩子，劝导不文明现象和危险行为等。

"窗帘约定"不仅是一个暗号，更成为有生命的传递载体。何莲琴和王春兰是家住白纸坊西街的一对空巢老人，都是党员，老伴都去世十多年了，两位老人也都是年逾古稀、同病相怜，成了一对好姐妹。虽然她们不是在同一个单元门居住，但是何莲琴家卧室的窗户与王春兰家的阳台正对着，彼此每天查看对方的窗帘是否拉开，就成了两位老人互报健康平安的"小暗号"，窗帘如果按时被拉开就说明没有事情，窗帘如果没被拉开就要去对方家里看看。有一次，王春兰发现何莲琴家的窗帘没拉开，就直接拿上她家钥匙打开房门，及时对摔倒在家中，且后脑勺不慎撞到门把手、鲜血直流的何莲琴进行了包扎止血，挽救了何莲琴的生命。何莲琴腿脚不好，不方便亲自参加党员活动，王春兰就给何莲琴带回材料或者直接传达会议精神。"窗帘约定"让两位老姐妹关系越走越近。

## 三 创新和谐邻里关系的经验启示

在一个文化底蕴深厚的社会里，人们所具有的高尚品位、纯洁道德和无形智慧相互影响，邻里氛围更具影响力。近邻胜远亲，社区积极创造自治组织平台、文化活动平台、志愿服务平台、居民参与制度平台等诸多居民友好交往平台，促进邻里和睦，增进邻里友情。融洽的邻里关系不仅需要城市街道和社区创新管理方法，而且需要居民的自觉努力；不仅有利于社会的稳定，而且能够促进社会的进步与发展。

### （一）统筹指导，为社区邻里互助营造环境

社区是一定区域聚居的人们组成的社会生活共同体。邻里关系影响着社区建设和小区住宅规划建设。街道社区开展"窗帘约定"等活动，不

仅给社区居民提供了交流互助的机会，而且促进了社区邻里之间的相互沟通、交往及志愿者服务的多样化。要充分发挥街道社区的引导和管理作用，有目的、有秩序地组建各种形式、各具特色的邻里点，加强邻里间的互帮互助；维护社区自治权利，健全社区运行机制。只有通过强化宏观建设，抓好细微发展，充分利用现有的丰富资源，改善与创新小区住宅规划，为居民营造一个良好的社区环境，才能促进健康、和睦的邻里关系成为社区构建的基础。

### （二）健全组织，为社区邻里互助提供保障

北京市常住老年人口300余万人，空巢老人、高龄老人占相当比例，他们离开子女扶养的生活现状不容乐观，在物质上和精神上面临着很大的压力。街道办事处作为基层政府，有着相对明确的舆论导向和行动目标，能够为邻里互助和谐发展提供更加开阔的视野、更加多元的思路和更加丰富的信息。政府应以购买服务、资金支持和资源共享等方式宣传、实施邻里互助。同一社区、同一楼门的老人与老人，志愿服务者与老人，志愿服务者与残疾人等结成互助对子的自发行为值得提倡，但是还要通过社会组织参与管理和服务，对其予以指导、培训、监督，加大对居民文体活动的培育和扶持力度，调动志愿者的积极性和主动性，使志愿者服务更加专业化、制度化，形成完善的志愿服务体系，不断提升社区的认同感和归属感，更好地促进社区邻里和谐。

### （三）居民参与，为社区邻里互助保驾护航

社区由无数个家庭细胞组成，在个人志愿互助、家庭互助的过程中有其自身的运作模式和志趣相投的偏好。虽然社区有意识地承担一定的社会责任，但是缺乏计划性、系统性和持续性。和睦相处的邻里关系需要居民积极参与、互谅互让、相互信任、团结互助，尊重邻居的生活习惯和爱好兴趣，维护安静舒适的居住环境，爱护公共设施，增进对邻居的沟通与了解，做到"一家有难，多家支援"，通过以理服人、讲明道理来化解矛盾。街道本着

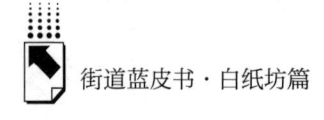

政府主导、群众自治的原则，因地制宜开展各种活动，吸引大批居民参与，提供组织支持和经费保障。

### （四）创新管理，为社区邻里互助指明方向

街道积极整合社区资源，争取社会各方面力量的支持和关注，注重发挥有热心、责任心和奉献精神的居民的榜样作用，加强对邻里互助志愿者的服务和培育。传统与现代结合，利用高科技的互联网交流优势，建立社区网站、微信公众号、QQ群等沟通平台，使志愿结对互助的街坊、拥有共同爱好的邻里，通过网络空间自由共享交流、彼此熟悉了解，并根据共同爱好组织聚会、比赛、郊游等丰富的社区活动，进一步强化邻里关系的友善互助、共享认同，使邻里关系更富有真情实感。

### （五）营造氛围，助力社区养老事业的发展

在现实生活中，有很多年事已高的老人，尤其是年迈的空巢老人，他们行动不方便，且子女忙于自己的工作事业，很少有空闲来照顾老人。老人对居住多年的家又舍不得离开，不愿意去养老院等机构，可又面临孤单、寂寞，甚至生病时没有人能够即时发现的状况。"窗帘约定"为老志愿服务项目，虽然看似是帮助邻居老人的小事，但是代表了社区养老的新形式。这种和谐的邻里互助氛围，助力了社区养老事业发展，为建设和谐社区、和谐社会奠定了坚实的基础。

**参考文献**

孙锦萍：《新型城市住宅区邻里关系的合理规划与构建》，《现代装饰》（理论版）2011年4期。

张品秋、杨瑞华、王瑞芳：《邻里守望暗号：拉窗帘取晚报》，《北京晚报》2017年4月24日。

黎付林：《城市社区邻里隔阂及其公共治理》，硕士学位论文，广西民族大学，

2012。

景志铮:《邻里关系的消解与重构——包头市北梁棚户区改造的社区发展视角》,《兰州文理学院学报》(社会科学版)2014年第4期。

姜雪峰:《[香山评论]当你老了,"窗帘约定"带来养老关爱》,搜狐网,http://www.sohu.com/a/108892842_161623,2016年8月13日。

# B.14
# 白纸坊街道构建区域化团建新格局

**摘　要：** 随着时代的发展，以往用行政化的手段加强团组织建设和开展团组织活动的方式，已经与青年实际需求脱节，新形势下，基层区域化团建作为共青团的基础性工作，可以有效推进基层团组织建设，扩大组织覆盖面，增强团组织的感召力和凝聚力。白纸坊街道为贯彻落实中央、北京市、西城区的政策要求，开展区域化团建工作，通过加强团组织基础建设、规范工作运行机制、搭建共建平台、提升团组织服务能力、增强团组织活动影响力、发挥党建带团建作用等措施，做好青年群体引领和服务工作，构建区域化团建新格局，巩固新时期基层党组织建设的成果，并为其他地区提供一定的可借鉴经验。

**关键词：** 白纸坊街道　区域化团建　青年群体

　　为进一步做好全市党建带团建工作，2014年北京市委组织部、共青团北京市委出台了《关于加强全市区域化团建工作的意见》，切实推进新形势下的首都青年工作。此后，共青团北京市委发布《全市区域化团建工作方案》，将白纸坊街道纳入重点开展区域化团建工作的地区，进一步推进全市区域化团建工作，增加青年的组织覆盖率，提升基层团组织的活力。西城团区委发布了《关于进一步推进区域化团建工作的实施意见》，对西城区的区域化团建工作提出了相关要求，白纸坊街道认真落实并有效推动了基层团组织建设工作。

# 一 区域化团建是白纸坊街道推进团组织工作的必然选择

## （一）区域化团建工作的意义

白纸坊街道地处首都核心区，区域内青年群体结构较为复杂，青年服务的需求也较为多元化，对街道团建工作提出了一定的挑战。开展区域化团建工作，是贯彻落实北京市、西城区的政策要求，更是做好青年群体引领和服务工作，以及巩固新时期基层党组织建设成果的有效方法，可以凝聚和发挥青年群体的力量，为街区建设贡献一分力量，具有与时俱进的现实意义。

1. 区域化团建是新形势下推进党建工作的内在需要

共青团是党领导的先进青年的群众组织，是党的后备军，是社会主义事业的接班人，做好团建工作可以有效推动党的建设，同时还能凝聚青年群体的力量，推动社会进步。随着经济和社会的发展，青年群体的视野更加开阔，思维更加活跃，需求也更加个性化、多元化，这也导致基层团组织的建设比较具有挑战性。区域化团建可以加强青年之间以及青年与党之间的联系，有效提升党组织和团组织的吸引力和影响力，进一步加强党对共青团的领导，巩固和扩大党执政的青年群众基础。

2. 区域化团建是青年群体参与社会治理的有效方式

"加强党委领导、发挥政府主导作用、鼓励和支持社会各方面参与"是党的十八届三中全会提出的社会治理思路，青年作为社会主义建设的新生力量，必然有责任和义务参与社会治理。街道社区为青年群体提供文化、教育、就业等方面的服务，是他们参与社会活动的基层单位。街道社区是共青团的组织依托。推进基层团组织区域化建设，可以在基层团组织之间建立组织共建、资源共享的联动机制，让更多青年群体参与到社区民主建设、社区文化建设等事务当中，推动地区的统筹领导、资

源整合，进一步实现将青年力量、团建工作与社会治理创新有效结合的目标。

3. 区域化团建是增强团组织与群众联系的有效途径

基层团组织是党联系广大青年团员的桥梁，肩负着为党组织输送人才的使命，更是践行党提出的"群众路线"的载体。因此，在进行基层团组织建设时，要置身群众中，直接听取群众的声音、察民情、解民忧。开展区域化团建工作可以深入群众，直面基层群众和青年群体的各种需求，更好地了解青年工作的情况和规律，根据实际情况和特点，为群众提供满意的服务，进而提高工作效率。可见区域化团建是共青团密切联系群众的有效途径，是加强团组织建设的必然要求。

## （二）开展区域化团建工作中存在的问题

白纸坊街道通过推进区域化团建工作，使区域内团建资源得以整合、丰富，街道团工委对区域内青年群体的覆盖面显著扩大，青年服务工作取得显著进步。但区域化团建工作仍处于探索之中，因此存在许多不足和问题。

1. 缺乏有效的组织覆盖

由于认识问题，相对区域化党建来说，区域化团建影响力不够大，企业的参与热情不高，主要成员单位以驻区事业单位、国有企业、学校为主，非公企业、青年社会组织覆盖存在遗漏，而且在部分机关事业单位团组织建设当中存在"有组织，缺成员"的现象；在学校，不论是家长还是老师都更加注重升学率，对团组织建设不支持，出现"有组织，有成员，活动难开展"的现象。这些均导致区域化团建工作的推进有一定困难。

2. 缺乏有效的工作载体

有的团组织虽然加入了共建委员会，但搞完共建仪式之后，一些单位就没了消息，很少联合开展活动。一方面，共建单位在开展活动上缺乏创新意识，在解决团员青年的需求和具体问题方面做得不够，致使工作缺少后劲；另一方面，共建单位之间缺少双向服务意识和双向协调互动机制，几个单位无法达成共识，找不到工作上的契合点，活动方案通不过，导致团组织活动很难开展。

3.缺乏有效的联动机制

街道团工委与社区团组织、辖区单位团组织联络渠道有待进一步拓宽，区域化团建共建委员会成立不久，作用发挥还不够强，未形成系统的全面的以街道团工委为核心，跨所有制形式、跨行业部门、跨组织层次的区域化共青团大联合。

## 二 白纸坊街道构建区域化团建新格局的探索实践

### （一）夯实团组织建设基础

开展区域化团建，关键是要把区域内各级、各类团组织思想统一起来，把组织体系搭建起来，把团员骨干凝聚起来。为此，街道团工委着力强化三个方面的基础性工作。

1.着力打牢思想认识基础

自区域化团建工作开展后，结合前期的沟通摸底，白纸坊街道及时召开了区域化团建工作会议，进一步明确加强区域化团建工作的意义和作用，统一思想，提高认识，引导大家切实把区域化团建工作作为建设活力、魅力、和谐新西城的内在要求来落实，增强各级团组织责任感和使命感。

2.着力打牢组织体系基础

实现团工作全覆盖，根据实际及时调整团工委委员配置，增加编外团工委副书记，组成了由机关、社区、企事业单位等多方参与的团工委班子，委员9人，组建有15家成员单位的区域化团建共建委员会；在推进区域化团建中，借助社区换届选举，组建了6个社区联合团支部，达到社区团组织100%全覆盖。统筹区域团建工作，组建了望康动物医院团支部等12家非公、两新团组织，完成团区委年度建团任务。

3.着力打牢骨干队伍基础

在地区团组织中发动和培养了20名骨干力量，组建了区域化团建活动骨干队伍，按不同活动内容划分为文化宣讲、体育活动、志愿服务、创业指导、法律咨询，为区域化团建工作的开展奠定了有力基础。

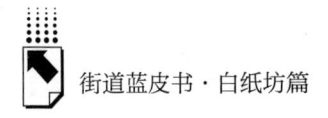

## （二）全面规范工作运行机制

白纸坊街道为确保区域化团建工作的健康、有效、长久运行，结合街道团建实际，着重建立完善了四项机制。

1. 着眼资源整合，建立区域联动机制

重点是把街道范围内各级、各类团组织、志愿者组织、青少年社会组织盘点清楚，接上头、连上线，建立起区域联动的工作机制，拓展工作范畴，切实提高团组织的吸引力和凝聚力，扩大团组织建设工作的有效覆盖面，为地区经济社会和谐稳步发展做贡献。

2. 着眼全面统筹，建立联席会议制度

每季度召开一次区域青年工作共建委员会联席会议，主动征求各方意见，相互通报活动情况，全面协调工作安排，对全局性工作统一制订方案，统一协调部署，统一标准要求，从根本上解决区域化团建各自为政、各行其是的松散问题，确保区域化团建工作形成共识，形成合力。

3. 着眼科学可行，建立项目申报制度

对于项目的确定，由团工委委员进行专题讨论论证，对活动项目可行性进行全面评估，对需要上报团区委审批的项目及时上报，确保每个活动立项科学可行，准确无误。

4. 着眼全面落实，建立监督管理制度

区域化团建活动项目开展，都要明确项目的具体名称、主要责任人，并在接受团区委督查指导的基础上，全程跟踪，加强监管。每项活动结束后，都要进行活动小结，上报活动信息，听取意见反馈，并进行修改完善，有力地促进了团建活动的落实。

## （三）搭建共建共享平台

积极发挥街道团工委的主体作用，主动为区域团组织搭建共建共享平台，是做好区域化团建工作的重要途径，也是调动区域团组织参与热情的有效方法。主要从三个方面激发团工委在区域化团建中的作用。

1. 围绕中心工作，激发参与热情

倡导来京流动青年积极参与区域社会治理，自觉做守法公民，自觉维护社会治安，自觉履行社会责任，自觉为建设活力、魅力、和谐新西城做贡献；积极参与社区建设活动，主动为社区提供服务支持、政策支持。

2. 运用青年汇平台，引领活动开展

经常性开展学习培训、参观实践、志愿服务、婚恋交友、运动健康、普法维权、创业就业、文艺娱乐八大类活动，每周至少开展一次活动。经常邀请地区团组织参加青年汇活动，及时搞好双向交流，引导和促进辖区团组织的活动开展。

3. 当好轮值主席，助推团建提升

结合区域化团建轮值主席制度，发挥团工委轮值主席作用，规定活动次数和活动人数，鼓励创新活动方式，提升活动质量。区域化团建以来，策划并组织开展了"五四"系列活动、篮球邀请赛、团队拓展、联谊交友、军民共建及公益植树等活动，都取得了很好的效果。

### （四）提升团组织服务能力

做好区域化团建工作需要凝聚多领域青年力量，扩大共产主义青年团的工作影响力。

1. 拓宽多领域团青组织联动

团组织的活力和工作影响力是区域化团建工作的重要手段，不拘泥于"街道"地区的限制，努力创建跨区域、跨行业的区域化团建工作链，助推地区团建工作空间延展。借助学雷锋日、青年节、建军节、国庆节的契机，运用青年共建委员会的资源，开展丰富的团青活动。

2. 提升青年志愿服务专业水平

整合辖区内学校、企事业单位、社区的志愿服务队伍，有序、有效地参加志愿服务活动。了解社区居民最希望、最迫切需要解决的困难，对照志愿者资源，进行统筹安排，集中力量提供志愿服务。

3. 准确对接跨领域青年需求

针对本地区青少年群体的实际，以社区青年汇为平台，征求各阶层青年意见建议，成立青年俱乐部；针对困难青少年帮扶问题，在走访过程中了解帮扶需求，协调各方资源予以帮助，年底进行数据库更新；针对社区青少年的需求，以社区团支部为单位，展开大讨论并记录在案，制订计划逐步完成。

### （五）增强品牌活动影响力

街道开展内容丰富的团青活动，通过集体活动增强团队协作能力和凝聚力，增强党性修养和团队精神、提高综合素质、培养大局意识，促进地区各阶层青年的情感交流。

1. 坚持实施"一社一品"，打造特色品牌活动

推进区域联合活动和社区品牌活动，每季度至少开展一次街道层面的区域联合活动，社区团组织按照"一社一品"的要求，建立品牌活动，按照每季度至少一次的频度定期持续开展下去。活动结合区域特色、围绕传播社会主义核心价值观、帮助青年成长发展、引导青年投身区域建设等，通过活动联系、引导、服务广大青年。结合区域特色，着眼青年需求，做好服务创新，促进青年成长成才，通过活动发现问题、总结经验、积极解决、逐步完善和推进工作开展。

2. 有效利用各类资源，开展青少年假期活动

抓住青少年假期的有利契机，为社区提供资源，开展以"快乐暑假，绿色生活"植物栽培活动、"星光安全自护教育"等形式多样的青少年假期活动，在学校教育和家庭教育的基础上，强化社区教育的作用，帮助青少年度过有意义的假期，进一步促进青少年健康成长。

3. 整合地区志愿者队伍，推进辖区志愿服务

以"坊间青年志愿服务营"为载体，充分利用社区专职工作者学历高、专业技术强、兴趣广泛的特点，根据现阶段社会经济发展特点，组织开展符合现阶段社会发展的志愿服务活动，并进行志愿者队伍管理员培训，整合地区志愿者队伍为社区居民提供更全面、更专业的志愿服务。按照团区委的要求为"精准帮扶"对象安排对接志愿者，提供志愿服务，做好追踪服务。

### (六)充分发挥党建带团建作用

继续围绕街道中心工作,坚持"党建带团建,团建促党建",不断凝聚青年力量,发挥团工委枢纽组织的作用,团结一切可以团结的力量,强化街道区域化团建工作。

1.引领思想建设,把握团组织的政治方向

邀请共建委员会成员单位及辖区内各阶层青年开展参观、慰问、观影等活动,学习党的历史进程,学习身边先进典型,增强青年党员的光荣感和使命感。

2.引领组织建设,提升团组织的覆盖影响

通过走访辖区企业,有效凝聚辖区企业青年,进一步增加企业对青年的号召力与吸引力,强化青年的奉献思想,在有效促进青年成长、发展的同时,推进企业与街道共同发展。

3.引领资源建设,建好团组织的活动阵地

加强党团资源同步建设,继续推进区域化团建工作,有效整合地区团青资源,为地区单身青年提供服务,通过活动、拓展、竞赛、联谊等方式,在自然活泼的氛围中推进交友活动,同时凝聚各阶层青年力量,开展丰富多彩的青年活动。

综上,白纸坊街道构建区域化团建新格局的探索见图1。

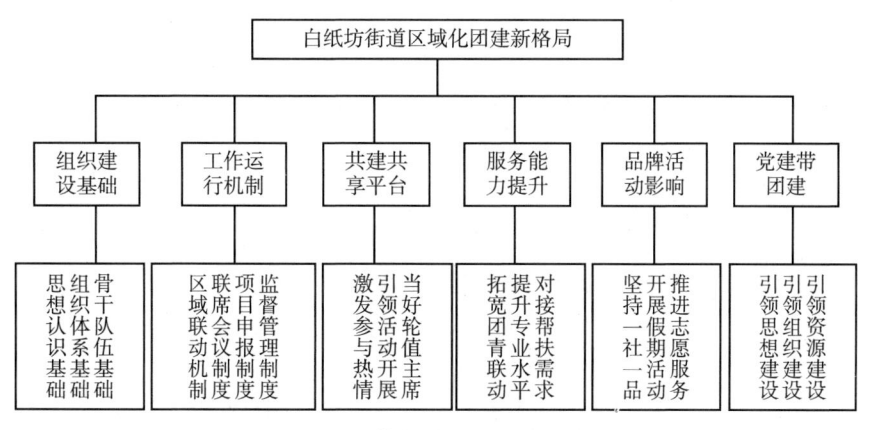

图1 白纸坊街道区域化团建格局

## 三 区域化团建新格局增强白纸坊地区发展整体效能

白纸坊街道将逐步形成以团工委为核心、区域青年工作共建委员会为基础、地区广大团员青年为主体、各类社会组织和活动阵地为平台的区域化团建工作模式，起到统筹发展的引领作用，整合区域共享资源，拓展青年活动阵地，不断提高街道团青工作的整体水平。

### （一）有效推进了区域化团组织共建

白纸坊街道利用地区优势、借力成熟资源，充分发挥区域化团建共建委员会的作用，2016年将参与共建大单位由之前的15家扩大到22家，以街道团工委为桥梁和纽带，加强区域内团青资源统筹，形成共促共建新局面，使团组织的活动阵地和覆盖面得到进一步延伸拓展。

### （二）丰富了青年群体的精神生活

街道社区青年汇聚了辖区青年力量，利用假日闲暇时间开展参观、游园、读书、座谈等活动，丰富青年群体的精神生活。例如，开展的"星光安全自护教育活动"为社区青少年和家长提供安全知识、心理疏导等培训，为他们提供交流平台；组织开展知识讲座、京剧观摩、模型制作、无土栽培等活动，使青少年在课余也能加强学习和动手能力；组织各类亲子手工制作活动，开发儿童智力和动手能力的同时增进父母与孩子之间的亲密感；邀请辖区单位一线工作的单身青年男女参与联谊交友活动，促进青年工作者之间的交流融合，扩大青年朋友圈。

### （三）提高了青年志愿者的服务意识

2016年，街道共组织开展"清洁社区""扶老助困"等系列志愿者服务活动12次，共计180余人参与。青年志愿者通过参与各类志愿服务活动，服务意识和服务水平有了明显提高。同时，让他们体验志愿服务，体悟雷锋精神为生活带来的改变，进而为美丽白纸坊建设贡献自己的一分力量。

## 四 白纸坊街道推进区域化团建工作的启示

### （一）坚持党建带团建创新工作新思路

区域化团建工作是党建工作在街道和社区中的拓展与延伸，而党建又为区域化团建提供思想引领和制度保障。党建带团建是新形势下团组织建设的工作思路，因此需要将区域化团建工作纳入党组织建设的整体格局，明确团建定位，吸收党建资源，结合基层党建工作中的宝贵经验，明确区域化团建工作的发展方向，推进"党建带团建，团建促党建"工作路径。

### （二）充分发挥共建委员会的核心枢纽作用

白纸坊街道在推进区域化团建工作中，充分发挥了区域化团建共建委员会的作用，有效整合了辖区资源。通过白纸坊的经验可以看出，要准确把握区域化团建共建委员会或者类似的共建委员会的定位和功能，突出共建委员会的核心枢纽作用。将共建委员会建设成可以统筹区域内各个团属组织资源和社会资源的社会化服务平台，统一协调把控各个单位资源的同时，还要掌握好区域化团组织联动环节的衔接，将共建委员会打造成为"枢纽型"社会组织，使其成为区域化团建的"神经中枢"，引领社区青年参与社会治理创新。

### （三）推进区域化团建工作制度化建设

制度是用来规范行为的规则，它是良好秩序和工作落实的保证，科学的制度建设可以降低风险，促进发展。在推进区域化团建工作中应该按照"契约化互联共建"的原则，实现团建工作的制度化和规范化。可以在共建共联、监督管理、评估反馈、经费管理等方面建立相关的制度和准则。这些制度的建立可以让各个成员单位畅所欲言，寻找相互之间的结合点，明确各单位在共建共联中的职责和任务，确保每项共建活动有目标、有步骤地进行。

### （四）通过"双向服务"激发成员单位内生动力

区域化团组织的共建共联不能仅仅依靠上级的推动和制度的约束，还需要街道团工委、区域化共建委员会以及辖区内各类团组织形成一体化的理念、社会化的整合和项目化的载体，进行联系、沟通与协调，而成员单位之间以及各单位与青年之间构建"双向服务"机制，可以促进不同类型基层团组织之间的横向联合，激发成员单位的活力和动力，让成员单位及团员青年在"奉献"的同时也有所收获，凝聚合力，最终形成良性互动的共建合作长效机制。

### （五）以青年需求为导向设计联动载体

白纸坊街道的"一社一品"、青少年假期活动等，吸引了广大青年群体参与其中，进而投身社区建设。从白纸坊的经验可以看出，要想凝聚广大青年群体的力量，首先要以青年感兴趣的文体娱乐活动、交友联谊活动等为突破口，吸引青年群体的关注，逐步吸引他们参与社区建设和服务。其次，还可以增加引导、志愿服务、劳动竞赛等活动的次数，进而扩大团组织的影响力。最后，通过发挥企事业单位在青年就业创业、外来务工人员社会保障等方面的资源优势，为青年群体提供帮助和服务，为他们解决实际问题，进一步增强青年群体对团组织的认同感。

**参考文献**

张吉敏：《创新机制凝聚青年构建区域化团建新格局》，白纸坊街道办事处，2016。

白纸坊街道：《白纸坊街道团工委 2016 年工作总结及 2017 年工作计划》，2016 年 10 月。

杨頔：《基层团组织区域化建设研究》，硕士学位论文，黑龙江大学，2016。

赵楠：《顺义区区域化团建工作的实践与思考》，中国青年网，http://qnzz.youth.cn/tgjyz/sjgw/201501/t20150129_6443842.htm，2015 年 1 月 29 日。

# B.15
# 白纸坊街道加强地区空中作业安全的实践与探索

**摘　要：** 随着社会和经济的发展，城市中的高楼越来越多，城市的运行、维护、维修和保养中的安全作业压力也随之增大，城市运行安全面临的不确定问题和风险，是对政府的管理能力和水平的巨大考验。目前，空中作业企业资质良莠不齐、从业人员安全意识淡薄、施工单位操作不规范等问题都是行业中存在的安全隐患，空中作业监管难度大。在此背景下，白纸坊街道通过完善地区空中作业台账、落实企业安全生产责任、加强安全宣传教育、构建安全生产信息化平台、加强地区空中作业安全监管工作等措施，维护地区稳定，促进和谐宜居之都建设，并为其他地区提供可借鉴经验。

**关键词：** 白纸坊街道　安全生产　空中作业　安全监管

## 一　加强空中作业安全有助于实现和谐稳定社会大环境

安全生产是关系人民群众生命财产安全的大事，是一个社会发展进步的重要标志。近年来，越来越多的人关注高危行业的安全生产工作，这是非常必要的。2015年国务院办公厅出台了《关于加强安全生产监管执法的通知》，要求"全面建立'党政同责、一岗双责、齐抓共管'的安全生产责任体系，落实属地监管责任"，这是强化安全监管执法、推进依法治安的重要举措，对做好新时期的安全生产工作、加快实现安全生产形势根本好转，具有重大意义。为贯彻落实中央精神，2016年北京市人民政府办公厅印发了《关于进一步加强安全生产监管执法有关事项的通知》，这是结合北京安全生产中心工作和监管执法实际情况提出的细化措施。

作为特殊高危行业的空中作业的安全监管受到了北京市、西城区政府的关注。2009年，北京市安全生产监督管理局、北京市市政市容管理委员会、北京市质量技术监督局联合制定了《北京市高处悬吊作业企业安全生产规定》，要求政府相关部门依法落实监督管理责任（见表1）。2015年4月，北京市质量技术监督局公布了《高处悬吊作业企业安全生产管理规范》（以下简称《规范》），可见北京市政府和相关部门对高处悬吊作业的重视程度。同年11月，西城区举办首场关于北京市地方标准《规范》的宣传贯彻培训会，要求政府相关部门按照职责分工，结合地区的网格化管理工作，以《规范》上的要求为标准，对高处悬吊作业的生产经营行为进行监督管理，为从事空中作业的人员提供了安全保障，为空中作业生产经营企业提供了科学的管理模式，为执法部门提供执法依据。白纸坊街道高度重视空中作业的安全问题，不断强化监督管理工作，以辖区内不发生生产安全事故为目标，以区政府重点督导任务为主线，加强生产经营单位制度建设，夯实基层基础。

表1 《北京市高处悬吊作业安全生产规定》部分内容

| 序号 | 内容 |
| --- | --- |
| 1 | 高处悬吊作业是指在基准面2米以上(含2米)通过悬吊设备或装置进行的作业 |
| 2 | 生产经营单位应当具备有关法律、法规、规章和国家标准、行业标准、地方标准规定的安全生产条件 |
| 3 | 从事高处悬吊作业的人员应当按照国家有关规定设定的特种作业类别,经专门的安全作业培训,取得相应的登高架设作业或制冷作业的特种作业操作资格证书后,方可上岗作业 |
| 4 | 生产经营单位应当依法对从业人员进行安全生产教育和培训,安全生产教育和培训不合格的人员不得上岗。生产经营单位应当对教育培训工作情况进行记录,记录至少保存1年 |

续表

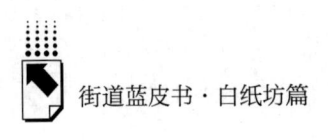

| 序号 | 内容 |
| --- | --- |
| 5 | 生产经营单位应当对本企业的悬吊作业设备和装置实施严格的管理，进行经常性的检查、维护和保养，并依法进行定期检测。检测情况应当做好做录，记录至少保存2年 |
| 6 | 生产经营单位在施工作业现场，应当配备安全检查人员，负责作业现场的安全检查和施工过程的安全监控。对检查或监控中发现的事故隐患和违章行为，应当立即处理和纠正，并及时向有关负责人报告。检查及处理情况应当记录在案，记录至少保存1年 |
| 7 | 安全生产监督管理部门对生产经营单位安全生产工作实施综合监管，政府有关部门依照职责分工，对与高处悬吊作业相关的生产经营行为和设备设施进行监督管理 |

## 二　白纸坊地区空中作业现状及问题分析

在白纸坊街道工委、办事处的正确领导和西城区安监局的业务指导下，白纸坊地区2016年安全生产工作整体形势基本保持了稳定态势，没有发生一般及以上生产安全事故，但地区空中作业等部分重点行业（领域）安全生产形势不容乐观。

### （一）地区空中作业面临形势比较严峻

白纸坊地区现共有4层以上楼宇364处，2016年共有抗震加固工程和施工工地57处，楼宇外立面清洗4处，粉刷外立面3处，安装防盗窗等设施设备122处。

可以看出，地区高层楼宇数量众多，政府惠民工程2016年持续推进，发生空中作业地点的数量多；企业自行开展的粉刷外立面及外立面清洗作业行为数量不容忽视；居民安装防盗窗等行为存在监管难度；施工工地作为安全生产监管的重点一刻也不能放松。

### （二）地区空中作业存在的问题及分析

通过近一年来对地区空中作业的安全监管，发现存在的主要安全问题涉及以下几个方面。

1. 企业安全主体责任意识淡薄

检查中发现部分开展空中作业的企业未能落实安全生产主体责任，主要表现为：对外包的施工单位的资质审查不严格，对其企业证照、营业范围了解浮在表面，未对其相关资料进行存档；未与施工单位签订安全责任书，未对双方的责任和义务进行明确；未安排专人对施工现场进行安全看护，缺乏对施工现场的掌控；未制订空中作业突发情况的应急预案，发生事故不能及时、有效和妥善处置。

2. 施工单位未尽安全生产职责

施工现场未设立明显的警示标示及围挡，不能对周边居民、行人产生有效警示提示；施工单位对从业人员的安全教育培训不到位，现场检查发现教育培训及每日岗前安全培训记录不完善，容易造成施工人员安全意识放松；部分特种作业人员未随身携带特种作业相关证件，不符合相关安全规定；施工现场操作不规范，例如粉刷外立面作业人员存在上下同时作业的情况，发生意外就是伤人，甚至亡人事故；应对恶劣天气工作措施落实不到位，针对起风、下雨等不适合空中作业的条件，部分施工管理人员无视恶劣的天气状况，着急赶工期、赶进度，未及时终止施工作业行为。

3. 安全监督管理工作难度较大

地区空中作业的数量和种类都很多，相当一部分企业进行空中作业不向街道进行备案，地区居民安装防盗窗、空调等也基本自行联系组织实施，造成了街道对相当一部分空中作业行为掌握不清楚，不能及时安排监管力量进行现场检查及督促整改安全隐患。街道生产经营单位数量众多，安全生产工作千头万绪，空中作业行为只是其中一项，现有监管力量不足以对空中作业行为进行持续的、全方位、无死角的监控。空中悬吊作业种类不一、专业性比较强，街道安全生产监管人员现阶段对其有关地方标准和相关规定理解不够深入、全面和深刻，造成了执法检查过程中对有些设备及作业行为吃不准，影响了履职能力。

4. 安全宣教培训工作存在不足

街道对餐饮、安全生产责任险推广等重点工作的教育培训工作开展顺利，但对空中作业的企业和施工方负责人的培训重视程度不够，培训的次数较少，内容单一不够生动深入；对地区居民的安全宣传力度不够，几次集中宣传咨询日期间发放的空中作业材料数量不多，种类单一且较为枯燥，日常工作中利用宣传栏、报纸等媒介对空中悬吊作业的宣传力度不足，一定程度上造成了地区居民对空中作业的危险程度认识不足，思想麻痹。

## 三 白纸坊街道加强地区空中作业安全的实践及成效

针对面临的严峻安全形势，白纸坊街道高度重视辖区内空中作业安全工作，始终坚持"安全第一，预防为主"的方针，强化企业和从业人员的安全作业意识，层层落实安全生产责任制，深入开展七项工作保障地区空中作业安全，遏制安全生产事故的发生。

### （一）抓好地区空中作业台账基础

以现有台账为基础，发动街道专职安全员和社区治保积极分子，分片包干，以中环假日酒店、大观园、王府井百货等大单位为重点对地区空中作业进行继续梳理，不断充实完善地区工作台账，夯实基础作为开展工作的依据。

### （二）强化企业及施工单位的监管

一是督促企业落实主体责任。街道加大对空中作业企业的检查力度，开展联合执法，以强有力的执法为抓手，督促企业主要负责人充分认识到自身对空中作业应承担的责任，加强对施工单位的资质审核并建立档案；与施工方签订空中作业安全责任书，对双方的责任和义务予以明确；施工过程中安排安全生产监管人员进行不间断的巡视看护，发现问题及时上报；建立完善本地区的空中作业应急预案，成立组织机构并每年至少进行一次演练，确保应急物资、资金、人员到位。对不配合的企业，加强执法打击力度，该罚的罚，该关的关，绝不纵容。

二是督促施工单位落实安全责任。通过执法督促施工单位落实各项工作措施，加强对员工的安全教育，突出重点，建立完善教育培训档案；严格落实施工现场各项工作措施，做好施工现场周边的警示及保护，与周边居民做好沟通工作争取理解；督促空中作业人员规范自保措施（特种作业证、安全绳、安全帽），严格落实各项作业规程，严禁上下同时作业；遇有恶劣天气果断停止现场作业，不符合施工条件坚决不开工，切实改变赶进度、重经济、轻安全的做法。对不配合、不整改的施工单位，上报至西城区安监局，建议将其列入黑名单并进行曝光，严禁地区企业对其发包业务。

### （三）发动群防群治提升业务能力

积极发挥地区专职安全员、社区治保积极分子和党员作用，督促其对负责的辖区多转多看，发现空中作业行为及时上报；加强与企业沟通，督促其提高对备案工作的认识，作业前向街道进行备案；发动社区加强对地区居民的宣传工作，鼓励其开展空中作业前邀请街道工作人员进行指导。街道组织安全监管人员抽出专门的时间集中学习《高处悬吊作业企业安全生产管理规范》（北京市地方标准），不断保持业务知识与时俱进，适时邀请西城区安监局执法队来街道进行联合执法并进行现场教学，不断提升自身监管力量和业务水平，以适应工作需要。

### （四）加强安全宣传教育营造良好氛围

白纸坊街道坚持安全第一、预防为主、综合治理的方针，以执法检查为强有力的抓手，以宣传教育为支撑，坚持以人为本、生命至上、科学发展的理念，夯实基础工作，以地区不发生空中作业生产安全事故为目标，强化制度建设，落实各项工作措施，确保地区平稳、安全发展。首先，邀请专家对企业负责人和部分居民进行专项培训，培训主要内容为空中作业发生事故的严重后果，对培训对象产生强烈的警示作用。其次，适时组织开展数次安全生产知识集中宣传咨询日活动，现场发放宣传资料及解答居民提出的问题，营造良好的氛围。最后，利用《白纸坊》报、社区信息港、黑板报、宣传栏等载体，以群众喜闻乐见的形式大力宣传空中作业法律法规、规章制度和相关地方标准，提升地区居民安全意识。

### （五）构建安全生产信息化平台

一是建立"西城区白纸坊街道安全办"微信公众号。以此为平台和媒介，定期推送信息，向广大辖区人民群众和生产经营单位介绍安全生产相关知识和法律法规，将白纸坊街道空中作业安全生产工作水平提上新的高度，最终形成人民群众了解空中作业安全知识、重视空中作业安全生产工作、遵守空中作业安全生产规定的良好局面。二是以街道全响应平台为依托。社区安全生产信息员和治保积极分子通过PDA终端系统及时反馈发现的空中作业安全生产隐患，并移交相关科室，使空中作业安全生产检查工作起到了事半功倍的作用。

### （六）推进安全生产检查队规范建设

按照西城区街道安全生产检查队规范化建设创建工作相关要求，在2015年投入二十余万元为安全员购买办公设备的基础上，2016年再次投入五十余万元装修改造150多平方米的新办公室，完成了安全文化建设和各项管理制度上墙。此外还配置了办公桌椅、箱柜、电话、传真等办公设施，并为全体安全员配备了台式电脑、便携式电脑、复印机、打印机、摄像机、照相机、投影仪、录音笔等工作用品。为更方便地开展工作，街道还为安全员配置了自行车、电动自行车、电动三轮车，安排专人每天为安全员配送午餐。同时，完善专职安全员工作例会制度、业务分析会制度、廉政纪律制度、考勤制度和档案管理制度，以完善的规章制度规范、管理好这支队伍。另外，推进安全员包片和空中作业行业相结合的工作模式，确保地区空中作业安全监管全覆盖，并建立完善全覆盖不留死角的安全生产动态巡查制度，对从事空中作业施工的单位进行重点关注、及时发现、及时检查、及时处置隐患。

## （七）深入开展空中作业安全监管工作

白纸坊街道按照"绝不放过一个漏洞，绝不丢掉一个盲点，绝不留下一个隐患"的工作要求，深入开展空中作业安全监管工作，在保护作业人员生命安全和健康、保障高处悬挂作业施工安全等方面取得了良好的效果。

一是强化了企业和从业人员的安全意识。通过多方式、多渠道、多层次、多角度对空中作业知识经验进行广泛宣传，增强辖区居民安全生产意识，督促辖区空中作业企业对员工进行安全生产知识和技能培训，使企业员工认识到安全生产的重要性，强化工作人员的安全意识、自救能力和处理突发事件的应急能力。

二是实现了地区空中作业安全监管全覆盖。街道督促企业落实安全生产主体责任，紧盯空中作业的企业施工过程中的重点环节，做到责任落实不能"虚"，整治从严不能"软"，工作细致不能"粗"，切实全面提升企业安全生产管理水平，夯实安全生产基层工作基础，从源头上制止事故隐患产生，为地区营造良好的安全生产环境。

三是加强了基层空中作业安全监管力量。街道加强安全生产检查队建设，确定人员经费和工作经费，明确责任分工，根据地区区域划分，两人为一个检查组，每组负责2~3个社区，并根据建筑施工行业特点设立专职安全员，建立了属地有人看、行业有人管的工作机制，进一步增强了基层安全监管力量。

## 四 白纸坊街道加强地区空中作业安全工作的启示

### （一）树立以人为本、安全第一的发展理念

随着社会经济和城市的快速发展，高层建筑越来越多，高空作业与城市的建设紧密相连。作为涉及安全生产的新兴行业，空中作业安全监管问题成

为亟待解决的社会管理新课题。在新时期、新阶段，无论是企业还是监管部门都要坚持"以人为本，安全第一"的原则，它不仅是一条宣传标语，还是贯穿空中作业全部环节的安全理念和工作原则，因为在从业人员作业过程中，不管哪个环节出现差错，结果都是致命的，因此必须时刻将人身安全放在第一位，强化安全意识，落实和推进好"安全第一"理念，使生产安全服从于生命安全。

### （二）强化组织保障及时治理安全隐患

城市的高层不断增多，也就意味着城市运行、维护和维修保养中安全生产的压力不断加大，高空悬挂作业监管难度也在增大，这是对政府管理能力和水平的考验。基层政府应该把加强空中作业安全纳入地区发展规划和总体战略布局当中，与经济和社会稳定工作同时安排和部署，建立事故控制指标体系和监督考核机制。对辖区内涉及高空作业的生产经营单位开展一次安全生产专项检查工作，主要检查各单位对高空作业的风险是否了解清晰，高空作业的各项规章制度、操作规程是否建立健全，安全防范措施是否完备合理，作业安全措施是否落实，是否存在高空作业违章指挥、违章操作、违反劳动纪律的现象，特别注意安全绳、防护镜、手套等防护用品的质量完好，发现安全问题及时处理。另外，督促企业做好员工的安全培训工作，这是治理安全隐患的关键措施。

### （三）从严从实从细落实安全生产责任制

基层政府相关部门可以设立专门的机构来负责安全生产管理，配备与空中作业工作相适应的专职人员，履行安全生产管理职能，督促企业及施工单位认真落实安全生产责任，做好保障空中作业现场安全的"交底"、"防护"、"监护"和"检查"四条"生命线"的相关工作（见图1）。同时，在企业实施安全生产技术改造时，基层政府还可以给予一定的帮助和引导，对企业负责人和辖区居民开展不同层次的安全知识培训，充分调动辖区群众对安全生产参与、监督的积极性，增强社会监督力量。严格落实安全生产责任制，确保政府承担起安全生产监管主体的职责，确保企业承担起安全生产责任主体的职责，确保安全生产监管部门承担起安全生产监管的职责，认真排查安全生产事故，严肃追究有关责任人员的责任。

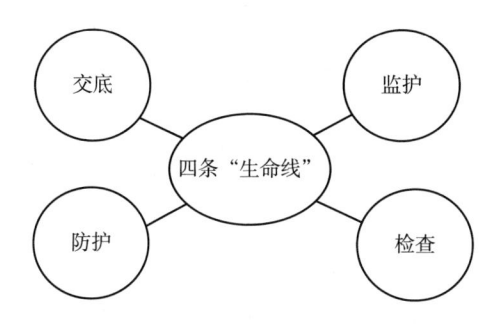

图1 空中作业现场安全的四条"生命线"

### （四）加强安全生产监管执法队伍建设

安全生产监管员是否具有专业的能力，直接影响安全生产监管水平和执法能力。因此，要提升监管员的业务水平，建立一支专业的安全生产监管执法队伍。基层政府可以成立安全生产检查队，增强基层安全监管和执法的能力。通过公开招聘的形式，招聘空中作业专职安全员，获得资格证书后上岗，录取后参加监督监察员和公务员初任资格的培训，对监管人员实施严格的业务培训，不断提高其专业素质和法律素质，让每个监管人员都能掌握空中作业行业安全生产工作中的薄弱环节和重点企业的安全状况，并使他们同时具有从严执法、公正执法的素养。重视队伍的廉政建设，使安全生产检查队伍始终具有积极向上的精神状态，更好地履行职责，保障地区安全。同时还可以建立关于安全生产监管员的任用、选拔、考核机制，实现队伍的规范化管理。

### （五）做好空中作业安全生产宣传教育工作

很多已发生的安全事故都与当事者的安全作业技能不足和安全意识淡化

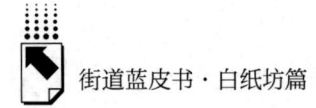

有关，因此一定要让企业和涉及高空作业的人员认真吸取事故教训，做好安全生产教育培训工作。同时将日常安全检查工作与高空作业安全知识宣传结合起来，以安全检查为平台，在安全检查交流中，提高安全责任主体的安全技能和意识。另外，还可以借助传统纸媒和现代新媒体技术手段做好空中作业安全生产宣传工作，切实增强广大群众防范意识，保证平安生产作业。

## 参考文献

汪永春：《浅谈白纸坊地区空中作业现状及对策》，白纸坊街道办事处，2016年6月17日。

《安全生产办2016年工作总结及2017年工作思路》，白纸坊街道办事处，2016。

《安全生产办2015年工作总结及2016年工作思路》，白纸坊街道办事处，2015。

《安全生产办2014年工作总结及2015年工作思路》，白纸坊街道办事处，2014。

《如何加强安全监管工作的问题》，安全管理网，http：//www.safehoo.com/Manage/Trade/Build/201503/385207.shtml，2015年3月8日。

国务院办公厅：《关于加强安全生产监管执法的通知》2015年4月2日。

北京市人民政府办公厅：《关于进一步加强安全生产监管执法有关事项的通知》2016年7月11日。

北京市安全生产监督管理局、北京市市政市容管理委员会、北京市质量技术监督局：《北京市高处悬吊作业企业安全生产规定》，2009年4月10日。

# Abstract

It is essential for the development of the capital to establish an effective megacity governance system. As the core functional zone of the capital, Xicheng District has taken the lead to do a good job with "four concepts" and persisted in the strategic vision of carrying forward scientific governance in depth and improving the development quality in all aspects. The district has continuously reinforced the function as "four centers", strived to improve the level of "four services", and made important breakthroughs in urban governance capacity and urban development quality. Sub-districts play an irreplaceable role as the pioneer and main force of microscopic governance. 15 sub-districts of Xicheng District have coordinated various resources of respective areas based on their own development situations. Their practices include exploring the ways to establish the regional mode for Party construction, strengthening lean urban management, improving public services, refining the integrated enforcement system, and exploring innovative practices for grassroots governance. They have continuously injected new connotations into grassroots governance and provided duplicable and easy-to-operate live experience for grassroots organizations, and their experience and practices are of great importance for Chinese metropolises to improve concepts and find new ways out to strengthen grassroots governance.

*The Development of Beijing's Sub-district Offices No. 2: Baizhifang Chapter* has taken into consideration the characteristics of old urban area, improved the urban functions and living quality of residents in old residential communities, and performed theoretical research with a focus on the innovative mode for renovation of the shanty town, the construction of community-level social organizations and the way to implement the residents' autonomy of the urban community. Moreover, the report has assessed actual local conditions, and performed a profound investigation and research on the sub-district's innovation of the management mode of the party members, the development of the cause of the disabled persons, the environment treatment of the street and the alley, and the service and management of the floating population in the context of diverting non-capital functions. Finally, the report has summarized the leading experience and practices used to carry forward property management in the old residential communities, implement construction of mass spiritual civilization, build the new mode for mutual assistance between community neighbors, forge the new landscape of construction of Communist Youth League organizations and strengthen the supervision of aerial operation safety of the sub-district.

On this basis, this book proposes that Baizhifang Sub-district has cherished the objective to build a world-class capital of harmony and livability, improved the regional scientific governance level and enhanced the development quality of the block in every aspect. To make this happen, the sub-district has strengthened Party construction, reinforced relocation and governance, innovated community governance, continuously improved people's life and build the community culture. Moreover, it has strengthened five capabilities, including leadership of the grass-roots governance, comprehensive governance environment, mobilization of social involvement, service guarantee for residents and brand-driven development.

# Contents

## Ⅰ General Report

B.1 Baizhifang: Improve Scientific Governance Level with
Five Capacities / 001

**Abstract:** Scientific governance is an inevitable requirement for the governance of the core area under the capital governance and the national governance system, which is determined by the special position and special functions of the core area. Xicheng District of Beijing Municipality has set the keynote for the work during the Thirteenth Five-year Plan period, that is, to carry forward scientific governance in depth and improve the development quality in all aspects. Baizhifang Sub-district has always persisted in coordinating regional development with Party construction, firmly implemented the people-oriented development concept and observed the scientific governance view. The sub-district has seized the opportunity of the "Relocation and Governance to Promote Improvement" campaign and the renovation of the largest shanty town in the district. With the opportunities, it has coordinated the planning, construction, management and environmental improvement of residential communities in the old urban area, optimized basic functions, improved the residential environment and upgraded the regional development quality. The sub-district has made evident achievements in Party construction at the grass-roots level, relocation and governance, community governance, livelihood service, cultural construction and other aspects, effectively lifted the scientific governance level of residential communities in the old urban area, and set an example for exploring scientific governance of the core area.

**Keywords**: Baizhifang Sub-district; Scientific Governance; Regional Governance; Beijing

# II  Data Reports

B.2  Regional Public Service Questionnaire Survey Report for Baizhifang Sub-district on the Basis of Permanent Residents  / 032

**Abstract**: Access to public services is the need for survival and development of citizens and also constitutes the basic guarantee of their life quality. It is of great importance to evaluate the life quality from the perspective of residents as to their sense of getting public services and satisfaction with public services. In this paper, we have adopted the questionnaire method and performed a questionnaire survey on public services and the life quality of the permanent residents in 18 communities of Baizhifang Sub-district in Xicheng District. On this basis, we have assessed the sub-district as to its organization and offering of public services as well as residents' satisfaction, reached an overall conclusion and provided concrete suggestions relating to existing problems.

**Keywords**: Baizhifang Sub-district; Community Resident; Public Service; Life Quality

B.3  Regional Public Service Questionnaire Survey Report for Baizhifang Sub-district on the Basis of Working Population  / 048

**Abstract**: The working population is an important participant and promoters for regional development. The offering of convenient, consistent and high-quality public services to the working population is of great significance to optimize the regional development environment and enhance the sub-district's capability to provide services to the region. To this end, the research team performed the first public service survey among the working population under jurisdiction in January 2015, and once again initiated a questionnaire survey on the supply, involvement and acquisition of public services in Baizhifang Sub-district among the corporate working population. This report analyzes awareness of service institution, involvement in community service, regional life facilitation, satisfaction with community-level basic public service and demand for community-level public service. Then, we have performed a longitudinal comparison of the survey results, reached overall conclusions and provided concrete suggestions relating to existing problems.

**Keywords:** Baizhifang Sub-district; Public Service; Working Population

# Ⅲ Theory Reports

B. 4 Research on Innovative Mode for the Renovation of the Shanty Town
—*Taking the Renovation of the Shanty Town of Baizhifang Sub-district of Xicheng District through the " One Committee, One Council and Four Stations" Mode for Example* / 067

**Abstract:** The renovation of the shanty town concerns urban construction, involves vital interests of the people, and represents an important way to create the urban life of quality. The acceleration of urbanization process has resulted in the unbalanced development of the resource, the population, the land and other aspects, and many shanty towns, which usually have large population and poor environment, don't match the overall image and civilization level of the city and constitute a big conflict with the rising living standard, particularly residence level, of the majority of citizens. The renovation of the shanty towns can beautify the city, improve people's livelihood and enhance the urban quality. At the same time, the work will also slow down urban expansion and increase the land utilization rate. Over the past years, Baizhifang Sub-district has actively probed into new concepts and new mechanisms for renovation of the shanty town, which have made certain achievements in practice. In this report, we will review the work in respect of the policy, the background and the significance, analyze the current status, social issues and security hazards, and probe into the innovative mode of "One Committee, One Council and Four Stations" which the sub-district has adopted in promotion of the work. Strictly pursuant to the principles of "Nine Steps and Five Disclosures" and "Three Disclosures to Home", the sub-district has persisted in the disclosure of all affairs and offering of comprehensive services, won the support for the government's credibility, and assured the residents' right of information, participation and supervision. Moreover, it has improved the urban quality, set an example for the implementation of shanty town renovation projects for the capital and even the entire country, and provided enlightenment for the renovation of the shanty town in the city.

**Keywords**: Baizhifang Sub-district; Renovation of the Shanty Town; "One Committee, One Council and Four Stations"; Urban Quality

B.5   A Probe into Cultivation and Development of Social Organizations in the Communities
—*An Empirical Study Based on Baizhifang Sub-district of Xicheng District*   / 090

**Abstract**: Thriving social organizations at the community level have gradually grown into an effective vehicle that takes over functions transferred from the government, an important participant in community construction and governance, an important provider of community services, an effective force resolving conflicts in the communities and a fresh force in the innovation of social administration. In this report, we will review community-level social organizations as to the type, characteristic, status and role, focus on the experience and the effect in the development of community-level social organizations propelled by the community-level social organization incubation base and the "1 + 1" professional community worker mechanism, and perform beneficial exploration and practice in the construction of harmonious communities. We will conduct this empirical study based on Baizhifang Sub-district of Xicheng District. Furthermore, we will put forward suggestions on further advancing the construction of social organizations at the community level to provide a reference for the cultivation and development of community-level social organizations.

**Keywords**: The Community-level Social Organizations; Community Construction; Community Governance

B.6  A Probe into the Roadmap for the Residents' Self-governance of the Urban Community
—*An Empirical Study Based on the Residents' Involvement in Mass Prevention and Mass Treatment in Baizhifang Sub-district of Xicheng District* / 106

**Abstract**: As social governance is getting diversified, the communities, as the basic unit of the urban society, are both an important entity stimulating the social vitality and also the vehicle that will promote the decentralization of the power to the lower levels in social governance. Baizhifang Sub-district has reinforced community construction, fully joined the force of community residents, and particularly given a full play to the role of the residents in mass prevention and mass treatment, which has propelled local social harmony and stability. In this report, we will review theories and development history of the Residents' Self-governance of the Community and analyze relevant typical modes in Shanghai, Shenzhen and Shenyang. On this basis, we will assess the actual status and practice of Baizhifang Sub-district, analyze problems existing in the Residents' Self-governance of the Community, and provide some suggestions that will help realize compliant and institutional self-governance, thereby providing certain reference for exploring the way to realize the residents' Self-governance of the Urban Community.

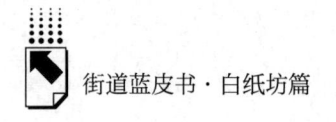

**Keywords**: Baizhifang Sub-district; Community Governance; Residents' Self-governance; Mass Prevention and Mass Treatment

# Ⅳ  Survey Reports

B. 7  Survey and Reflection on Baizhifang Sub-district's Innovation of Management Mode of the Party Members　　　/ 121

**Abstract**: Party members are the basic unit of the Party, and the education and management of Party members are a basic and normal job. The effect of education and management for the party members will directly influence the image of the Party among the general public, concern whether the Party can maintain the advancement and concern whether the leadership, guidelines and policies of the Party can be carried out. Therefore, we must make every effort to strengthen the education and management of Party members and cultivate every Party member into a pioneer and soldier with resolute thought, significant vitality and obvious function. The new situation of comprehensive and strict governance of the Party has created higher requirements for the management of Party members, and basic Party affair workers must conduct exploration and innovation on the basis of the traditional management mode, integrate new concepts and new requirements under the new situation and new task, and display the function and style of Party members under the new situation. In this report, we will review Baizhifang Sub-district's innovation of Party member management mode and advise the sub-district how to resolve problems it has encountered in Party member management.

**Keywords**: Baizhifang Sub-district; Party Member Management; Party Organization; Party Construction

B. 8　Survey and Research on Baizhifang Sub-district's Development of Disabled Person Cause　/ 137

**Abstract**: The disabled person cause is a noble humanitarian cause, an important project concerning people's livelihood and also an important indicator measuring the civilization level of one country or one region. It is an important mission to improve the basic public services for disabled persons during the Thirteenth Five-year Plan period. Baizhifang Sub-district has actively fulfilled the requirements set by the Central Committee of the Communist Party of China (CPC or the Party), Beijing Municipality and Xicheng District, continuously advanced healthy development of the disabled person cause and improved the living standard of this group. Moreover, it has preliminarily established an integrated pattern for the disabled person cause featuring the dominant role of the government, coordination by the disabled persons' federation, joined force between different departments and social involvement. However, some problems still exist in the social security system, employment and other aspects related to disabled persons. The project team has surveyed the disabled person cause of Baizhifang Sub-district to check the progress. In this report, we will comb major practices of Baizhifang Sub-district to promote a healthy development of the cause, and parse problems and challenges existing in the social security of disabled persons. Moreover, we will provide relevant suggestions for the sub-district to make decisions in the promotion of the disabled person cause.

**Keywords**: Disabled Persons; Basic Public Service; Social Security; Employment of Disabled Persons

B. 9　Survey Report on Baizhifang Sub-district's Implementation of Street and Alley-level Environment Treatment　/ 150

**Abstract**: Streets and alleys, which are known as the blood capillary and the public road network inside a city, reflect the urban governance capacity and level in detail, and demonstrate the image and temperament of a city. Strengthening the environment treatment of streets and alleys is an important part of urban administration and service quality. Yet, it is also a vulnerable element and challenge in the long-acting urban administration. On the other side, construction of boutique streets and alleys can reflect the cultural connotation and delicate atmosphere of one city. In the context of the "Relocation and Governance to Promote Improvement" campaign and backstreet treatment in the core functional area of the capital, Baizhifang Sub-district has attached great importance to the environment treatment of the street and the alley and focused on the major mission concerning people's livelihood to improve the residential environment and create a harmonious and livable living environment. It has paid much attention to building boutique streets and alleys with the residents' satisfaction, high quality and multiple functions, and resolved problems existing in streets and alleys based on the actual condition under jurisdiction. Moreover, the sub-district has implemented normal management and treatment to explore the working mechanism adapting to the actual situation. The result shows that it has carried forward the environmental treatment in order and effectively improved the urban environment quality.

**Keywords**: Baizhifang Sub-district; Boutique Streets and Alleys; Environmental Treatment; Lean Management

B. 10　Survey Report on Service and Management of the Migrant Population of Baizhifang Sub-district in the Context of Diverting Non-capital Functions　　　　／161

**Abstract**: Accompanying urbanization progress and evolution of the social structure, more and more people have kept flooding into large cities and gradually changed from "the organizational person" to "the migrant population". The growing migrant population has gradually brought Beijing to a critical point of basic public service, urban administration, ecological environment and various resources. Since the Nineteenth National Congress, the Central Committee of the Party with Comrade Xi Jinping as the General Secretary has repositioned Beijing, and defined the important task to divert non-capital functions in order and control the population in the new era. In this context, how to better serve and manage the migrant population has emerged as an important task before the governments of Beijing Municipality at various levels. In this report, based on the survey on the management mode of the migrant population of Baizhifang Sub-district, we will review its major practices for strengthening the migrant population management, and find out problems that exist in the work. On this basis, we will provide corresponding suggestions to do the work better at the new stage.

**Keywords**: Baizhifang Sub-district; Migrant Population; Public Service; Urban Management

## V  Case Reports

B.11  Baizhifang Sub-district Creates "Four Yes" Quasi Property Management Mode for Old Residential Communities  / 173

**Abstract**: Property management of old residential communities is a significant project that involves vital interests and livelihood of residents. Improving the property management level of old residential communities will make great sense to improving the residential condition of urban residents, enhancing their life quality, assuring social stability, promoting healthy development of the city and strengthening people's recognition of governments at the basic level. Over the past years, local governments nationwide have implemented comprehensive treatment of old residential communities and taken multifaceted measures to deliver property management service in these communities. However, some problems still exist. With the objective to build "Four Yes" communities, Baizhifang Sub-district has done the work in different aspects, and taken diverse actions to resolve the property management issue, solve the property management problem and lift the property management level of old residential communities. These measures include establishing the regular joint meeting mechanism, propelling residents' autonomy management and building residents' committees. The results are that the sub-district has improved the residential environment of residents, upgraded the living standard of residents and created a more convenient, comfortable life for the public. It has provided the practice available for reference in the property management of old residential communities.

**Keywords**: Baizhifang Sub-district; Property Management; Old Residential Community; Comprehensive Treatment

B. 12　Practice and Thought on Baizhifang Sub-district's Construction of the Mass Spiritual Civilization　/ 184

**Abstract**: Spiritual civilization provides an ideological guarantee for social modernization. The Central Committee of the Party with Secretary-General Xi Jinping as the core has paid much attention to spiritual civilization construction, always put spiritual civilization construction in an important position of the "Four Comprehensive" strategic vision, and made a series of important arrangements to continuously carry forward spiritual civilization construction and promote a harmonious social development. Baizhifang Sub-district has continuously carried forward spiritual civilization construction and explored how to guide citizens to actively observe the code of civilized citizens, develop civilized habits and jointly maintain a harmonious social environment. It has made some achievements in this regard and provided some experience for the mass construction of spiritual civilization.

**Keywords**: Baizhifang Sub-district; Spiritual Civilization Construction; Civilization Quality; Social Harmony

B. 13 Baizhifang Sub-district Establishes New Mode for Mutual Assistance between Urban Community Neighbors

—*An Empirical Study Based on the "Curtain Agreement"*   / 195

**Abstract**: Harmonious neighbor relationship is both a science and an art, which can be best described with the ancient saying, "A close neighbor means more than a distant relative". Establishing mutual assistance and harmonious relationship between neighbors helps carry forward traditional virtues of the Chinese nation, implement the socialist core values, advance the development of urban spiritual civilization and promote urban governance and social stability in the city. While promoting the volunteer service spirit, Baizhifang Sub-district has adhered to the community spirit and value of mutual watch, mutual assistance and common happiness, and piloted the "Curtain Agreement" in some communities to explore the establishment of new neighbor relationship and strengthen spiritual consolation between neighbors. The practice has kept the old away from the feeling of helplessness, solitude and despair, strengthened their sense of gain, happiness and security, and extended volunteer service and mutual assistance between neighbors to benefit more residents. This new mode provides some enlightenment for creating a residential environment of harmony and peace and promoting the community autonomy and security improvement.

**Keywords**: Neighborhood Relationship; Curtain Agreement; Neighbor Watch; Volunteer Service

B. 14 Baizhifang Sub-district Establishes New Landscape of Regional Communist Youth League Building   / 206

**Abstract**: Administrative means were formerly used to strengthen the construction of Communist Youth League organizations and strengthen activities of these organizations. However, these means have deviated from the actual needs of the youth as time goes. In the new situation, the regional construction of Communist Youth League organizations at the grass-roots level is still the basic work of the Communist Youth League. Moreover, it can effectively advance the construction of Communist Youth League organizations, enlarge the coverage of these organizations and strengthen the appeal and cohesive force of the organizations. Baizhifang Sub-district has implemented regional construction of Communist Youth League organizations to carry out policies and requirements of the Central Committee of the Party, Beijing and Xicheng District. It has guided and served the youth group, established a new landscape of basic construction of Communist Youth League organizations, and consolidated the achievements in the construction of basic Party organizations. To make this happen, the sub-district has taken a series of measures, including strengthening the basic construction of Communist Youth League organizations, regularizing working mechanisms, forged joint construction platforms, enhancing the service capacity of the Party and Communist Youth League organizations, strengthening the influence of the activities organized by the Communist Youth League organizations and promoted the construction of Communist Youth League organizations through Party construction. It has provided some experience available for other regions to learn.

**Keywords**: Baizhifang Sub-district; Regional Construction of Communist Youth League Organizations; Youth Group

B. 15 Practices and Exploration on Enhancement of Aerial Work Safety in Baizhifang Sub-district / 218

**Abstract**: Skyscrapers are mushrooming in the cities in the context of social and economic development, which has posed a bigger challenge for the work safety during urban operation, maintenance and repair. Uncertainties and risks threatening urban operation security test the administrative capacity and level of the government. At present, the industry faces many safety hazards, including varying qualifications of enterprises, poor safety awareness of workers and noncompliant operation, which makes it hard to supervise aerial operation. To this end, Baizhifang Sub-district has maintained regional stability and promoted the construction of a harmonious and livable capital, and contributed some practices available for other regions to learn. To make this happen, it has taken a series of measures, including refining the regional aerial operation ledger, defining work safety responsibilities of enterprises, strengthening work safety education, forging the work safety platform and strengthening the supervision of aerial work safety.

**Keywords**: Baizhifang Sub-district; Work Safety; Aerial Operation; Safety Supervision

社会科学文献出版社　　　皮书系列

## ❖ 皮书起源 ❖

"皮书"起源于十七、十八世纪的英国，主要指官方或社会组织正式发表的重要文件或报告，多以"白皮书"命名。在中国，"皮书"这一概念被社会广泛接受，并被成功运作、发展成为一种全新的出版形态，则源于中国社会科学院社会科学文献出版社。

## ❖ 皮书定义 ❖

皮书是对中国与世界发展状况和热点问题进行年度监测，以专业的角度、专家的视野和实证研究方法，针对某一领域或区域现状与发展态势展开分析和预测，具备原创性、实证性、专业性、连续性、前沿性、时效性等特点的公开出版物，由一系列权威研究报告组成。

## ❖ 皮书作者 ❖

皮书系列的作者以中国社会科学院、著名高校、地方社会科学院的研究人员为主，多为国内一流研究机构的权威专家学者，他们的看法和观点代表了学界对中国与世界的现实和未来最高水平的解读与分析。

## ❖ 皮书荣誉 ❖

皮书系列已成为社会科学文献出版社的著名图书品牌和中国社会科学院的知名学术品牌。2016年，皮书系列正式列入"十三五"国家重点出版规划项目；2013~2018年，重点皮书列入中国社会科学院承担的国家哲学社会科学创新工程项目；2018年，59种院外皮书使用"中国社会科学院创新工程学术出版项目"标识。

# 中国皮书网

（网址：www.pishu.cn）

发布皮书研创资讯，传播皮书精彩内容
引领皮书出版潮流，打造皮书服务平台

## 栏目设置

关于皮书：何谓皮书、皮书分类、皮书大事记、皮书荣誉、
皮书出版第一人、皮书编辑部

最新资讯：通知公告、新闻动态、媒体聚焦、网站专题、视频直播、下载专区

皮书研创：皮书规范、皮书选题、皮书出版、皮书研究、研创团队

皮书评奖评价：指标体系、皮书评价、皮书评奖

互动专区：皮书说、社科数托邦、皮书微博、留言板

## 所获荣誉

2008年、2011年，中国皮书网均在全国新闻出版业网站荣誉评选中获得"最具商业价值网站"称号；

2012年，获得"出版业网站百强"称号。

## 网库合一

2014年，中国皮书网与皮书数据库端口合一，实现资源共享。

权威报告·一手数据·特色资源

# 皮书数据库
## ANNUAL REPORT(YEARBOOK) DATABASE

## 当代中国经济与社会发展高端智库平台

### 所获荣誉

- 2016年，入选"'十三五'国家重点电子出版物出版规划骨干工程"
- 2015年，荣获"搜索中国正能量 点赞2015""创新中国科技创新奖"
- 2013年，荣获"中国出版政府奖·网络出版物奖"提名奖
- 连续多年荣获中国数字出版博览会"数字出版·优秀品牌"奖

### 成为会员

通过网址www.pishu.com.cn访问皮书数据库网站或下载皮书数据库APP，进行手机号码验证或邮箱验证即可成为皮书数据库会员。

### 会员福利

- 使用手机号码首次注册的会员，账号自动充值100元体验金，可直接购买和查看数据库内容（仅限PC端）。
- 已注册用户购书后可免费获赠100元皮书数据库充值卡。刮开充值卡涂层获取充值密码，登录并进入"会员中心"—"在线充值"—"充值卡充值"，充值成功后即可购买和查看数据库内容（仅限PC端）。
- 会员福利最终解释权归社会科学文献出版社所有。

数据库服务热线：400-008-6695
数据库服务QQ：2475522410
数据库服务邮箱：database@ssap.cn
图书销售热线：010-59367070/7028
图书服务QQ：1265056568
图书服务邮箱：duzhe@ssap.cn

卡号：761466684872

# S 基本子库
# SUB DATABASE

## 中国社会发展数据库（下设12个子库）

全面整合国内外中国社会发展研究成果，汇聚独家统计数据、深度分析报告，涉及社会、人口、政治、教育、法律等12个领域，为了解中国社会发展动态、跟踪社会核心热点、分析社会发展趋势提供一站式资源搜索和数据分析与挖掘服务。

## 中国经济发展数据库（下设12个子库）

基于"皮书系列"中涉及中国经济发展的研究资料构建，内容涵盖宏观经济、农业经济、工业经济、产业经济等12个重点经济领域，为实时掌控经济运行态势、把握经济发展规律、洞察经济形势、进行经济决策提供参考和依据。

## 中国行业发展数据库（下设17个子库）

以中国国民经济行业分类为依据，覆盖金融业、旅游、医疗卫生、交通运输、能源矿产等100多个行业，跟踪分析国民经济相关行业市场运行状况和政策导向，汇集行业发展前沿资讯，为投资、从业及各种经济决策提供理论基础和实践指导。

## 中国区域发展数据库（下设6个子库）

对中国特定区域内的经济、社会、文化等领域现状与发展情况进行深度分析和预测，研究层级至县及县以下行政区，涉及地区、区域经济体、城市、农村等不同维度。为地方经济社会宏观态势研究、发展经验研究、案例分析提供数据服务。

## 中国文化传媒数据库（下设18个子库）

汇聚文化传媒领域专家观点、热点资讯，梳理国内外中国文化发展相关学术研究成果、一手统计数据，涵盖文化产业、新闻传播、电影娱乐、文学艺术、群众文化等18个重点研究领域。为文化传媒研究提供相关数据、研究报告和综合分析服务。

## 世界经济与国际关系数据库（下设6个子库）

立足"皮书系列"世界经济、国际关系相关学术资源，整合世界经济、国际政治、世界文化与科技、全球性问题、国际组织与国际法、区域研究6大领域研究成果，为世界经济与国际关系研究提供全方位数据分析，为决策和形势研判提供参考。

# 法律声明

"皮书系列"(含蓝皮书、绿皮书、黄皮书)之品牌由社会科学文献出版社最早使用并持续至今,现已被中国图书市场所熟知。"皮书系列"的相关商标已在中华人民共和国国家工商行政管理总局商标局注册,如LOGO( )、皮书、Pishu、经济蓝皮书、社会蓝皮书等。"皮书系列"图书的注册商标专用权及封面设计、版式设计的著作权均为社会科学文献出版社所有。未经社会科学文献出版社书面授权许可,任何使用与"皮书系列"图书注册商标、封面设计、版式设计相同或者近似的文字、图形或其组合的行为均系侵权行为。

经作者授权,本书的专有出版权及信息网络传播权等为社会科学文献出版社享有。未经社会科学文献出版社书面授权许可,任何就本书内容的复制、发行或以数字形式进行网络传播的行为均系侵权行为。

社会科学文献出版社将通过法律途径追究上述侵权行为的法律责任,维护自身合法权益。

欢迎社会各界人士对侵犯社会科学文献出版社上述权利的侵权行为进行举报。电话:010-59367121,电子邮箱:fawubu@ssap.cn。

社会科学文献出版社